Auxiliando a humanidade a encontrar a Verdade

Nos sagrados exercícios de cura da alma, você edificará nobres e libertadores rumos para a sua trajetória evolutivo-ascensional. Perceberá que autocura tem sinônimo de autoamor. Que o afeto é antídoto que evita as doenças da alma e do corpo. A autoestima conduz a criatura a atirar-se no ignoto para conquistar novos patamares ético-morais.

No percurso do estudo reflexivo de *Cura e Autocura à Luz do Evangelho*, você contemplará a imensidão do Cosmo e vai se sentir livre na condição de um ser eterno e imortal. Perceberá a paz alojar-se em seu mundo íntimo para propiciar que a Seiva da Vida — o Amor — tonifique os escaninhos da sua alma.

Uma vez que o Amor é a essência cósmica da vida, ame-se verdadeiramente, para assim insculpir em si um ser humano pleno, integral, aquele que se rejubila ao servir ao próximo. Tenha sempre em mente o ensinamento da Madre Teresa de Calcutá: *Mãos que servem são mais santas que lábios que rezam.*

Alimente em si a convicção de que, no final das reflexões, após o seu trabalho interior, sentirá as suas aspirações nobres mais dilatadas e a sua alma vislumbrando novas e mais arrojadas conquistas espiritualizantes.

Tenha em mente que o Amor é a essência e o essencial para a vida plena e, assim, concluirá que se *a alma estiver sã, o corpo estará curado*, porque do mesmo modo como não existe doença sem cura, não existe cura definitiva sem as nossas transformações íntimas.

Paz no coração para manter a saúde.

Cura e Autocura à Luz do Evangelho

© 2017 – Adolfo Marques dos Santos

Cura e Autocura à Luz do Evangelho
Amar é a medicina cósmica da vida
Adolfo Marques dos Santos

Todos os direitos desta edição reservados à
CONHECIMENTO EDITORIAL LTDA.
Rua Prof. Paulo Chaves, 276 - Vila Teixeira Marques
CEP 13480-970 — Limeira — SP
Fone/Fax: 19 3451-5440
www.edconhecimento.com.br
vendas@edconhecimento.com.br

Nos termos da lei que resguarda os direitos auto-
rais, é proibida a reprodução total ou parcial, de
qualquer forma ou por qualquer meio — eletrônico
ou mecânico, inclusive por processos xerográficos,
de fotocópia e de gravação — sem permissão por
escrito do editor.

Revisão: Tuca Faria
Projeto gráfico: Sérgio Carvalho
Ilustração da capa: Banco de imagens

ISBN 978-85-7618-401-0
1ª Edição – 2017

• Impresso no Brasil • Presita en Brazilo

Produzido no departamento gráfico da

CONHECIMENTO EDITORIAL LTDA
conhecimento@edconhecimento.com.br

Dados Internacionais de Catalogação na Publicação (CIP)
Angélica Ilacqua CRB-8/7057

Santos, Adolfo Marques dos
Cura e autocura à luz do evangelho/ Adolfo Marques
dos Santos — Limeira, SP : Editora do Conhecimento,
2017.
316 p. (Adventos Crísticos)

ISBN 978-85-7618-401-0

1. Cura pela fé 2. Amor 3. Espiritualidade 4. Vida espiritual 5. Bíblia – Evangelhos I. Título

17-0869   CDD – 234.13

Índices para catálogo sistemático:
1. Cura pela fé

Adolfo Marques dos Santos

Cura e Autocura à Luz do Evangelho

Amar é a medicina cósmica da vida

1ª edição
2017

EDITORA DO
CONHECIMENTO

Outros livros da série

A**dventos** C**rísticos**

O Evangelho e a Lei de Deus
O Fim dos Tempos e os Discos Voadores
Adventos Crísticos
A Arte de Interpretar a Vida
Pérolas de Esperança
A Predestinação Espiritual do Brasil
O Cristianismo Renovado
Os Novos Rumos do Cristianismo

O produto integral dos livros é destinado ao C. E. U. — Centro Espiritualista Universalista para a divulgação dos **Adventos Crísticos**.

O autor se encontra disponível para realizar conferências sobre os **ADVENTOS CRÍSTICOS,** onde for convidado.

www.adventos.org.br
adolfoadventos@gmail.com
adolfo@adventos.org.br
Telefone: (0055 21) 99636-2184
WhatsApp: (0055 21) 99681-5447
Rio de Janeiro – Brasil

Agradecimentos

Não há como nominar os encarnados e desencarnados que contribuem na preparação dos livros da série Adventos Crísticos. Por isso, vou centralizar meu carinho eterno aos não corporificados em Jesus, o Anjo Terráqueo que tão de perto me toca o coração.

Minha eterna gratidão ao Sublime Peregrino – o Nazareno Mestre –, pela sagrada oportunidade de participar da implantação dos Adventos Crísticos...

Na vibração que a sacralidade dessa gratidão me propicia, mergulhei no mais ensurdecedor silêncio de minha alma e me imaginei ouvindo a voz d'Ele interagindo com a cosmicidade do Cristo-Pai, dizendo-me:

- Transforma a tua palavra em um cântico de amor... Em um cântico de amplitude cósmica... Em um cântico de exaltação ao Artífice da Vida...
- Coloca na tua expressão verbal a dúlcida energia da Minha Santíssima Mãe Maria – a Patronesse dos Adventos Crísticos...
- Torna-te o calor do sol nascente a vivificar os teus ouvintes com a Essência do Meu Amor, pois o momento é crístico, é divino para interagirmos com o Cristo-Amor...
- Permita-te que o teu magnetismo transporte a Minha paz... O Meu acalanto... O Meu propósito de renovar o Cristianismo...
- Que o teu semblante e o tom da tua voz notifiquem a Minha presença na condição de Meu representante na Terra...
- Tenha o garbo, a alegria, o entusiasmo de ser um porta-voz da Divindade... Faze com que os teus ouvintes sintam que o Amor é a Essência mantenedora da vida...
- Conduza os espíritos terrenos ao êxtase divino para, num gesto de gratidão ao Autor da Vida, cantarem hinos de gratidão ao Cristo, Senhor Nosso e Irmão Maior...

Na dimensão dos corporificados, agradeço à Sântia, minha milenar esposa, atualmente encarnada com o nome de Helena Maria Chaves Gomes Medeiros.

Tenhamos em mente o que consta em Cura e Autocura à Luz do Evangelho: Amar é a Medicina Cósmica da Alma.

Paz e saúde!
Adolfo Marques dos Santos

Sumário

Ao leitor 11

Esclarecimentos 15

Introdução 19

Corrente pela saúde do planeta Terra 25

Capítulo 1 - Amar é a ciência cósmica da alma 34

Capítulo 2 - Paisagens mentais com as cores da vida 47

Capítulo 3 - A medicina holística 61

Capítulo 4 - Lei de Ação e Reação 74

Capítulo 5 - Cantar hinos de esperança 86

Capítulo 6 - Curar pela emoção 98

Capítulo 7 - Sentir o Cristo 108

Capítulo 8 - A voz misericordiosa que cura 118

Capítulo 9 - O dom sagrado de amar 128

Capítulo 10 - A sacralidade da mediunidade 139

Capítulo 11 - Equilíbrio psicofísico 150

Capítulo 12 - Eclosão da luz interior 164

Capítulo 13 - Cromoterapia 175

Capítulo 14 - Musicoterapia 185

Capítulo 15 - Os Adventos Crísticos e a reforma íntima 193

Capítulo 16 - Roteiro para a vida plena 201

Capítulo 17 - Êxtases espirituais 209

Capítulo 18 - Saltos quânticos e a autocura 220

Capítulo 19 - A dor para elevar a frequência da alma 229

Capítulo 20 - As doenças psicossomáticas 242

Capítulo 21 - Curar-se para curar 251

Capítulo 22 - Sentir o pulsar da Criação 261

Capítulo 23 - Integrar-se à correnteza da vida 269

Capítulo 24 - O sentido sagrado da vida 277

Capítulo 25 - Os Adventos Crísticos e a autocura 291

Epílogo 309

Bibliografia 315

Ao leitor

Um dos propósitos de é nos posicionar melhor diante dos Estatutos da Vida. É um livro que tem como foco principal regurgitar do nosso âmago a Chama Crística, pois o Cristo-criatura entrando em ressonância com o Cristo-Criador — a Fonte Vital do Planeta Terra — ficará curado — alma e corpo.

Quando atingimos a frequência do Cristo-Amor, o nosso Cristo Interno vai despertando da nossa latência os Atributos Divinos e a Força-Luz da alma — a Centelha de Deus que somos —, chegando ao consciente.

Nesse estado vibracional passamos a sentir:

> ➤ Harmonia interior, o que nos propicia identificarmos que somos portadores da Onisciência, da Onipresença e da Onipotência de Deus.
> ➤ Confiança em nós e nos poderes dos representantes do Cristo Terráqueo a serviço do Artífice da Vida na Terra — Deus.
> ➤ Vontade de, conectados com o Cristo-Pai, nos ligarmos consciente e emocionalmente à Mente Suprema. À Suprema Causa sem causa. Ao Absoluto Incriado-Criador.

Durante a leitura, perceberemos que a mensagem não trata diretamente das nossas doenças caracterizadas e visíveis do corpo físico e catalogadas pela ciência clássica, visto que o foco central é a nossa alma, considerando que ela é a responsável pela propagação do **prana** — a bioenergia que circula em nossos corpos.

Portanto, se estivermos em equilíbrio e harmonizados com a Legislação Divina:

> ➤ Nossos corpos físico e metafísico funcionarão magnificamente.

E, assim, sentiremos motivação para nos integrarmos à pulsação da Arcangélica Consciência do Cristo — o Criador da Terra —, ouvindo a musicalidade das dimensões habitadas pelos Querubins e pelos Serafins, tendo o Nazareno Mestre como angelical maestro para orientar a nossa humana trajetória evolutivo-ascensional.

> Entraremos em estado de júbilo por identificarmos que do nosso íntimo brota o calor da vida — o Amor. E fluem sublimes emanações luminosas devido aos nossos nobres e afetivos sentimentos, as quais passam a evolar na psicosfera e na atmosfera do ambiente onde estivermos atuando.

> Surgirão da nossa alma a coragem para enfrentarmos os desafios naturais do plano material e a confiança no Criador da Vida, representado pelos Seus Prepostos e responsáveis pela Criação dos mundos materiais no espaço sideral — os Cristos.

A alma que atende e se entrega em êxtase ao Tropismo das Angélicas e das Arcangélicas Consciências que volitam nas mansões celestiais, além de sentir em seu íntimo a magnificente Essência de Deus, se embevece com a beleza do Universo pintalgado com a policromia das estrelas e entra mentalmente nos campos vibratórios da angelitude.

Uma vez que o ser humano é o que ele pensa, destina-se à razão, por tratar da inquestionável Justiça da Lei de Deus, mas é dirigido, também e sobretudo, ao coração, identificando a infinita Bondade do Criador. O indivíduo em equilíbrio e harmonia com a Divindade passa, naturalmente, a usufruir das benesses celestes enquanto caminha no plano terrestre para adquirir a sua cidadania na condição sagrada de um ser cósmico, eterno e imortal. Dessa forma, vai se integrando, por ressonância, Àqueles que coordenam os Sagrados Eventos da vida terráquea. Àqueles que têm consciência de que vivem embebidos na refulgente aura dos Cristos Cósmicos.

Observaremos no corpo deste que, por não se tratar de uma obra para informar, mas para formar nova estrutura psicológica sobre a forma mais crística para conduzir a vida, de maneira proposital repetimos palavras e frases visando impregnar positivamente a nossa alma com ensinamentos libertadores de hábitos mentais seculares ou milenares que bloqueiam a concepção do eternamente novo. Assim, quando chegarmos ao final do último capítulo, após a leitura acompanhada da instrospecção, já não seremos os mesmos indivíduos, dado que estaremos, na condição de Cristos-criaturas, sintonizados com o Cristo-Criador.

❀ ❀ ❀

Ao término de cada capítulo, pare para refletir, para pensar. Admita que você é um ser espiritual a caminho da sua universalidade, temporariamente se alfabetizando na Terra. Faça uma autoavaliação e verifique se a sua graduação espiritual já lhe permite substituir valores sem sofrer, porque mudar hábitos é comungar com o eterno transformismo, o eterno vir a ser.

Tendo em vista que tudo evolui no Universo de Deus, tente abrir mão de determinados conceitos ultrapassados, aqueles aos quais nos atrelamos devido ao longo período em que foram considerados por nós como verídicos. Esses conceitos não têm nutrientes para alimentar as novas aspirações do ser humano na Era do Mentalismo.

Embora estejamos com os pés sobre a abençoada Terra, a leitura destes apontamentos nos torna motivados para as conquistas transcendentes. E quando emocionalmente acompanhada da silenciosa introspecção, permite que nossa alma, à medida que percebe as fascinantes obras criadas pelos Engenheiros Siderais na imensidão do Universo, vá se motivando para trazer à tona o sentido sagrado da fraternidade, da solidariedade e da compreensão, estados d'alma que libertam a consciência cósmica e fazem com que a criatura sinta vontade de tornar-se um ser mais pleno de Deus.

Assim, é esperado que, no ensurdecedor silêncio da nossa alma, absorvamos o magnetismo divino do Cristo Terráqueo durante a leitura deste livro e, com o entusiasmo assentado na razão cósmica, nos mediquemos com a mais lídima[1] essência criada por Deus — o AMOR.

Em todo o livro, apesar de em determinados momentos utilizarmos a razão para compreendermos as Leis do Legislador Supremo — Deus —, o cerne é intensificar em nós os sentimentos superiores para que, pelas **sublimes emoções**, consigamos manter a nossa saúde psicossomática ou restabelecer a nossa vitalidade quando necessário.

[1] Genuíno, verdadeiro, original, real, puro, autêntico, legítimo, castiço.

É de bom alvitre relembrar que as almas mais evoluídas não sofrem de doenças como, por exemplo, da vaidade e da sua irmã gêmea, a soberba. Elas não têm ciúme nem inveja e se alegram com o bem-estar dos seus semelhantes. Em assim sendo, procuremos curar a nossa alma dessas avassaladoras doenças valorizando o que de melhor cada criatura realizar. Vamos aprender a aplaudir aqueles que se anteciparam na evolução. Aqueles que realizam maravilhas em benefício dos seus semelhantes. Essas são atitudes maravilhosas para a nossa saúde.

❀ ❀ ❀

Einstein disse a Chaplin: "O que mais admiro na sua arte é que você não diz uma palavra, e o mundo inteiro te entende."

E Chaplin respondeu: "Mas a sua glória é ainda maior, pois o mundo inteiro te admira sem entender o que você diz."

❀ ❀ ❀

Em sendo um sagrado manual para no dia a dia nos auxiliar no ativar do nosso Cristo Interno, e assim nos emocionarmos com a vida e com o Autor da Vida, em cada leitura, antes de iniciarmos, façamos três ou sete vezes o mantra universal AUM ("OM") e repitamos no final de cada capítulo para melhorar a nossa percepção.

Caso algum pensamento contido neste livro não seja objetivamente assimilado pelo nosso cérebro, não nos preocupemos, considerando que muitas das mensagens foram dirigidas ao nosso coração.

Que o Nazareno Mestre, fazendo a ponte com o Cristo, produza em nós o Empuxo Divino para, nesse Cristotropismo[2], nos curarmos — alma e corpo — e adquirirmos harmonia interior para que tenhamos paz e saúde.

---

[2] Inerência ao ser que o impele natural e inapelavelmente para o Cristo.

Esclarecimentos

O leitor conhece, experimentalmente, que todo remédio precisa de tempo para fazer efeito em nosso organismo. Assim também acontece quando tomamos doses de Evangelho, conforme prescrição feita pelo Sublime Médico das nossas almas — Jesus de Nazaré. Portanto, não queiramos que aconteçam os "milagres" das nossas conveniências, mas nos debrucemos sobre o Evangelho na condição de Síntese das Leis de Deus, para irmos recebendo doses homeopáticas de energias vivificadoras e mantenedoras da saúde da nossa alma. Com tal atitude estaremos nos prevenindo de possíveis doenças, ou revitalizando o nosso psicossoma caso esteja desvitalizado.

O tratamento sinalizado neste livro tem 25 reflexões sobre evangelhoterapia, e durante a leitura de alguns capítulos faremos uma viagem imaginária num terapêutico e crístico devaneio, de forma que nos projetemos para ambientes criados pela nossa mente que tenham as cores da vida e possuam o magnetismo que nos projete para uma dimensão onde possamos vislumbrar o luminoso espaço sideral, tendo como finalidade exercitarmos a nossa superconsciência. Dessa forma estaremos atendendo ao parágrafo da Lei de Deus que diz: *O homem é o que ele pensa.*

Para o nosso melhor proveito, durante este estudo faremos autoavaliações sobre as nossas virtudes e os pontos que ainda não estão evangelicamente bem elaborados e causam conflitos entre a razão e o sentimento. Mas é preciso que a nossa autoavaliação seja verdadeira, sem sentimento de culpa nem autopunição — do contrário, o remédio evangélico não alcançará o resultado desejado, visto que as desarmonias causam efeitos colaterais para a alma.

À medida que formos descobrindo as doenças da nossa alma, com as etiologias bem definidas, procuremos de imediato agendar na nossa mente os antídotos que vamos precisar manipular no laboratório do nosso coração para combatê-las amorosamente.

Por conhecermos a assertiva que diz *alma sã, corpo são*, o livro não combate frontalmente as doenças corpóreas, porque não adianta medicar contra o efeito sem antes eliminar a causa. O sagrado propósito é exaltar o lado luminoso, positivo e divino que possuímos. Como consequência, estaremos nos sintonizando com os campos energéticos das dimensões habitadas pelos bem-aventurados, por aqueles que estão fora da rota reencarnatória compulsória, e, assim, restabelecendo o funcionamento dos nossos pontos vitais — os nossos chacras.

O Evangelho, na sua sacrossanta condição de panaceia[1] divina, por ser procedente do Cristo-Amor, é eficaz para os males físicos e ético-morais, independentemente das suas etiologias.

Ao refletir sobre cada pensamento que enleve nossa alma e pronunciá-lo com o tom mantrânico da sacralidade, higienizaremos os nossos corpos sutis e também o biológico de maneira abrangente e irrestrita.

Durante o nosso tratamento e fortalecimento para a manutenção da vitalidade corpórea, iremos perceber que o êxtase emocional que experimentaremos com as paisagens paradisíacas criadas pela nossa mente, com o respirar dos aromas dos jardins edênicos da nossa imaginação, será suficiente para elevarmos as nossas vibrações mentais. Em tais estados d'alma vai surgindo em nós um *homem novo* sem matarmos o *homem velho* que éramos. Dessa forma as nossas mazelas sofrerão "atrofias" tão naturais e sutis que os nossos sentidos físicos nem perceberão.

Nesse nosso tratamento preventivo, objetivo e específico, quando direcionado a determinada doença, os remédios serão manipulados pela nossa mente, daí a necessidade de:

➤ Plasmarmos a policrômica beleza estelar. De preferência, não retroagindo no tempo para recordarmo-nos assiduamente dos nossos momentos menos luminosos, nem os da humanidade.

➤ Na condição de espíritos eternos e imortais, idealizarmos o divino bem-estar de quem já sentiu as palpitantes emoções provenientes das esferas dos Anjos do Senhor.

➤ Entrarmos, por ressonância, em contato vibracional com o

---

[1] Palavra com origem no grego *panákeia*, onde *pan* significa "todo" e *ákos* significa "remédio". Desta forma, a palavra indica uma substância que cura todas as doenças. Na mitologia grega, Panaceia era a deusa da cura, irmã de Hígia, deusa da saúde e higiene.

Cristo-Pai, e assim, sentindo de maneira mais direta a fonte inesgotável do Amor, ficarmos estimulados e em melhores condições para absorvermos as emanações energéticas da Natureza à nossa volta e, também, as do Cosmo, para que mantenhamos a nossa saúde psicoemocional e corpórea.

Com a nossa centelha espiritual centuplicada na sua luminosidade, visto que conectada à Consciência Arcangélica Criadora da Terra — o Cristo-Pai —, seremos canais humanos na condição de prismas divinos, refletindo para o mundo feixes de luzes medicamentosas procedentes das usinas cósmicas. Nesses momentos de sacralidade, nós nos transformaremos em diamantíferas antenas humanas para captarmos e irradiarmos a Luz do Cristo, amparados pelo Anjo Planetário — Jesus de Nazaré.

Ressaltemos o exemplo deixado pelo Nazareno Mestre, que, sintonizado com o Cristo, curou pessoas apenas com um toque suave em Suas vestes, por ouvirem a Sua misericordiosa voz ou serem tocadas pelas Suas luminosas mãos.

Na divinal condição de representantes do Cristo-Pai tendo Jesus como nosso modelo humano, mobilizemos nossas potencialidades divinas para, em melhores condições, produzirmos saltos quânticos nas almas daqueles que entrarem em contato com a nossa esfera áurica impregnada com o Amor exalado do nosso espírito, pois *somos luzes, somos deuses*, *somos o que amamos, somos Cristos-criaturas*. Também somos *caminho, também somos verdade e também somos vida*.

Nunca nos esqueçamos de que a luz do amor que ilumina a consciência é remédio sem contraindicação para todos os males. Portanto, amemos! E nunca deixemos de amar...

❈ ❈ ❈

Por não termos dúvida de que a misericordiosa voz do Nazareno Mestre, associada às magníficas paisagens por Ele descritas, transportava os Seus ouvintes para as dimensões paradisíacas, e que estes, tomados por sublimes emoções, eram curados ou se autocuravam, vamos idealizar um devaneio.

Imaginemos o que aconteceu quando Jesus, assessorado mais diretamente pelo Cristo Planetário, declamou o Seu Poema Cósmico — o Sermão da Montanha.

Naqueles sagrados momentos, com as pessoas embevecidas,

mergulhadas na Sua luminosa aura e tomadas por transcendentes sensações de bem-estar, entravam em júbilo íntimo, o Universo conspirava positivamente a favor de todos, advindo as "milagrosas" curas da alma e do corpo dos ouvintes da Grande Estrela — o Nazareno Mestre — Porta-Voz do Cristo.

Observemos o sagrado valor das emoções quando nos permitimos o Empuxo Divino causado pelo Cristo — a Arcangélica Consciência —, que produz em nós o Cristotropismo.

É possível imaginar o que aconteceu com as mentes que ouviram o Pedagogo Sideral a serviço do Cristo na Terra, dizendo:

> Bem-aventurados os que têm um coração simples, porque deles é o Reino dos céus!
> Bem-aventurados os que choram, porque serão consolados!
> Bem-aventurados os mansos, porque possuirão a terra!
> Bem-aventurados os que têm fome e sede de justiça, porque serão saciados!
> Bem-aventurados os misericordiosos, porque alcançarão misericórdia!
> Bem-aventurados os puros de coração, porque verão a Deus!
> Bem-aventurados os pacificadores, porque serão chamados filhos de Deus!
> Bem-aventurados os que são perseguidos por causa da justiça, porque deles é o Reino dos Céus!
> Bem-aventurados sereis quando vos caluniarem, quando vos perseguirem e disserem falsamente todo o mal contra vós por causa de mim!
> Alegrai-vos e exultai, porque será grande a vossa recompensa nos céus, pois assim perseguiram os profetas que vieram antes de vós. (Mateus 5:3-12)

Busquemos sempre o equilíbrio entre a razão e o sentimento, principalmente no momento atual em que a sociedade está encantada com o avanço tecnológico.

❀ ❀ ❀

A Luz é presente porque primeiro se fez presente o Amor. (Silvestre)

Corrente pela saúde do planeta Terra

Visto que a saúde dos terráqueos depende, também, da saúde da Terra na sua sagrada condição de "corpo" do Cristo Planetário, em *Cura e Autocura à Luz do Evangelho* vamos, de início, fazer uma corrente pela saúde do nosso orbe.

Estamos na era do Mentalismo, no momento mais crístico para despertarmos o nosso Eu Crístico, a nossa Força Interior — para colocarmos o nosso Cristo Interno a serviço do Autor da Vida. Estamos no momento mais sagrado para energizarmos o nosso planeta com as energias da nossa convicção, da nossa Força Superior, do nosso Deus Interno, da Onipotência de Deus em nós. É a fase vital para zelarmos pelo bem-estar da Terra na condição de patrimônio de uma humanidade.

Somos conhecedores de que *semelhante atrai semelhante.* Por assim ser, conhecedores que somos da Onipotência do Criador nas criaturas, vamos emitir diariamente, às 21h00 locais, para maior concentração de energias em função de maior número de pessoas, um pensamento positivo, com direção e sentido ao Supremo Criador, ao Supremo Arquiteto do Universo. Mas, durante o dia, sempre que lembrarmos, iremos impregnar a psicosfera da Terra com pensamentos luminosos. Com paisagens dignificantes. Vamos criar um novo campo de energias em torno do planeta formado com ondas de amor, de bondade, de paz, de beleza, de luzes defluentes do nosso próprio âmago. Jogaremos para o ar paisagens de beleza moral, de beleza fraternal, de união entre os povos — figuras criadas pela nossa mente, com sentimentos que identifiquem que somos todos irmãos, filhos de um único Deus. Filhos do Absoluto Pai. Filhos do Criador do Universo. Filhos do Autor da Vida — DEUS.

Somos o que pensamos! Assim sendo, vamos, com a nossa Força Mental, com a nossa Força Interior, com o nosso Cristo Interno, movimentar as exuberantes energias das florestas, das águas, dos minerais, do fogo, do ar, da terra, da lua, dos sóis, das estrelas, dos quasares, das galáxias, com a certeza de que todo o Universo conspirará positivamente a Serviço da Vida. Assim, nós, que somos filhos do Senhor da Vida, iluminaremos a Terra.

Todo indivíduo é luminescente centelha espiritual. Por assim ser, façamos uma Ponte entre a Terra e o Céu e convidemos um punhado de Anjos para auxiliarem na higienização do nosso planeta. Criemos uma aura refulgente de cor verde-seda em torno da Terra, a fim de que cada pessoa, embebida nas energias da angelitude, desperte a sua Força Interior, alimente em si o Amor pela vida e bombardeie com fótons de esperanças a nossa escola-planeta.

Ora, uma vez que *no vislumbre da luz, iluminados somos*, vislumbremos o Universo estrelado. Contemplemos a Infinita Criação de Deus. Acompanhemos os movimentos das galáxias. Sintamo-nos coparticipantes da obra do Artífice do Universo, da obra da Causalidade sem Causa.

Afirme e confirme com a voz da sua convicção:

> Eu Sou um dínamo gerador de energias luminosas, de energias benfazejas. Eu Sou capaz de criar formas de pensamentos que modificam vidas. Ora, se eu sozinho sou capaz de criar maravilhas com a minha Força Interior, com a minha mente, não tenho dúvida. Não tenho dúvida de que com os meus pensamentos positivos somados aos pensamentos positivos de bilhões de pessoas espalhadas pelo planeta, iluminaremos o nosso mundo e a humanidade. Varreremos a atmosfera e a psicosfera da Terra. Diluiremos as energias deletérias que encobrem o nosso habitat. Despertaremos as consciências a fim de que descubram em si a Imanência de Deus... a Onipotência do Criador em seu próprio ser... o Sentido Sagrado da Vida.

Com a nossa força mental criando formas de pensamentos luminosos, iremos modificar a estrutura das energias condensadas em torno do globo, o que propiciará aos coparticipantes do Criador canalizar os lixos psíquicos e os despejar nas águas salgadas dos oceanos — as águas que têm condições inatas para diluir as mais densas camadas de energias poluídas, as quais são transformadas em novas energias para a sustentação da vida do nosso planeta.

Fomos criados, em essência, à *imagem e semelhança de Deus*; por conseguinte, somos portadores dos Seus Divinos Atributos. Imaginemos do que somos capazes, nós, espíritos conscientes do Deus Imanente em nós! Nós, potencialmente deuses! Nós, com energia-força capaz de neutralizar os efeitos de uma bomba atômica com a nossa mente!

A força mental é a mais potente de todas as forças do Universo. O Cristo, Criador da Terra, por exemplo, é uma consciência espiritual criada por Deus, e é Ele quem sustenta, com a Sua Potente Mente, a coesão da massa planetária. É Ele quem provê e sustenta as vidas de todos os reinos do nosso Mundo. É Ele quem faz a ponte com a Fonte Eterna da Vida — DEUS — para manter a vida do nosso Mundo.

Assim, você de qualquer dos pilares, seja o social, o artístico, o científico ou o religioso, auxilie no despertar das mentes da sua área de atuação. Vamos criar a mais potente Corrente Protetora da Terra. Vamos criar esteiras de energias com as cores do arco-íris, todas envolvendo o nosso globo.

Exercitemos a nossa potente força mental. Para tal, mergulhemos num universo de cor verde — o Raio da Beleza, o Raio da Esperança — e focalizemos o nosso globo. Idealizemos a mais paradisíaca paisagem em torno da Terra e convidemos os Anjos da Música a entoarem hinos de exaltação à vida. Hinos de gratidão ao Autor da Vida. Hinos cujas notas musicais movimentem as forças da Natureza, a fim de que os Anjos do Raio da Beleza energizem o nosso planeta com eflúvios de esperança e de paz.

Antes de finalizarmos esse panorama mental de energização da Terra, contemplemos o Universo. Olhemos para o espaço sideral e destaquemos a nossa abençoada morada — a Terra. Lá está o nosso orbe, na imensidão do Cosmo, sendo divinamente bombardeado pelos crísticos olhares das consciências evoluídas, ascensionadas, angélicas e arcangélicas, todas ajudando a manter a saúde do nosso planeta e da humanidade terrena.

Por sermos porta-vozes de Deus, durante os instantes em que estamos magnetizando positivamente a Terra, vamos impregnar mais e mais a psicosfera do nosso mundo com a voz da misericórdia. Vamos falar de beleza. De vida. De saúde. De bondade. De amor. Vamos falar sobre os Anjos, os Arcanjos, os Querubins, os Serafins. Vamos falar da magnífica Criação de Deus. Vamos falar sobre os sóis. As estrelas. As galáxias. Vamos falar sobre a vida e o Autor da Vida.

Ora, sabemos que:

> Amor é a emanação do Criador da Vida.
> Amor é a expressão máxima da Vida.
> Amor é presença de Deus em nossas ações crísticas.
> Amor é sol a alimentar a vida.

Cura e Autocura à Luz do Evangelho

Amor é Luz Eterna do Criador nas criaturas.
Amor é cântico emitido pelo coração.
Amor é melodia que se ouve com o coração.
Amor é luz que irradia do coração.
Amor é perfume que exala do coração.
Amor é Deus que fala pelo coração do ser humano.
Amor é mantra que imanta a nossa alma para a condução da vida.
Amor é essência medicamentosa que mantém a saúde da alma e do corpo.
Amor é combustível para a alma gerar vidas.
Amor é energia-força a movimentar o Universo.
Amor é um puro sorriso de criança.
Amor é afabilidade e é ternura de um longevo.
Amor é Deus no homem.
Amor é energia de sustentação da vitalidade.
Amor é luz emitida pelo olhar das pessoas plenificadas.
Amor é claridade interior que flui por todos os poros das almas mansas.
Amor é sol que estimula o ser humano a amar-se.
Amor sou eu, que amo a vida e o Gerador da Vida.

Para finalizar, criemos a seguinte figura:

Um sol no centro do Universo. Um sol tão grande que ilumine todas as galáxias.

Aqui na Terra, na linha do Equador, abramos um gigantesco portal circular que dá passagem para o interior oco da Terra.

Imaginemos nós, os espíritos terrenos, encarnados e desencarnados, no núcleo oco da Terra. Junto conosco, milhões de milhões de Anjos.

Idealizemos mentalmente o sol central do Universo, após se comprimir, penetrando pelo portal circular da linha do Equador.

Agora, todos nós, terrenos, junto com milhões de milhões de Anjos, pronunciando convictamente, em som crescente, a palavra DEUS. DEUS. DEUS. DEUS. DEUS. DEUS. DEUS.

À proporção que vamos pronunciando o mantra sagrado DEUS, o sol concentrado no núcleo da Terra vai se expandindo, expandindo, expandindo, expandindo, expandindo, expandindo, expandindo!

Começam a sair à superfície raios luminosos do sol por todos os poros da Terra.

A massa terrena está sendo bombardeada de dentro para fora por jatos de luz do sol em expansão.

Mais luz! Mais Luz! Mais luz! Mais luz! Mais luz! Mais luz! Mais luz!

Já não conseguimos mais ver a Terra, pois tudo é luz.

Estamos vendo agora uma bola de luz. Uma bola policromática. Estamos vendo a Terra incendiada pelo Fogo Sagrado. O Fogo Vivificador.

Estamos vendo a Terra luminosa volitando no espaço.

Nosso planeta ressuscitou!

Nosso planeta está salvo.

Agora, fale, afirme e confirme:

> Na condição de Fagulha de Deus que eu sou. Na condição de um Cidadão Cósmico. Na condição de um porta-voz do Cristo Planetário da Terra, sinto-me, neste sagrado ambiente que a minha mente criou tomado pelo êxtase, pelo júbilo divino, e vou declamar um poema de Gratidão a Deus. Um poema inebriado com a minha essência. Com a essência da minha convicção do Deus Onipotente que É em todos os humanos. Um poema com a vibração do meu amor pela Terra. Um poema que inunde a humanidade com o meu amor. Com a minha energia.
>
> Finalmente, eu, filho da Terra, falo com a voz da certeza. Com a voz da plenitude. Falo com Deus e Lhe digo:
>
> Meu Deus!
> Deus-Vida! Vivifica a Terra e a sua humanidade!
> Deus-Amor, desperta em mim o amor pela Terra! O Amor pelos filhos da Terra!
> Deus-Beleza, ajuda-me a emocionar-me com a Beleza da Tua Criação!
> Por fim, Deus-Pai!, auxilia-me no despertar dos filhos da Terra o Amor incondicional.
> O amor por todas as Centelhas de Vida do nosso planeta.
> O Amor pela nossa escola planetária.
> O Amor pelos Zeladores da Vida do nosso Mundo.
> O Amor pela Vida do nosso Santuário Sagrado — o Planeta Terra.

Agora, vou direcionar, mais uma vez, o meu pensamento a Deus! À Suprema Essência do Universo! À Suprema Luz!

Com esse panorama mental, aciono o meu Deus Interior. Aciono o meu Cristo Interno e imagino a humanidade de mãos dadas, fazendo uma Corrente Protetora.

Uma Corrente que envolva toda a Terra.

Uma Corrente em que a Terra esteja embebida numa aura de cor branca.

E, num gesto de preservação à vida, todos louvando o Senhor da Vida. Todos emitindo pensamentos luminosos.

Pensamentos que transformam a Terra num Santuário Sagrado.

Pensamentos que fazem brotar por todos os poros da Terra Chamas Violeta.

Pensamentos que diafanizam a psicosfera da Terra, a ponto de a humanidade sentir-se no Templo do Amor.

Nessa ponte entre a Terra e os Céus, estamos fazendo a assepsia do nosso orbe e, gradativamente, tudo mudará em nosso planeta. De fato, tudo será energeticamente modificado — mineral, vegetal, animal e hominal. Tudo que é vida na Terra será positivamente alterado.

Não temos dúvida de que, pouco a pouco, iremos modificando os campos energéticos da Terra, elaborando novos estados mentais de sublimidade à vida, pontilhando a psicosfera com formas de pensamentos que ensejam fraternidade, solidariedade e compreensão.

Dessa forma, o humano terreno sentir-se-á banhado pelo Raio Verde. O Raio da Beleza. O Raio da Esperança por uma Terra transformada em Santuário Sagrado e consagrado à Vida – DEUS.

Diante de tais condições mentais, imaginemos a humanidade concentrada, idealizando mentalmente a simultaneidade das energias em movimento centrífugo (saindo do interior da Terra) e centrípeto (chegando à Terra, advindas do Recôndito Eu do Universo)! Imaginemos a Transfusão Angélica de energias em benefício do nosso habitat!

Os extraterrenos, preocupados com o planeta Terra e sua humanidade, colocaram na Terra, em pontos estratégicos, uma placa com a insígnia **Thunder Bird**, sinalizando que o nosso orbe em breve será visitado, de maneira mais objetiva, por humanos encarnados de outros redutos do Universo. Suas espaçonaves pousarão, principalmente, nas restingas. A finalidade da presença dos extraterrenos e dos intraterrenos é unir os homens da superfície da Terra entre si e abrirem perspectivas para o exercício da família universal.

Introdução

As reflexões de *Cura e Autocura à Luz do Evangelho* objetivam trazer ao consciente a nossa Força Superior, tendo como cerne sagrado nos graduarmos à frequência identificadora da harmonia com o fluxo da correnteza da vida, e, em tal estado d'alma, nos autocurarmos. Também servem para a apreciação e avaliação dos médiuns de cura, biofísicos, bioquímicos, metafísicos, psicólogos, sociólogos, terapeutas holísticos e médicos clássicos que tiverem conseguido sentir e identificar a frequência do Cristo-Amor. Isso porque o cerne desta singela obra é despertar na criatura o seu Cristo Interno pela sagrada emoção, já que a emoção pelo sagrado açambarca todas as ciências da Criação.

Os espíritos ascensionados almejam contribuir para um maior entendimento do que representam, efetivamente, para a humanidade terrestre atual e futura os maravilhosos trabalhos de cura da alma e do corpo. Eles querem aproveitar a dinâmica mental e o estado de sensibilidade em que os encarnados se encontram nesta fase crística e crítica de Transição Planetária que estamos vivendo para nos auxiliar no "acordar" do nosso Cristo Interno. Para tal, precisamos assimilar o papel sagrado da dor para despertar consciências.

Importante é que, de imediato, se fixe em nossa essência espiritual a necessidade de primeiro curarmos a nossa alma para que, depois, o nosso corpo possa ser definitivamente curado das doenças condizentes com os espíritos de conduta primária, mas incompatíveis com uma escola secundária. Por isso, o objetivo precípuo é trazer à tona o nosso Eu Crístico, pois com o nosso incêndio interior entraremos em dimensões mais elevadas, as quais manterão a nossa saúde, ou recomporão o nosso organismo quando estiver desarmonizado ou debilitado.

Foi programada pelos coordenadores dos eventos siderais voltados para a Terra a atuação de espíritos superiores de todas as religiões, atividades científicas, sociais e artísticas, visando um auxílio geral de última hora, no momento profético e apocalíptico que estamos vivendo, aproveitando o altíssimo grau de sensibilidade que as criaturas adquirirão nos momentos cruciais das suas dores, uma vez que estamos às vésperas de grandes cataclismos socioeconômicos e geofísicos em toda a Terra.

Com a deliberação do Conselho de Medicina Espiritual do Planeta Terra em formar um circuito de auxílio à medicina oficial sem fronteiras, onde trabalharão espíritos verdadeiramente evoluídos, outros altamente técnicos e outros tantos ascensionados, todos nós seremos beneficiados, independentemente do fato de estarmos corporificados ou nos planos da erraticidade. Tenhamos em mente que, com tal evento em ação, os espíritos encarnados, de todas as vertentes do conhecimento humano terreno, naturalmente assumirão nova postura mental e se desarmarão para viverem palpitantes e luminosas emoções.

O livro começa afirmando que **amar é a ciência cósmica da alma** e encerra, após passear pelos meandros da consciência humana, tecendo comentários sobre os **Adventos Crísticos**, uma proposta trazida à nossa dimensão pelos espíritos integrantes das Sagradas Fileiras[1] para renovar o Cristianismo, tendo Jesus como Grão-Mestre do Cristianismo Renovado.

É saudável lembrar que o Nazareno Mestre na Sua proposta evangélica não catalogou as doenças do corpo, Se detendo em exaltar a vida e o Autor da Vida para que as pessoas, ouvindo a Sua misericordiosa voz e refletindo sobre a Sua sagrada mensagem, pudessem aumentar as suas frequências mentais, tentando assimilar o que era o Reino de Deus.

Observemos o roteiro do livro de acordo com o sumário:

> ➢ **Amar é a ciência cósmica da alma** e remédio para todos os males da humanidade.
> ➢ Criar **paisagens mentais com as cores da vida**, além de manter a nossa vitalidade, restabelece a nossa saúde, quando for o caso.

---

[1] Entre os anos 1990 e 2000, recebemos por volta de setecentas mensagens, através da psicografia de Therezinha Teixeira Pereira de Carvalho, ditadas pelos espíritos integrantes das Sagradas Fileiras, cujo porta-voz é Silvestre. Por tratar-se de orientações espirituais para renovar o Cristianismo como um todo planetário, independentemente dos diferentes nomes das religiões, baseei-me nas orientações ditadas e escrevi os livros relacionados no início deste, sendo que todos tratam da implantação dos **Adventos Crísticos** na Terra. (N. A.)

➢ De maneira natural e lógica, a nossa atual evolução nos permite admitir que não há possibilidade de curar o corpo definitivamente antes de curar a alma. Por assim ser, abraçamos a **medicina holística**.

➢ Visto que é da Lei de Deus que **toda ação gera reação**, este material, que se propõe auxiliar no direcionamento da nossa vida mental para mantermos a vitalidade do nosso corpo, ou curá-lo quando estiver desvitalizado, tem como enfoque trabalhar a força criadora da beleza na humanidade. A força da alma para ela, contemplando a policromia do Universo criado, entoar hinos de harmonia louvando o Criador do Universo. Hinos que nos transportem para as dimensões das emoções crísticas.

➢ Mesmo reconhecendo que estamos vivendo um momento cibernético[2] com a evolução técnica e científica, o conteúdo deste livro nos induz a desenvolver também a cibernética humana[3] de forma que, simultaneamente às nossas elucubrações cerebrais, desenvolvamos a telepatia e, ao mesmo tempo, a intuição, sem abdicarmos, é evidente, da inspiração divina para que, convictamente, nos comuniquemos com os Céus, a fim de darmos vazão à emoção por tudo que identifique o sagrado. O objetivo é não incentivar o indivíduo a viver com o cérebro hiperativo e dedicado tão só às conquistas externas, deixando o coração subnutrido por não conseguir desarmar-se para louvar o Criador, **cantando hinos de esperança**. Faz parte do cientificismo cósmico que, transcendendo à forma material, surge na pessoa, na condição de *Filho Pródigo*, a vontade de retornar à sua Divina Origem — Deus. No trajeto da sua *reversão* deve empenhar-se em elaborar novas diretrizes na vida mental e passar a criar novos panoramas internos de cunho superior, crístico e luminoso. Desse estado mental advém a transcendente emoção que cura a alma e o corpo.

➢ Por ser um dos focos desta obra **curar pela emoção**, os seus ensinamentos mantêm viva em nossa tela mental a figura angelical do Mestre Jesus durante a Sua caminhada no plano dos encarnados, pois Ele continua vivo em nossas aspirações e emoções de cunho moral. Ele, o Divino Anjo, que é o nosso modelo, curou pela emoção.

➢ Nas nossas introspecções perceberemos que é necessário dilatar a nossa percepção interior, trazendo ao consciente a nossa Chama Crística, o nosso Cristo Interno, a fim de melhorarmos a capacidade de vivenciar o amor na condição de alimento sagrado da vida,

---

[2] Relativo à cibernética, que é a ciência que estuda os mecanismos de comunicação e de controle nas máquinas e nos seres vivos. Fonte: Wikipédia.

[3] Designação dada ao sistema energético autossustentável da espécie humana, onde o cérebro consegue manter-se em equilíbrio dentro do circuito energético que forma, fazendo um *feedback* com os outros cérebros, enviando e recebendo informações entre si. A prática da cibernética humana consiste em ativar essa condição natural do cérebro e manipular essa energia direcionando-a para uma pessoa específica, classe ou raça, com o objetivo de manter o controle sobre os mesmos. Fonte: Wikipédia.

para termos condições de **sentirmos o Cristo-Pai** — a Consciência Arcangélica mantenedora da Vida Terráquea.

➤ Para que a nossa vida reflita a imagem e os ensinamentos do *Sol Divino* — Jesus de Nazaré —, a ponto de o magnetismo da nossa **voz transportar o som misericordioso que cura** a alma e o corpo, tenhamos em mente que *somos Deuses* em potencial, conforme anunciou a Grande Estrela e Poeta da Vida — o Nazareno Mestre. Sintonizados com a dimensão sublime do Cristo, tendo ações e reações de cunho moral, é possível entrarmos em contato consciente com correntes de pensamentos hipersutilizadas, ainda que a maioria dos encarnados não registre na memória objetiva tais acontecimentos. Nesse caso, o Cristo-criatura fica sozinho com o Cristo-Criador. O processo é tão sutil e divino que não se pode considerar como uma comunicação mediúnica com as individualidades espirituais, mas como uma interação do médium com as ondas do Amor Incondicional na Dimensão da Vida Cósmica. É a mente humana entrando numa dimensão, cujas ondas de pensamentos formam uma esteira de luz que identifica Amor Puro e Puro Amor.

➤ Será observado pelo leitor atencioso que *Cura e Autocura à Luz do Evangelho* não é apenas um livro para leituras ocasionais, e sim um sagrado manual sinalizando um roteiro luminoso para a nossa trajetória evolutivo-ascensional. Assim, para quem pretende alcançar com maior amplitude **o dom sagrado de amar** sem nenhum estímulo externo, é de bom senso não inibir com elucubrações cerebrais os seus Divinos Atributos, porque tal atitude anestesia o coração, que passa a não exteriorizar integralmente o sentimento espiritual angélico do qual é portador em latência — o amor incondicional.

➤ A pessoa que, enquanto na fase evolutiva de *provas e expiações*, conseguir **sacralizar a sua mediunidade** dará magníficos saltos quânticos em direção à luz da sua libertação íntima, sairá da ação gravitacional causada pelo peso específico do perispírito e se desatrelará mentalmente das linhas de forças do seu passado causador de doenças e sofrimentos. A mediunidade, seguindo os princípios ético-morais evangélicos, é excelente oportunidade para exercitarmos a paciência, a solidariedade, a convivência com as diferenças, a misericórdia, a tolerância, a simpatia, para que nos tornemos mais úteis aos nossos semelhantes e, dessa forma, acelerarmos a nossa integração às Leis da Vida.

➤ Verdadeiramente, *nada se cria, nada se perde, pois tudo se transforma*. Portanto, quando surge a doença o indivíduo, intuitivamente sabedor de que *não existe ética superior à vida*, mergulha no seu mundo íntimo para trazer ao consciente as mais puras essências revitalizadoras. Nessa introspecção, embora compulsória, a sua mente ativada pela dor, no hercúleo esforço para preservar a vida, muda magnificamente de nível vibratório e entra nos campos de forças de sustentação da saúde e da vida. Observemos a perfeição do Criador: Nos nossos desencontros Ele encontra meios para darmos sentido divino à nossa vida e adquirirmos **equilíbrio psicofísico**. É a Infinita Bondade de Deus nos ensinando a viver harmonizados com as Leis que regem a Criação e, ao mesmo tempo, conviver com a Sua Infinita Justiça.

➢ Por ser da Lei de Deus, é universal a **eclosão da luz interior** na criatura à medida que ela adquire senso de beleza, harmonia, fraternidade, mansuetude, *misericórdia de ver, ouvir e falar* e, sobretudo, capacidade de amar-se para ter condições de amar a outrem. Disse o Nazareno Mestre que nós *somos luzes*. Em assim sendo, evangelizemos os nossos atos e as nosss atitudes, colocando neles a ternura, a benevolência, a humildade e a luz do discernimento. Dessa forma, ampliando a área de ação do nosso coração, a nossa luz interior eclodirá para iluminar a nossa trajetória e as consciências carentes de Deus.

➢ O ser humano, quando evangelizado, passa a zelar pela sua saúde mental, porque tem certeza de que a saúde do seu corpo, na condição de santuário sagrado da alma, depende da elaboração de pensamentos luminosos e agradáveis por seu psiquismo, já que a saúde também depende do senso de beleza adquirido. A **cromoterapia mental** é excelente medicamento manipulado pela força-energia da alma no laboratório do seu coração. E, para que seja uma medicina preventiva, busquemos dar sentido útil à vida, mantendo as mais lídimas e lindas paisagens mentais colorindo o nosso universo íntimo, certos de que nos Céus tudo é edenicamente belo.

➢ O espírito deixa de sofrer quando compreende a função sagrada e educativa da dor na economia universal. Assim, na mesma proporção em que a criatura evolui espiritualmente rumo à sua integração à Consciência Cósmica, vai se despersonalizando, ou seja, vai perdendo a sua *persona*, a sua máscara e, como consequência, exteriorizando mais luz. Sem as máscaras das ilusões, as músicas nostálgicas são, naturalmente, substituídas pelas mentalistas, aquelas que despertam na alma impulsos para a aquisição do eternamente novo, obedecendo ao eterno transformismo no Universo Criado. A música superior causa equilíbrio, paz, estabilidade emocional e saúde psicofísica à pessoa. E, devido à harmonia que ela causa, os chacras desempenham as suas vitais funções distribuindo o magnetismo divino para manter a saúde corpórea. Façamos, portanto, uso consciente da **musicoterapia**.

➢ Embora existam livros fabulosos e esclarecedores sobre a nossa **reforma íntima**, os espíritos integrantes das Sagradas Fileiras e responsáveis pela implantação dos Adventos Crísticos na Terra sinalizaram que basta ao homem-espécie adquirir a *misericórdia do*

Cura e Autocura à Luz do Evangelho

ver, ouvir e falar para que esteja em plena condição de adentrar os pórticos celestiais. A autocura vem sempre acompanhada da reforma íntima de cada criatura, pois a doença não é castigo divino, mas fator que impulsiona as forças latentes nas almas para mudanças de conduta e aquisição de novos valores.

➢ Para facilitar as nossas conquistas transcendentais é excelente traçarmos um **roteiro para a vida plena**, dado que a nossa mente passa a ter um foco a centralizar as energias que serão utilizadas na trajetória a ser percorrida visando realizarmos as nossas aspirações, sempre convictos de que *o homem é o que ele aspira a ser*. Assim é que criarmos metas motivadoras e luminosas para serem alcançadas é atitude salutar, porque impulsiona a alma para novas e nobres aquisições morais. Estejamos atentos durante o estudo de *Cura e Autocura à Luz do Evangelho*, porque este vai servir para despertar a nossa consciência individual no seio da Consciência Universal — Deus —, e surgirá um *homem novo*, pois evangelizado.

➢ A nossa mente, quando povoada por panoramas ricos de beleza, além de desempenhar a saudável tarefa de Medicina Preventiva na condição de divina profilaxia, causa **êxtases espirituais**, visto que da intimidade das nossas almas fluem fulgurantes luzes medicamentosas que servem para manter a saúde psicofísica. O Supremo Arquiteto do Universo é Perfeito e, como Legislador, colocou na Sua Lei o automatismo para cada causa ter o seu efeito. Em assim sendo, elaboremos, mentalmente, uma paradisíaca dimensão habitada pelos Arcanjos Miguel, Gabriel, Rafael, Uriel, Jofiel, Samuel e Ezequiel. Uma vez que *o homem-espécie é o que ele pensa*, elaboremos os efeitos salutares que receberemos só em pensarmos no belo, nos planos energéticos dos Baluartes Celestes, daqueles que são coparticipantes da Criação.

➢ Na sociedade terrena, por estar em fase de transição planetária, a maioria dos seus componentes encontra-se com a vida mental muito desarmonizada, e por isso necessita de uma cota extra de prana para revitalizar e manter a saúde emocional e biológica. Em sendo o homem atual um ser consciente da sua individualidade no seio do Cosmo e, também, conhecedor da Lei da Reencarnação e da Lei de Causa e Efeito, deve desenvolver uma visão mais panorâmica sobre a vida universal, se pretender dar **saltos quânticos para autocurar-se**. Mas, para tal, a Lei do Criador exige esforço pessoal. Então devemos usar nossas forças para dar esse salto conscientemente, mudar de nível vibracional e encontrar o caminho que nos leve à nossa Divina Origem — Deus.

➢ Embora nem toda dor seja para expiar o passado, visto que existem criaturas cujas dores cármicas são irrelevantes quando comparadas à **dor para elevar a frequência da alma**, aceitemos as nossas dores como meio para a nossa ascensão moral. Quando as dores são compreendidas, a alma extrai fabulosas lições psicológicas e morais que serão aproveitadas para a sua evolução e ascensão espirituais. O espírito, a Essência Divina, a partir de certo grau evolutivo, passa a perseverar para adquirir novos ensinamentos superiores quanto ao sentido sagrado da vida e, dessa forma, se libertar das faixas inferiores. Um excelente mecanismo para elevar a vibração da vida mental é abraçar a dor quando ela nos visitar, e compreender a razão sagrada de sua existência, porque reclamar é não permitir que ela realize o que lhe compete na Obra de Deus e nos deixe, o quanto antes, harmonizados com as Leis da Vida. É sempre bom relembrar que a dor só fica conosco durante o tempo que for necessário para nos disciplinar, ou em casos especiais, para elevar as nossas frequências.

➢ Sabemos que a saúde corpórea e a psíquica dependem da perfeita harmonia entre espírito, perispírito e corpo físico. Por isso, os terapeutas espirituais não têm como primordial tarefa assistencial curar o corpo, mas elucidar o homem para que tenha vida mais condizente com a mensagem do Mestre Jesus — o Divino Médico do Espírito e Sintetizador das Leis de Deus. E também conduzir o ser humano, na sua condição de ser imortal, à verdadeira glória do *ser eterno*, pouco a pouco distanciando-se das glórias do *ter transitório*.

Quando o terapeuta tenta curar diretamente o corpo de alguém está, na verdade, combatendo os efeitos, e não as causas; daí a dificuldade para obter sucesso. É preciso, logicamente, despertar no doente a necessidade de ele iniciar a sua evangelização, dado que quanto mais evangelizada é uma pessoa, menos males ela contrai, considerando que a conduta verdadeiramente evangélica elimina as causas de todos os males. Portanto, coloquemos o Evangelho na pauta da nossa vida e **as doenças psicossomáticas** deixarão de existir.

➢ A Lei do Criador solicita que o ser humano procure **curar-se para curar.** Em assim sendo, vamos nos empenhar na nossa evangelização para nos tornarmos homens integrais, aqueles que já desintegraram suas personalidades, suas máscaras, e adquiriram, como resultado, condições para se integrar à Essência do Cristo-Amor. Esses já não terão doenças, pois assim determina a Lei: *Alma sã, corpo são*. Podemos imaginar as cores áuricas de uma pessoa portadora de sentimentos nobres. Todavia, ela sabe que precisa curar-se para, principalmente na exemplificação, ter condições de curar os seus semelhantes. Uma criatura autocurada não tem, na sua aura, os "bacilos psíquicos" geradores de doenças.

➢ Nossa alma já tem evolução para imaginar, num crístico devaneio, o avassalador e divino impulso interior que tiveram os seres humanos ao entrar na sintonia que lhes propiciou **sentir o pulsar da**

Cura e Autocura à Luz do Evangelho 31

Criação, o magnificente Tropismo Divino,[4] o Cristo Planetário Terráqueo. A pessoa autorrefeita porque transformou as lições educativas em vivência luminosa não vê na dor um castigo divino, mas apenas uma forma altamente didática aplicada pela Lei da Evolução para disciplinar almas, fazendo a assepsia nos corpos sutis para ela graduar-se ao meritório direito de usufruir da benesse de, no futuro, habitar os planos superiores. A dor, mesmo sendo inquestionavelmente desagradável, tem a salutar função de transformar a tessitura perispiritual humana quando ainda pejada de energias herdadas da ancestralidade animal em delicada *túnica nupcial* com as cores da vida plena.

➢ É da Lei Divina que todas as almas a caminho da evolução não fiquem restritas ao uso tão somente dos sentidos físicos, mas que almejem e se esforcem para sentir, por meio dos metafísicos, as magníficas emanações das dimensões rarefeitas, aquelas em que a luz já não sofre refração e o medianeiro apenas as sente na filigrana da sua alma. Com a mente sintonizada com tais dimensões, o ser humano não reclamará da vida nem das suas dores. Portanto, quem pretende **integrar-se à correnteza da vida** não reclame diante da dor, visto que a Lei de Ação e Reação não é punitiva, mas disciplinadora de consciências. Para não agravar mais ainda a situação, sem revolta nem amargura, abracemos dignamente a nossa prova, por mais difícil que seja, pois ela é temporária e dura o tempo que permitirmos, considerando que, tão logo ela nos discipline diante das Leis do Criador, nos deixará, por falta de elos energéticos para permanecer conosco.

➢ Em momentos de êxtases espirituais, a criatura, tomada pelo júbilo, pela alegria interna, aquela que transcende aos sentidos físicos, sente vontade de, conscientemente, fazer a sua higienização psíquica para ter condições de alçar voo em direção às regiões celestes. Sente vontade de abrir o coração para permitir a eclosão de sua luz interior, a luz do seu Cristo Interno. O homem-espécie, só em conceber **o sentido sagrado da vida** sob as luzes do Evangelho, já demonstra ser portador de saúde psicológica, o que o leva a diafanizar o seu psiquismo.

➢ O último capítulo faz sucinta referência aos Adventos Crísticos — a proposta da Espiritualidade Superior para renovar o Cristianismo. Aconselhamos um estudo criterioso das obras relacionadas no início deste livro, que se referem ao Cristianismo Renovado para compreendermos a associação entre os **Adventos Crísticos e a autocura** da sociedade planetária.

Tenhamos a certeza de que, com a leitura introspectiva destes apontamentos, nas mesmas proporções que formos ativando os

---

[4] Estímulo que impele o ser a crescer em "direção" a Deus.

Atributos Divinos que estão latentes em nossa alma, estaremos entrando em campos energéticos habitados pelos coparticipantes da sagrada obra dos Criadores de Mundos e, dessa forma acendendo, progressivamente, a nossa Chama Crística.

Capítulo 1
Amar é a ciência cósmica da alma

Pergunta: Por que o amor é remédio para todos os males da alma e do corpo?

Resposta: Já concebemos que curar-se ou curar alguém é um ato de amor. Em assim sendo, a tendência natural e lógica, é o ser humano melhorar-se moralmente para ter condições de auxiliar no refazimento dos seus semelhantes carreando o *Hálito Vital* através do olhar, do sorriso, do bom humor, da expressiva alegria de viver, da voz misericordiosa, que são atitudes terapêuticas de alto nível.

Apesar das louváveis conquistas da medicina clássica na superfície da Terra, longe estamos da técnica de os médicos encarnados operarem nos corpos etéricos, o que está previsto para mais à frente, quando estivermos espiritualmente mais evoluídos. Os cirurgiões espirituais operam, primordialmente, nos corpos sutis, embora alguns, quando necessário, o façam também nos corpos físicos. Num futuro próximo, os cirurgiões e terapeutas corporificados, de um modo geral, terão condições para eliminar a dor sem as dramáticas cirurgias, tão comuns à nossa atual ciência médica[1].

Disse o divino médico de almas: *Porque eu vos dei o exemplo, para que, como eu vos fiz, façais também vós.* (João, 13:15) Assim, em cada situação em que Jesus foi solicitado a intervir, Ele, num impulso de amor pelos Seus semelhantes, acionou o Seu Cristo Interno, por ressonância entrou em contato consciente com o Cristo-Pai e realizou maravilhas. Potencialmente, nós também somos capazes, tendo em vista que, em cada ato de amor que realizamos, entramos em contato com as correntes de pensamentos compostas pelos espíritos superiores, que vivem sintonizados com

---

[1] Em Argos — no interior vazio da Terra —, já não existem tantas doenças, tendo em vista que os encarnados daquele reduto vivem mais harmonizados com as Leis da Criação, já que não existe a incessante rotina das conquistas externas, do poder e do domínio. Os cientistas argosianos operam nos corpos sutis que envolvem a alma.

o Cristo-Amor. Com o Cristo-Vida.

Nas existências mais recuadas, nós acreditávamos na Infinita Bondade de Deus, embora desconhecêssemos as Leis da Sua Infinita Justiça. Assim foi que, mesmo sem termos evolução espiritual nem científica de nível elevado, a Natureza nos socorria em nossos momentos de súplica aos Céus devido às nossas puras intenções, apesar de ignorantes que éramos quanto à Regência Cósmica da Criação. Nesses casos, a intenção se sobrepõe à evolução espiritual, e o Universo age de forma magnífica a nosso favor, respondendo às nossas aspirações.

Atualmente, conhecedores que somos da Lei de Ação e Reação, os métodos antes usados pelas religiões já não satisfazem por completo, tendo em vista a nova forma mental do ser humano em razão de seu grau de evolução, que lhe permite substituir a *crença cega pela fé raciocinada*, sendo que Fé tem o sentido sagrado de fidelidade às Leis do Supremo Legislador — Deus.

Quando se fala que o amor é remédio para todos os males da alma e do corpo, podemos recorrer a alguns conceitos do cientificismo cósmico[2]:

> ➢ Cristo é sinônimo de Amor Universal. Por sermos portadores do Cristo Interno — uma Fagulha do Cristo-Pai em nós —, quanto mais amamos, mais sentimos a inesgotável Fonte do Amor responsável pelas vidas de todos os reinos da Terra — o Cristo Planetário Terráqueo — nos revitalizando. A ação de amar produz reações cristicamente motivadoras, e a criatura vai sendo cada vez mais impulsionada a amar ao Criador para ter melhores condições de amar as criaturas. É processo tão natural quanto o ato vital de respirar.
>
> ➢ Em sendo o Amor a Essência da Vida, fica evidente que, quanto mais o Cristo-criatura exteriorizar amor, mais entrará conscientemente em contato vibracional, por ressonância, com o Cristo-Amor — o criador da Terra—, mantendo a sua vitalidade.
>
> ➢ Devido ao nosso grau evolutivo atual, sem mistérios divinos, mas pela lógica das leis que regem o universo criado, aceitamos a ideia de que, quanto mais amamos, mais nos fortalecemos emocional e organicamente para enfrentar os desafios naturais da vida e manter a saúde da alma e do corpo biológico.

---

[2] Não deixe de ler as páginas iniciais deste livro, pois são importantíssimas para o encadeamento da assimilação. Não tenha pressa! Vá lendo, refletindo e saboreando os ensinamentos para despertar os Divinos Atributos de Deus latentes em todos nós.

Cura e Autocura à Luz do Evangelho

Tendo em vista que a Lei da Impermanência não faculta estagnação eterna, os espíritos refratários ao novo têm vida mental muito repetitiva, o que não é saudável, considerando que é intrínseco à Lei da Evolução o eterno aumento de frequência do espírito, em função da evolução da massa planetária e da sua sociedade como um todo. Parar no tempo contemplando o passado é atitude antivital, porque o espírito foi criado para eternamente buscar o novo, para evoluir, ascender e transcender ao universo da forma.

Com a cura parcial, uma forma de oportunizar ao doente refletir melhor sobre a maneira de conduzir a vida, os benfeitores espirituais produzem maravilhas, mas é cura paliativa, pois a cura definitiva é a autocura.

Sem descobrir a causa não há como combater, conscientemente, o efeito. O indivíduo tem que trabalhar-se no sentido de descobrir quais as origens que geraram consequências em forma de doenças para, dessa forma, ter condições de redirecionar a sua conduta diante das Leis do Supremo Legislador e curar-se. Entretanto, antes da cura plena, saiba ele que terá de receber elegantemente os efeitos de causas pretéritas, ou tornar-se, por impulso natural, um missionário a serviço dos seus semelhantes. A prática silenciosa da caridade é excelente medicamento para atenuar as reações das nossas ações menos luminosas.

Pergunta: Uma vez que amar é a ciência cósmica da vida, podemos associar felicidade com amor, de forma que uma pessoa feliz seja capaz de amar-se e amar ao próximo?

Resposta: Quase sempre confundimos bem-estar com felicidade. Certo é que os bens materiais podem nos proporcionar conforto, alegria e até segurança existencial diante da sociedade, mas não trarão necessariamente felicidade, tendo em vista que o plano físico é transitório e a felicidade é conquista perene do espírito imortal e eterno.

Com base nas Constantes Universais, avaliemos:

> ➢ Por ser a felicidade uma aquisição progressiva na condição de patrimônio eterno do espírito imortal, ela é um *tesouro celeste* que continuará além da vida somática, enquanto os *tesouros terrestres* são todos perecíveis.
> ➢ O retorno do bem praticado aos nossos semelhantes *sem tocar a trombeta* é excelente para nos proporcionar felicidade. As emanações benfazejas advindas dos corações daqueles que são

gratos pelo que receberam de outras criaturas sempre proporciona felicidade. É o magnetismo daquelas criaturas que, por serem mais conscientes da finalidade sagrada do existir, emite ondas de gratidão aos Céus por terem recebido de outros humanos o abraço da solidariedade, a bênção do sorriso e o acalanto com a voz da misericórdia.

> Devido à nossa atual graduação espiritual, compreendemos que geramos a nossa felicidade na mesma proporção em que ampliamos a nossa visão com o objetivo de resolver o avassalador problema social, dado que não é possível alguém sentir-se plenamente feliz ao contemplar a desarmonia e o desequilíbrio na política econômica e social do nosso planeta. Quantas pessoas existem sem o sagrado pão à mesa ou até mesmo sem a água vivificadora e mantenedora da vida?

Visto que a reação da ação superior realizada por cada criatura em benefício dos seus semelhantes encarnados e desencarnados causa felicidade, é possível deduzir o *quantum* de energias com ondas da gratidão que recebem aqueles que conseguem repartir o pão para multiplicar esperanças nos corações daqueles que precisam despertar as suas potencialidades divinas para se autoconduzirem.

Pergunta: Como entendermos que todos os nossos males terminam em nossos corações?

Resposta: Assim como a alma utiliza os olhos, os ouvidos e a boca para ver, ouvir e falar, simbolicamente, o coração é o órgão através do qual ela exterioriza o amor.

Diante das diversificadas dificuldades que surgem em nossas vidas, vamos despertando os Atributos Divinos latentes em nosso ser por meio dos conhecimentos libertadores, da reforma íntima, da oração, da reflexão etc. Com tais atitudes, progressivamente, dilatamos a nossa consciência. Ampliamos a nossa visão interior. Aceleramos a nossa mente e penetramos em dimensões mais elevadas, mais motivadoras e que nos conduzirão ao Cristo-Amor. Também aumentamos o nosso campo de contato com a Divindade. Enfim, a dor e o sofrimento, quando compreendidos, causam impulsos luminosos à nossa alma... Impulsos de amor que nos propiciam mudanças de faixas dimensionais e, pouco a pouco, vamos nos desvinculando dos prazeres ancestrais causadores de carma negativo, e, dessa forma, nos elevando aos Céus. É um magnífico trabalho do binômio razão e sentimento, sendo que, para quem pretende ascender, a última palavra da alma fica por conta do coração.

Por ser inquestionável que amar é a ciência cósmica da vida, com o Cristianismo Renovado inserido na rotina da nossa existência, já é possível vislumbrarmos que o ideal que consta no Evangelho vivido e pregado pelo Nazareno Mestre entrará em vigor com mais abrangência agora — na Era do Mentalismo —, pois a sociedade terrena encontra-se mais consciente a respeito do sentido sagrado das reencarnações.

A pessoa, ao graduar-se espiritualmente a ponto de *amar a Deus sobre todas as coisas* para ter condições de *amar ao próximo como a si mesma,* já atingiu um estágio evolutivo que lhe permite dar elevados saltos quânticos para a sua libertação íntima.

Pergunta: Por não termos dúvida de que o Amor é a Essência da Vida no Universo de Deus e o essencial para implantar os **Adventos Crísticos** *na consciência da sociedade planetária, de que maneira a Proposta Adventista despertará na criatura o Amor pelo Criador, de forma que repercuta positivamente na saúde do seu corpo?*

Resposta: Os **Adventos Crísticos**, por serem uma proposta renovadora do Cristianismo e inovadora para substituir valores sem valor para a Era de Aquário, não se detêm no tratamento especificamente direcionado ao corpo somático, mas primordialmente à alma, tendo em vista a visão holística da Nova Era. Portanto, para que a pessoa se torne um ser integral, não poderá fugir da máxima universal: *Alma sã, corpo são.* Assim é a Lei de Deus.

Para avaliar o grau de lucidez espiritual que está adquirindo na sua trajetória rumo à consciência cósmica, é suficiente que a criatura empreenda uma viagem interior, mergulhando nas profundezas do seu Eu e observando se está alcançando a plenitude por sentir o sagrado prazer de realizar as suas tarefas. Daí podermos considerar que a alegria de viver e servir tem "sinônimo" de lucidez espiritual. É muito triste contemplar a tristeza de um cristão triste por natureza. A tristeza funciona como inibidor do fluido vital, prejudica a alma e o corpo do observado, além de ser muito desestimulante e, às vezes, contagiante, uma vez que o magnetismo das pessoas melancólicas é doentio, escuro e pegajoso.

Quando "damos forma" a um pensamento, na verdade, trazemos para o externo o que existe no nosso mundo interno. Em assim sendo, exercitemos a nossa criação mental luminosa. Exercitemos a nossa superconsciência, projetando para o Universo tudo que for magnificamente belo.

Sabemos que, sem sombra de dúvida, fomos criados portadores da Essência de Deus, visto que estão intrínsecos em nosso ser os Seus Divinos Atributos.

Assim, para exercitarmos a nossa criação mental:

> Plantemos um jardim de lírios cuja essência seja de imaculada alvura e que expresse beleza edênica. Imaginemo-nos emitindo ondas mentais para acelerar o processo da manifestação da Vida à dimensão material, de maneira que a Essência do Autor da Vida, contida nos nossos pés de lírios, se materialize mais rápido para, em seguida, de suas brancas flores exalarem inebriantes perfumes, aqueles que nos projetam para as dimensões edênicas.

> Visto que *somos o que pensamos*, acompanhemos a ínfima fagulha de Deus contida nos pés de lírios do nosso jardim imaginário dando sinal de vida, ou seja, brotando para notificar a presença do Criador em nosso mundo íntimo.

> Essa Essência do Supremo Artífice da Vida, contida na nossa plantação, absorvendo da Mãe Natureza a água vivificadora e, simultaneamente, atendendo ao heliotropismo[3] para adequar as irradiações do fluido vital da Criação, existente na Mãe Terra, para que seja absorvido pelo vegetal e, assim, despontarem, exuberantemente, cor, beleza e perfume.

> Observemos os Nacos de Deus no universo essencial dos nossos lírios recebendo magníficas ondas mentais do universo hominal, a maior criação de Deus na Terra.

> Contemplemos o desabrochar das flores dos pés de lírios do nosso jardim. O perfume, ou Essência de Deus, evolando no ar que saiu das imaculadas flores brancas.

> Do lado esquerdo do jardim, despontam várias roseiras com flores rosadas à beira de um córrego de onde desce água cristalina e pura, que se espalha ao sopé da colina formando um transparente lago triangular. Mais ao fundo, em meio aos galhos de sândalo, um rouxinol sinalizando a presença do Criador através dos seus maviosos sons.

> Enquanto o rouxinol canta, as borboletas colorem o nosso jardim e partilham o néctar dos lírios com os beija-flores. Em meio ao festivo panorama da Natureza, finíssima chuva, que dá sinal da sua dadivosa presença, atravessa por entre os raios de sol

---

[3] É uma palavra que se divide em hélio, significando sol, e em tropismo, que significa movimento. O heliotropismo é um tipo de fototropismo, resposta de um organismo a uma fonte de luz.

Cura e Autocura à Luz do Evangelho

para umedecer a terra, doando a sua cota de energias para que as raízes dos nossos lírios as transmutem em seiva vital para alimentar as vidas vegetais.

O plano da existencialidade é a materialização da Essência Criadora advinda dos planos da essencialidade divina. Por assim ser, pintalguemos a nossa paisagem mental com cores que expressem beleza e vida. Dessa forma, realiza-se o autorrefazimento, pois *o homem é o que ele pensa*. Não economizemos a nossa capacidade de criarmos beleza com a nossa mente, certos de que estaremos mantendo a nossa saúde psicofísica.

Pergunta: A visão holística e integral do ser humano amplia a sua percepção em relação ao mundo?

Resposta: A partir da graduação evolutiva em que o ser humano concebe que não existe Vida sem Deus nem Deus sem Vida, surge-lhe, espontaneamente, a visão holística, razão pela qual ele não consegue mais separar as partes criadas do Todo-Criador.

O terapeuta holístico, na condição de intérprete das Leis Divinas, por saber que no corpo doente tem uma alma responsável pela desarmonia orgânica, procura tentar curar em primeiro lugar o doente para depois investir na cura da sua doença.

A ampliação da visão humana é resultado da sua evolução espiritual, pois o considerado imponderável, gradualmente, vai deixando de existir, tendo em vista que, à medida que a mente se expande, açambarca, progressivamente, as infinitas dimensões. Assim é que, na mesma proporção em que o homem-espécie vai ficando consciente no plano que antes lhe era inconsciente, o imponderável vai tornando-se ponderável. A conclusão é que o imponderável absoluto, como plano de consciência, não existe, uma vez que a dilatação da consciência não tem ponto final. Portanto, o imponderável é sempre relativo para cada dimensão ou plano energético e para cada nível evolutivo do espírito. Isso porque o ponto final da evolução espiritual é Deus. Percebe-se assim que a visão holística do homem o torna um ser integral.

❀❀❀

Dado que amar é a ciência cósmica da vida, o Amor é a essência e o essencial para as realizações nobres do espírito eterno e imortal. É, portanto, necessário que reproduzamos na nossa tela mental o que tivermos de mais divino no nosso consciente; dessa forma, estaremos regurgitando as magníficas belezas existentes em nosso subconsciente e no inconsciente profundo, que foram por nós registradas em vidas pretéritas.

Vamos dar sentido divino ao título deste livro — *Cura e Autocura à Luz do Evangelho* —, colocando nas nossas luminosas e sublimes paisagens mentais as cores que vivificam a alma e o corpo.

Concentremo-nos em nossa tela mental e vamos pintá-la:

> A princípio, desenhemos a abóbada celeste com bilhões de bilhões de estrelas colorindo o espaço sideral. Contemplemos a imensidão do Cosmo e perguntemos a nós mesmos: Qual a finalidade de os Arquitetos do Universo criarem tão magníficos engenhos em nome do Supremo Artífice da Vida — Deus?
> Acompanhemos os movimentos sincronizados do Universo material com bilhões de bilhões de corpos celestes mergulhados no Universo energético, na aura do Cristo Cósmico[4], e nos coloquemos como partes não apartadas da engrenagem harmônica do Todo Sideral.
> A fim de não ficarmos cristalizados diante das esplendorosas obras dos Criadores de Mundos, dilatemos a nossa visão interior visualizando na imaginação a Suprema Corte dos espíritos que administram o Universo Criado. Fixemos nosso olhar na luminescente ambiência e permitamos que as luzes dos Arcangélicos Espíritos nos atraiam.

Estamos entregues ao Divino Êxtase que a paisagem mental nos propicia. Com a nossa alma em júbilo divino contemplando a beleza paradisíaca do Universo de Deus. Respirando o Hálito da Vida no ambiente em que os Anjos da Música transformam em dadivosos sons a musicalidade da Criação. Enfim, diante do magnificente espetáculo que a nossa mente criou, sintamos a revitalização de todos os nossos corpos ao imaginarmos nossa alma em sagrada festa recebendo do Nazareno Mestre carinho e afeto num amplexo[5] de amor.

Chegando ao território de Cesareia de Filipe, Jesus per-

---
[4] Os Cristos Cósmicos açambarcam todo o Universo Criado.
[5] Abraço; ação de apertar por entre os braços; demonstração de carinho e afeto. Ação de abraçar.

guntou a seus discípulos: "No dizer do povo, quem é o Filho do Homem?" Responderam: "Uns dizem que é João Batista; outros, Elias; outros, Jeremias ou um dos profetas." Disse-lhes Jesus: "E vós, quem dizeis que eu sou?" Simão Pedro respondeu: "**Tu és o Cristo, o Filho de Deus vivo!**" Jesus então lhe disse: "Feliz és, Simão, filho de Jonas, porque não foi a carne nem o sangue que te revelou isto, mas meu Pai que está nos céus. E eu te declaro: Tu és Pedro, e sobre esta pedra edificarei a minha Igreja; as portas do inferno não prevalecerão contra ela. Eu te darei as chaves do Reino dos Céus: Tudo o que ligares na terra será ligado nos Céus, e tudo o que desligares na terra será desligado nos Céus." Depois, ordenou aos seus discípulos que não dissessem a ninguém que ele era o Cristo. (Mateus 16:13-20)

Indubitavelmente Simão tornou-se *luz do mundo* para iluminar consciências, e *sal da terra* para dar sabor à vida dos seus semelhantes, dar sentido à vida daquele povo. Simão Pedro foi um baluarte, uma sólida pedra (Cefas), uma rocha moral sobre a qual o Nazareno Mestre construiu a Sua igreja. E para que a proposta do Amado Mestre permanecesse nas aspirações e emoções de todos, Simão, na Casa do Caminho, exemplificou seguindo os ensinamentos do Sublime Anjo, conforme Ele dissera: *Assim, brilhe vossa luz diante dos homens, para que vejam as vossas boas obras e glorifiquem vosso Pai que está nos céus.* (Mateus 5:16)

Não há como imaginarmos que tipo de emoção invadiu o coração de Simão Pedro ao sentir as ondas do pensamento do Cristo-Pai, a ponto de dizer para Jesus: *Tu és o Cristo, o Filho de Deus vivo!* Certo é que ele ficou positivamente estigmatizado para a eternidade.

É da Lei do Criador que: *Somente entre semelhantes é possível a comunicação e, para compreenderdes o mistério que existe nas coisas, deveis saber descer ao mistério que está dentro de vós*[6]. Em assim sendo, podemos deduzir que naquele sagrado instante o Cristo Interno de Simão sintonizou-se com o Cristo Planetário e ele falou.

❀ ❀ ❀

Um dos divinos objetivos de *Cura e Autocura à Luz do Evan-*

[6] Do livro *A Grande Síntese*, de Pietro Ubaldi, II capítulo — "Intuição" —, 11ª. edição da Fundapu.

gelho é auxiliar no despertar do nosso Cristo Interno pela emoção. Aproveitemos então e vamos refletir sobre o que consta no livro *Trigo de Deus*, de Amélia Rodrigues, 4ª edição, psicografia de Divaldo Pereira Franco, Livraria Espírita Alvorada Editora:

> Quando ia prosseguir, uma mulher que trazia nos braços uma criança cega rogou:
> — Senhor, cura minha filha, e eu Te seguirei.
> Os olhos da multidão n'Ele cravados voltaram-se na direção daquela que se atrevera a interrompê-lO.
> Por encontrar-se atrás de Simão, e porque, trêmula, chorava, o pescador tomou-lhe a menina nos braços e avançou até a primeira fila.
> Jesus acercou-se e mergulhou nos olhos de Simão o seu doce olhar, sem uma palavra. No entanto, emocionado, ele pareceu escutar no íntimo a Sua voz, que dizia: "Eu te conheço, Simão, desde ontem."
> Acompanhou-lhe a mão, cujos dedos tocaram os olhos mortos da criança, e ouviu-O falar: "Vê, filha, em nome de meu Pai."
> A criança começou a chorar e gritar: "Eu vejo, eu enxergo!"
> A mãe avançou e arrebatou-a, estuante.
> Quando Ele desceu o braço, a manga da túnica roçou o tórax de Simão, que estremeceu, mergulhado na luz dos Seus olhos, e ali ficou, paralisado, havendo perdido o contato com o mundo sensorial.
> Ao retornar à realidade, sob a ardência do dia, estava a sós; todos se haviam ido; a hora avançava.
> Simão, profundamente comovido, desceu a Cafarnaum.
> Já não era o mesmo. Nunca mais voltaria a ser o que fora. O que se passou nele modificou-lhe a vida para todo o sempre, a partir daquele momento.
> Interrogando-se, desejava saber de onde e desde quando O conhecia e O amava...
> Na acústica da alma, ressoava-lhe a voz; confirmando, desde ontem...
> André, os amigos notaram-lhe a modificação e a súbita tristeza que lhe refletia no rosto.

Interiorizemos o valor sagrado das emoções elevadas. Para Simão Pedro, o simples roçar do manto de Jesus em seu peito acendeu a sua luz interior. Despertou a sua Força Superior. Despertou o seu Cristo Interno de maneira tão magnífica que se tornou luminescente, a ponto de, posteriormente, o Amado Mestre ter anunciado: *E eu te declaro: Tu és Pedro, e sobre esta pedra edificarei a minha Igreja*. (Mateus 16:5-18)

Não há como imaginarmos o incêndio interior que sofreu Simão Pedro ao ser tocado pelas vestes de Jesus, o médium do Cristo-Pai. O que houve naquele sagrado instante na transfusão da essência do Amado Mestre para despertar a consciência de Pedro. O que a aquela Divina Energia aflorou do âmago de Simão. Certo é que ele tornou-se *também Caminho, também Verdade e também Vida*.

❀ ❀ ❀

Para auxiliar no despertar das nossas superiores emoções, acompanhemos o que consta no livro *Ave Luz*, de Shaolin, psicografia de João Nunes Maia, 21ª edição em 2016, Editora Espírita Fonte Viva.

> O Cristo[7], vindo de Tiberíades com João e Mateus, ao descer do barco viu uma mãe aflita lhe expor seu filho paralítico, com acentuado escândalo, gritando, chorando e pedindo socorro. Reconhecendo o Messias, não queria perder a oportunidade de ser abençoada juntamente com seu filho. Pedro avança para proteger o Mestre em meio à brutalidade das massas, e quando vê o carinho do Mestre para com a mãe do doente, ajuda-o a descobrir o enfermo que se postava deitado em um cesto, esquelético, pernas mirradas. Simão, ao ver aquele morto-vivo, esfriou um pouco o coração. Sabia dos poderes do Cristo, mas aquele moço... Jesus fala brandamente a Pedro: "Cefas, põe o enfermo no teu colo e ama-o como se fosse o teu próprio filho, que o teu amor poderá curá-lo."
>
> Foi o que fez o discípulo, com humildade e respeito. Ao abraçar o doente, envolvido nos maiores sentimentos de paternidade e carinho, viu o Mestre sorrir levemente: "Ajuda-o, Pedro, e anda com ele!"
>
> Nisto o rapaz esticou as finas pernas, apoiado no filho de Jonas, andando e gritando no colchão macio da areia:

---

[7] Mantivemos o que consta no referido livro, mas, atualmente, já é do conhecimento dos núcleos espiritualistas que Jesus e o Cristo são duas entidades espirituais. Na verdade, Jesus chamava o Cristo de "Meu Pai".

"Mamãe! Mamãe! Esse é o Cristo de que a senhora falou!" E a multidão também gritava: "Viva! Viva Jesus e salve Deus!"

Por falta de evolução espiritual, para entendermos o cientificismo cósmico demonstrado na prática, sem mistérios, pelo Nazareno Mestre, em plena luz do dia, fiquemos apenas com a emoção que despertamos da nossa alma diante do descrito por Shaolin.

Você, leitor, sempre que possível, entre em devaneio com paisagens de sacralidade e ouça a musicalidade do Universo. Mergulhe em um oceano de luzes, perfumes e cores e sinta-se um ser cósmico e imortal. Elabore paisagens ricas de belezas e de vidas. Paisagens que identifiquem os planos habitados pelos bem-aventurados. Paisagens que despertem emoções pela magnificente beleza da Criação.

Antes de avançar com o estudo dos próximos capítulos, reflita um pouco mais sobre os itens apresentados. A repetição verterá do inconsciente profundo nossas milenares experiências com Deus. Assim, no segundo capítulo, nossa alma estará mais lúcida e mais receptiva à proposta do Cristo, que, neste evento, é representado por Seu amado filho — o Nazareno Mestre. Faça o mesmo com os demais capítulos. A finalidade é chegarmos aos últimos exercícios conscientes do nosso papel diante da vida e do Criador da Vida, bem como convictos de que somos cósmicos, imortais e eternos. E, assim, além de nos autocurarmos ou mantermos a nossa saúde, venceremos as nossas fobias sobre o que consideramos sagrado.

Amar é a ciência cósmica da alma – Tendo em vista que a sociedade terrena, durante a Transição Planetária, além de tornar-se espiritualista por convicção, conhecerá com mais abrangência as duas Leis Fundamentais da Criação — Reencarnação e Causa e

Efeito —, não terá dúvida de que, por ser Cristo sinônimo de amor universal, *quanto mais se ama, mais se revitaliza*[8], razão pela qual as doenças irão diminuindo gradualmente.

O espiritualista é, por natureza, reencarnacionista, o que lhe dá uma visão mais dilatada sobre a vida nos planos físico e metafísico. É pessoa que possui mente mais livre das preocupações corriqueiras e que tem a Terra como referencial sagrado para apoiar os pés físicos, mas sente o seu espírito solto, em voo de grande altitude rumo à consciência universal. É desapegado dos tesouros do mundo, dedicado ao crescimento da sociedade planetária; considera todo o planeta como sua escola; é muito sensível à dor do próximo; preocupa-se com o bem-estar dos menos favorecidos; conhece a razão da vida e abraça com carinho e elegância a morte física.

Durante a leitura deste livro manteremos a nossa Chama Crística progressivamente acesa para entendermos os **Adventos Crísticos**, como proposta para renovar o Cristianismo.

---

[8] Segundo Joanna de Ângelis, no livro *Amor, Imbatível Amor*, 2ª edição em 1998, Livraria Espírita Alvorada Editora, através de Divaldo Franco.

Capítulo 2
Paisagens mentais com as cores da vida

Pergunta: As paisagens mentais que auxiliam na autocura dependem de a pessoa doente ter algum tipo de crença religiosa?
Resposta: Digamos que, na criação da mônada, Deus coloque nela um "gene" responsável pelo seu retorno natural e consciente à sua Divina Origem.

Daí vem que:

> A mônada, após percorrer os reinos mineral, vegetal e animal, se desprende do Espírito-Grupo, adquire livre-arbítrio e rudimentar consciência, e passa a encarnar no reino hominal. A partir, portanto, da evolução como ser humano[1], diante da Lei da Criação, assume responsabilidade por seus atos e começa a ser regida pela Lei de Causa e Efeito. Assim é que todo espírito na condição de *Filho Pródigo* retorna a Deus. Nessa volta, ou seja, na trajetória da *reversão,* ele vai de maneira mais consciente despertando em si, progressivamente, os Atributos do Criador.

> Quanto mais a mônada ativa a Fagulha de Deus em seu âmago, mais aspira à beleza. É uma busca incessante e, por ser Constante Universal, quem sente saudade das cavernas deve apressar-se em procurar um psicoterapeuta que lhe dilate a visão interior. Que lhe aplique na veia doses maciças de Evangelho e um impulso renovador rumo ao futuro luminoso, vislumbrando o sol do eterno transformismo. De o eterno vir a ser.

> Uma vez que o ser humano é portador do "gene" da beleza, quanto mais ele evolui espiritualmente, mais se lhe aguça a vontade de adquirir luz interior, viver e conviver com paisagens

---

[1] Ressaltemos que tais espíritos, nos primeiros momentos reencarnando como seres humanos, não terão a aparência que os terráqueos têm atualmente. As suas características humanas são rudimentares, muito próximas do animal, mesmo já encarnando e reencarnando no reino hominal.

paradisíacas. Como a admiração pela beleza externa ocorrerá na mesma proporção da beleza interna que ele despertou em si, porque estava latente nele, podemos deduzir, pela logicidade da Lei da Evolução, o porquê de a pessoa emocionar-se, ou não, ao ver os sublimes panoramas pintados com as magníficas cores da Natureza. Assim é que ter na mente paisagens com as cores da vida faz bem para a saúde da alma e mantém a vitalidade corpórea.

Fica evidente que pensar na magnificente luz do sol e viver nos ambientes que expressam beleza e aguçam do nosso interior a Onipresença de Deus não depende de crença religiosa, mas das nossas experiências com Ele.

Da mesma forma, a criatura, ao imaginar-se nos ambientes dos espíritos puros que habitam as mansões celestiais, verte do seu mundo íntimo a Essência de Deus — o Amor —, o qual é remédio para todos os males da alma e do corpo, sem contraindicação nem efeitos colaterais.

Pergunta: Os cientistas afirmam que quando o doente tem uma crença religiosa há maiores possibilidades de se refazer. Qual a visão das doutrinas espiritualistas?

Resposta: É indubitável a veracidade de tal afirmativa. Nestes casos, quando surgem as necessidades, o indivíduo, naturalmente, torna-se mais reflexivo e sente vontade de buscar um alento em Deus. Mas o Deus que ele sentirá, e que o ajudará a melhorar a sua saúde, é do "tamanho" do Deus que ele descobriu em si. De maneira lógica, com o seu Deus Interno em ação consequente advém a cura, ou mais especificamente, a autocura.

Embora cada pessoa tenha uma capacidade própria para idealizar o seu Deus, certo é que, por ser Ele Onipresente, é o Todo Criador e encontra-Se em todas as partes criadas.

Para a cura da nossa alma e do nosso corpo, façamos o exercício a seguir, cada qual de *per si:*

> ➢ Coloque na sua tela mental uma paisagem em que o Arcanjo Rafael — *o Anjo da cura divina* — esteja reunido com 7 bilhões de Anjos, os quais serão enviados à Terra para nos assistir individualmente. Em seguida, imagine a musicalidade, as cores e os perfumes do sagrado ambiente que a sua mente criou. Sinta a Essência do Supremo Artífice da Vida — Deus — penetrando

pelo seu chacra coronário em forma de um feixe de luz branca e espalhando-se por todos os canalículos dos seus corpos.

➢ Idealize e acompanhe, mentalmente e em júbilo, a Essência de Deus que penetrou pelo alto da sua cabeça, percorrendo todos os seus corpos sutis, revitalizando cada célula para, em seguida, alojar-se no seu coração. O seu Cristo Interno, sensibilizado e em êxtase divino devido à cota extra da Essência de Deus em seu mundo íntimo, metamorfoseando-se em um sol.

➢ Consciente de que você é parte não apartada de Deus, suba ao cume da mais linda e bucólica[2] montanha da sua criação mental. Sintonize-se com o Cristo Criador da Terra. Contemple a policrômica criação dos Engenheiros Siderais na imensidão do Universo. Sinta-se dentro da Esfera-Luz do Cristo Cósmico. Deixe que o seu sol, o seu Cristo Interno, saia pelo seu plexo solar em forma de luz, com as sete cores do espectro solar, a iluminar o planeta Terra e sua humanidade. Abra os braços, abrace a vida e o Autor da Vida cantando hinos de gratidão Àquele que *também é caminho, também é verdade e também é vida* — Jesus de Nazaré.

Então, olhe para o Infinito, extasie-se com o Universo Estelar e veja os 7 bilhões de Anjos que foram enviados à Terra pelo Arcanjo Rafael abraçando os 7 bilhões de indivíduos encarnados no nosso abençoado mundo para uma transfusão de energias das dimensões arcangélicas.

Por não termos dúvida de que *somos o que pensamos*, é possível deduzir o *quantum* de energas divinas geradas pela nossa mente quando criamos paisagens que sacralizam a nossa vida.

É magnífico!

É esplendoroso!

É divinal viajar com as asas da imaginação pelo imensurável Espaço Sideral contemplando a Obra dos Engenheiros Siderais.

É autocurar-se só em se imaginar a beleza edênica da Arquitetura Universal.

Que Jesus, o Anjo que faz parte das nossas sagradas aspirações e que mora em nossos corações, nos abençoe e nos inspire para criarmos paisagens que exaltem a vida e o Autor da Vida.

Pergunta: Quando o corpo está doente, como se processa o quimismo[3] no organismo a ponto de curá-lo, simplesmente

[2] Refere-se à Natureza e às belas paisagens do campo.
[3] Conjunto das reações químicas orgânicas: quimismo gástrico; conjunto de com-

porque a pessoa plasmou belos panoramas com a mente?

Resposta: É bom ressaltar que não é, necessariamente, a paisagem que fornece a essência medicamentosa, mas sim a alma, que, contemplando com os olhos ou idealizando com a mente, propicia ao organismo a produção de elementos químicos de teor energético adequado para o refazimento. Também é a mente polarizando o éter cósmico. A alma que, exercitando a sua superconsciência, projeta-se para o futuro rumo à Eternidade[4], desata os seus nós psíquicos e se desvincula emocionalmente das energias por ela polarizadas com teor negativo em momentos pretéritos. É a alma que, vencendo o sentimento de culpa, passa a vibrar em frequências superiores, e isso resulta em refazimento natural — ou seja, a harmonia da Centelha de Deus que somos[5] tem, como consequência, o restabelecimento do corpo somático pela ativação do prana, que se encontra latente em todas as criaturas.

Assim é que, pela *Lei dos Afins*, o ser humano, quando elabora um pensamento, polariza o éter cósmico, e, de acordo com o que ele pensa, o universo responde, positiva ou negativamente aos seus anseios. Relembremos, conforme escreveu Silvestre, porta-voz das Sagradas Fileiras, que: *A luz é presente, porque primeiro se fez presente o amor.*

❋ ❋ ❋

Procure sentir e registrar as reações químicas do seu organismo com estas imagens:

➤ Idealize o Horto das Oliveiras. Veja, com os olhos da imaginação, os elementais preparando o ambiente para a chegada do Soberano do Amor — o Meigo Jesus. Imagine-se inspirando os aromas daquele santuário natural. Vendo os pássaros colorindo aquele universo vegetal e, em graciosos gorjeios, saudando a *Luz do Mundo*, o *Sal da Terra* — Jesus, o Nazareno. Veja os suaves raios de sol penetrando por entre os galhos das árvores. Identifique no universo criado existente naquele sagrado santuário a manifestação do Criador.

➤ Na ambiência da sua criação mental faz-se presente uma orquestra formada por setecentos Anjos. Assim, ouça a musicali-

---

binações ou decomposições de um organismo.

[4] Linguagem figurada, uma vez que a eternidade é aqui e agora.

[5] Linguagem figurada, pois o espírito, na sua essência como Fagulha de Deus, é eternamente imaculado.

dade dos Anjos e sinta os Anjos da musicalidade divina interagindo com a sua paisagem mental.

> Acompanhe adentrando no Horto das Oliveiras os Arcanjos Miguel, Gabriel, Rafael, Jofiel, Uriel, Samuel e Ezequiel, formando uma corrente protetora em torno de Jesus. Observe que, por onde o Nazareno Mestre vai passando, os minerais, vegetais e os animais vão recebendo uma cota extra de fluidos vivificadores.

Na verdade, com a presença do Emissário Celeste, todo o ambiente terrestre do Horto das Oliveira ficou química e divinamente alterado.

Imagine o Sublime Mestre ajoelhando-Se para orar. Para interagir com o Cristo-Pai. Perceba os corpos de Jesus irem se tornando luminescentes. Extasie-se ao vislumbrar o Seu incêndio interior. A Sua esfera áurica. A propagação da Sua luz pelo espaço sideral.

Reproduza a figura angelical do Sublime Peregrino em oração e, por ressonância, Ele entrando em contato consciente com o Cristo criador da Terra naquela catedral natural — o Horto das Oliveiras. Você, pelo simples fato de contemplar a belíssima paisagem criada pela sua imaginação, na condição de um ser consciente da sua luz latente, permita o seu autoincêncio. Permita que a sua Chama Crística se transforme num sol.

Por processo natural, atendendo ao cientificismo cósmico de que *o homem é o que ele pensa,* só em nos imaginarmos participando de um evento dessa magnitude, a vibração, a frequência da nossa alma tornou-se elevadíssima e permitiu-nos entrar em ressonância com o Cristo — a Fonte Inesgotável do Amor. O alimento sagrado para todas as vidas do planeta Terra. O remédio para todos os nossos males.

Concluamos, sem titubearmos, que o ser humano, ao entrar em sintonia com o Cristo-Vida, é capaz de curar-se dos males da sua alma e do seu corpo, para ter condições de auxiliar na cura dos seus semelhantes.

Pergunta: A pessoa exercitar a superconsciência plasmando a magnífica beleza da Criação, verdadeiramente, faz bem à saúde?

Resposta: Sem dúvida que sim, pois está intrínseco na mônada, desde a sua gênese, a sua *reversão,* ou seja, o seu retorno consciente a Deus — o Criador da beleza. Assim é que, quando plasmamos na nossa tela mental os quadros que expressem as magníficas obras dos Criadores de Mundos, estamos, na verdade, trazendo ao consciente as maravilhas das quais somos portadores e que estão latentes na nossa essência. Não nos esqueçamos de que somos portadores dos Divinos Atributos do Supremo Artífice da Beleza — Deus.

Jesus falou que somos luzes.

➢ Escreveu Wong, em nome das Sagradas Fileiras: *No vislumbre da luz, iluminados somos.* E, por ser Constante Universal a busca da beleza, todas as criaturas de Deus, em toda a extensão do Universo, têm, em latência, um fator motivador para ir descobrindo o seu Deus Interior com as esplendorosas cores que criam motivação, esperança, alegria e gratidão: ir trazendo ao consciente a luz existente em seu Eu Crístico.

➢ Um excelente multiplicador de frequência da alma, e que propicia sentir mais luzes fluindo do nosso interior, é praticar a caridade desinteressadamente. Sentir a sagrada vontade de dividir o pão com os nossos semelhantes para centuplicar a nossa capacidade divina de identificar o Cristo em nós, na Criação e, em especial, nos nossos semelhantes.

➢ Observemos que Jesus, em nenhum momento, convidou o ser humano a retornar ao seu passado para recordar-se das suas histórias de erros e acertos com os panoramas quase sempre tristes e doentios. Isso porque, em sendo eterna a evolução, e devido à nossa pouca espiritualização, temos tendências naturais a nos fixarmos nos nossos momentos menos felizes. Portanto, projetemo-nos rumo à Eternidade, pois, dessa forma, estaremos descobrindo em nossa essência mais luzes e mais Deus.

O Nazareno Mestre nos levou a imaginarmos como seria o Reino de Deus. Ele nos projetou para as dimensões da beleza para, assim, exercitarmos a nossa superconsciência e nos motivarmos na aquisição, por meio do conhecimento libertador, do Reino do Criador em nossos corações.

Por ser da Lei de Deus que antes de curar a doença é preciso curar o doente, continuemos mantendo nossa saúde através da nossa mente, ou cuidando do nosso tratamento, idealizando as magníficas belezas nos mundos em que as pessoas já se encontram graduadas a ponto de *amar a Deus sobre todas as coisas* e ao *próximo como a si mesmas.*

❀ ❀ ❀

É inquestionável que, por ser o belo altamente aguçador dos nossos divinos sentidos, torna-se elemento importantíssimo para manter a saúde espiritual, emocional e corpórea. Assim é que vamos elaborar mais um magnífico devaneio visando trazer ao consciente um pouco mais do nosso Deus Interior, partindo sempre do princípio de que *no vislumbre da luz, iluminados somos*.

Os devaneios visam trazer à memória objetiva, gradualmente, a luz latente em nós, visto que fomos criados, *em essência, à imagem e à semelhança do Criador da Luz* — Deus.

Idealizemos uma reunião do Cristo Solar com os 12 Cristos Planetários do nosso sistema reunidos no espaço oco, no núcleo do sol, e divinamente iluminado com luz natural. Os 12 Cristos encontram-se sentados confortavelmente em Suas poltronas de cor prata, formando um "U". Ele, o Cristo Criador do astro rei, está sentado numa lindíssima poltrona cor de ouro, colocada na parte aberta do "U".

A pauta da arcangélica assembleia é elaborar os mecanismos mais luminosos que possam manter a trajetória da Terra embebida no luminescente campo áurico formado pela Essência Crística dos 13 Engenheiros Siderais nesta fase de Transição Planetária da Terra até o ano 2052.

O objetivo é propiciar ao planeta Terra, e à sua humanidade, condições energéticas adequadas a esta fase tempestuosa de transição de uma escola primária para secundária, a fim de que, posteriormente, os espíritos deste orbe possam usufruir da dadivosa bonança.

Ao mesmo tempo, na Terra, Jesus está reunido com os Seus 12 discípulos, também sentados e formando um "U" na linha do Equador, bem no ponto central do círculo do equador geodésico[6], para receberem as emanações energéticas dos 12 Engenheiros Planetários, e também do Cristo Solar.

Idealizemos cada discípulo do Nazareno Mestre sintonizado com um Cristo Planetário do nosso sistema, e o Sublime Anjo — Jesus de Nazaré — conectado ao Cristo Solar. Todos recebem, pelo chacra coronário, as emanações energéticas das Consciências Arcangélicas e as distribuem pela esfera áurica da Terra, de forma que

---

[6] Equador geodésico é o círculo máximo, definido num modelo esférico ou elipsoidal à Terra, que é perpendicular ao eixo. O plano do equador geodésico é a referência para a medição das latitudes, de 0° a 90°, para Norte e para Sul. Fonte: Wikipédia.

Cura e Autocura à Luz do Evangelho

essa cota extra com a Essência de Deus possa ser absorvida por todos os seres vivos do nosso sagrado mundo.

Verifiquemos que só em imaginarmos os torpedos energéticos recebidos pela Terra advindos do Arcanjo Solar e dos 12 Arcanjos Planetários, o nosso Cristo Interno ficou cristicamente mais luminoso[7]. Nossa esfera áurica aumentou magnificamente seu raio, irradiando as cores do arco-íris. Nossos chacras, mais velozes, recebem do Cosmo o magnetismo vivificador e, ao mesmo tempo emitem ondas com as cores da vida, luzes de teor divino e perfumes com a essência do Cristo-Amor. Com paisagens desse teor, ficaremos extáticos[8].

Com os olhos da imaginação, mantenhamos as paisagens dos dois cenários. E, dessa maneira, estaremos mantendo a vitalidade da nossa alma e do nosso corpo, pois, *somos o que pensamos. Somos o que aspiramos a ser. Somos o que amamos.*

❀ ❀ ❀

Para exercitarmos a nossa superconsciência, se porventura tivermos registros desagradáveis nas nossas memórias objetiva e/ou subjetiva, tentemos, dentro do possível, substituí-los por paisagens e ensinamentos novos que nos auxiliem a trazer do inconsciente o nosso Deus imanente.

Atentemos para as recomendações evangélicas e, assim, sentiremos em nosso organismo que:

> - É salutar pedirmos desculpas aos nossos companheiros de jornada reencarnatória.
> - É demonstração de sabendoria diante das infalíveis Leis da Criação *reconciliarmo-nos com os nossos supostos adversários*, de preferência enquanto estivermos encarnados.
> - É divinal *amarmos até mesmo aos nossos inimigos.*

São lições e atitudes que mantêm a saúde e a vida, tendo em vista que a maioria das doenças e dos óbitos é gerada em função do *sentimento de culpa*, porque ficamos tombados pelo remorso. Pela culpa por sabermos que a Lei de Causa e Efeito é perfeita e, no entanto, não temos força nem coragem para nos reconciliarmos com os nossos imaginários algozes.

[7] Para verificarmos as nossas alterações energéticas, é suficiente usarmos a kirliangrafia.
[8] Que estão em estado de êxtase, enlevados, absortos, admirados, pasmados.

Consta em Mateus 5:23-26 Jesus ter advertido:

> Se estás, portanto, para fazer a tua oferta diante do altar e te lembrares de que teu irmão tem alguma coisa contra ti, deixa lá a tua oferta diante do altar e vai primeiro reconciliar-te com teu irmão; só então vem fazer a tua oferta. Entra em acordo sem demora com o teu adversário, enquanto estás em caminho com ele, para que não suceda que te entregue ao juiz, e o juiz te entregue ao seu ministro e sejas posto em prisão. Em verdade te digo: dali não sairás antes de teres pago o último ceitil.

Nem Deus nem os santos precisam de oferendas. Essa é uma prática milenar de épocas remotas, quando da nossa infância espiritual.

Visto que nenhum espírito adentrará os pórticos celestiais enquanto tiver um suposto adversário em qualquer reduto do Universo, pela lógica e perfeição da Lei de Causa e Efeito, é preferível *reconciliarmo-nos com os nossos irmãos* enquanto estivermos encarnados, para não ficarmos presos aos planos dos ressentimentos, das mágoas, das vinganças, pois *dali não sairemos antes de termos pago o último ceitil*, ou seja, antes de nos reconciliarmos.

Deduz-se assim que as nossas doenças, de um modo geral, são geradas porque não temos a humildade necessária para nos desculparmos com os nossos semelhantes e, com isso, entramos em processo de culpa, já que conhecemos a Lei de Deus e não temos força-energia para aplicá-la. É preciso que nos conscientizemos de que "não existe acaso na Obra de Deus".

Ao considerarmos que o nosso objetivo nestas reflexões de *Cura e Autocura à Luz do Evangelho* é a manutenção ou o refazimento da nossa saúde psicossomático-emocional, os devaneios visam elevar as nossas ondas mentais para entrarmos em contato vibracional com consciências motivadoras da transcendência, aquelas que produzem efeitos especiais no nosso mundo íntimo para passarmos a vislumbrar novos e eternos horizontes. O bom senso nos leva à compreensão de que nos atrelarmos aos acontecimentos desagradáveis da vida atual ou das pretéritas é não identificar a infinita bondade de Deus. É educativo relembrar o provérbio que diz: "Namora a doença e te casarás com ela."

Vamos divagar:

- A preparação, do outro lado da vida, realizada pelos espíritos de consciência cósmica para o sucesso do nascimento do Menino-Luz — Jesus de Nazaré.
- Idealizemos na imaginação o que Ele, após milhares de anos sem reencarnar, precisou trazer da Sua memória latente: o desejo de retornar à vida biológica por amor aos Seus semelhantes.
- O que mobilizou do Seu mundo íntimo para ter condições de, após dobrar as Suas luminosas e angelicais asas, mergulhar na letargia de um corpo somático e reviver a limitadíssima vida corpórea.
- As Potestades Celestiais formando correntes protetoras em torno de Maria — a Santíssima Mãe do Anjo Planetário.
- O momento psicológico, astronômico e, principalmente, astrológico para o Divino Anjo abrir os olhos no plano material com total segurança.
- Os mais de mil anos terrenos de que Ele precisou no percurso do Seu descenso vibratório para atingir a dimensão tangível. Também, Ele sabendo que precisaria recolher a Sua própria Luz para entrar em contato com a matéria enquanto a Terra estivesse percorrendo o signo de Peixes. Imaginemos! Imaginemos a dinâmica, a superforça mental para a Sua autorredução, a fim de ajustar-Se, por esforço próprio, à condição de acoplar-Se a um corpo biológico, atendendo ao tempo previsto não só pelo calendário sideral, mas do mesmo modo pelo terráqueo, para chegar exatamente no tempo-Terra, considerando que a criança aprisionada num ventre tem prazo para nascer.
- O Seu imenso esforço, na descida vibratória, para vencer a "distância de frequência" entre o plano divino e o físico, utilizando uma técnica transcendental que estamos longe de conhecer e conceber.

Mesmo multiplicando por milhões de vezes a nossa capacidade de imaginar, não conseguiremos formatar a beleza multicolorida que foi o evento sideral voltado para a Terra — o nascimento de Jesus — o Emissário Celeste — para instruir a humanidade terrestre. Mas de uma coisa temos certeza: Com paisagens edênicas dessa magnitude a nossa vontade é nos projetarmos para as dimensões habitadas pelos espíritos de alta estirpe sideral e, inquestionavelmente, mantermos a nossa vitalidade psicossomático-emocional.

Deduzimos, com base nas Leis da Ciência Cósmica, que quanto mais o espírito evolui, quanto mais expande a sua consciência, mais lindos são os seus panoramas mentais, advindo como resultante a manutenção da saúde da alma e do corpo.

Pergunta: Consta em Mateus, 2:13: "Depois de sua partida, um Anjo do Senhor apareceu em sonho a José e disse: 'Levanta-te, toma a menino e sua mãe e foge para o Egito; fica lá até que eu te avise, porque Herodes vai procurar o menino para o matar'." Ao considerarmos que o propósito de **Cura e Autocura à Luz do Evangelho** *é nos propiciar o refazimento por meio das emoções superiores, é possível comentar sobre o estado psicoemotivo em que ficaram os pais de Jesus quando foram obrigados a fugir para o Egito?*

Resposta: Solicitei à Espiritualidade esclarecimento sobre esse item da vida do Nazareno Mestre, e Wong, *monge da mesma dinastia*, em nome das Sagradas Fileiras, escreveu:

> Não ocorreram eternas fugas, mas tão pouco se acomodaram eles, os genitores do Mestre, ao longínquo sedentarismo. Não houve um protetor especial, visto que o Filho do Homem (Deus Pai) foi e será sempre um andarilho, desde os primórdios de Sua infância terrena, até a eternidade que nos inclui a todos, igualmente filhos deste mesmo Pai. (Psicografia de Therezinha Teixeira Pereira de Carvalho)

Nosso **Velho Mestre** e Dileto Amigo Pai Joaquim de Aruanda, através do médium Jaubert Cândido da Nóbrega e Silva, comentou que José, quando caminhava à noite, naquele ambiente desértico, puxando um burrinho com Maria montada e levando o Menino Jesus ao colo, para fugir da ira de Herodes, foi surpreendido com um vozerio ensurdecedor, vindo do astral inferior, e que as vozes, cada vez mais próximas, eram terrificantes.

José, homem de fé, ajoelhou-se na terra e entrou em oração, pedindo a Deus que os livrasse daquele diabólico momento, pois, além de Maria, ele transportava o Menino. Com a oração, as vozes foram se dispersando, e eles continuaram a caminhada.

Mais à frente depararam com o grupo de salteadores liderado por Dimas, *o bom ladrão*, que, de imediato, iriam assaltar os viandantes. Dimas, porém, salientou: "É norma do nosso grupo não atacar crianças nem velhos, e ali vem uma criança."

Dimas ofereceu abrigo para os três, alegando que chovia muito. No dia seguinte, quando Maria, auxiliada por José, ia subir no burrinho, entregou a criança para Dimas segurá-La. Com o Menino-Luz no colo, Dimas ouviu uma voz de criança que lhe disse: "Morrerás comigo na cruz."

Que tipo de emoção Dimas terá sentido quando ouviu a angelical Voz? Como deve ter sido a reverberação daquela misericordiosa Voz acompanhando Dimas no seu dia a dia após aquele episódio? Certo é que, quando Dimas estava crucificado ao lado de Jesus, consta em Lucas, 23: 39-43:

> Um dos malfeitores, ali crucificado (o mau ladrão), blasfemava contra ele: "Se és o Cristo, salva-te a ti mesmo e salva-nos a nós." Mas o outro (Dimas, o bom ladrão) o repreendeu: "Nem sequer temes a Deus, tu que sofres no mesmo suplício? Para nós isto é justo: recebemos o que mereceram os nossos crimes, mas este não fez mal algum." E acrescentou: "Jesus, lembra-te de mim quando tiveres entrado no teu Reino!" Jesus respondeu-lhe: "Em verdade te digo: **hoje** estarás comigo no paraíso."

Mesmo sendo Dimas um *bom ladrão*, que roubava dos ricos para distribuir com os pobres, Jesus não diria "Em verdade te digo: **hoje** estarás comigo no paraíso", e sim "Em verdade te digo **hoje**: estarás comigo no paraíso", mas não sinalizaria quando, pois a Natureza não dá saltos.

Observa-se que, por sua conduta quando na cruz, Dimas já tinha despertado algum sentimento do seu âmago, a ponto de falar para o mau ladrão: *Para nós isto é justo: recebemos o que mereceram os nossos crimes, mas este não fez mal algum.* Também reconheceu a grandeza do Divino Mestre ao acrescentar: *Jesus, lembra-te de mim quando tiveres entrado no teu Reino!*

Agora faça mais uma autoavaliação. Observe se a sua Chama Crística está mais intensa, mais acesa. Se o seu rosto expressa mais vigor e entusiasmo para viver. Se os seus olhos têm luz para motivar os seus semelhantes. Se a sua voz tem o tom da sacralidade e se ela é capaz de transportar o magnetismo do acalanto, da ternura, da mansuetude.

Assim, pela lógica, concluiremos que, se a nossa alma estiver harmonizada com as Leis do Criador, o nosso corpo não terá doenças expiatórias.

❀ ❀ ❀

Paisagens mentais com as cores da vida – Além da beleza gerada pela eficiência mental em idealizar o mavioso e eterno futuro, o ser humano, para criar o belo no diapasão que identifique vibrações de ondas sonoras capazes de harmonizar a criatura humana, tem que ser portador da dinâmica psíquica. Da mente lubrificada com o óleo da convicção de que é portador da Onisciência, Onipresença e Onipotência de Deus.

O indivíduo, alcançando mentalmente dimensões cujas ondas identificam a musicalidade do concerto harmônico do Universo, passa a sentir vontade natural de pautar a vida seguindo os princípios ético-morais ensinados e vividos pelo Nazareno Mestre e pelos demais Instrutores Espirituais, aqueles que exemplificaram quando encarnados.

A mensagem do divino médico de almas — Jesus de Nazaré —, na condição de síntese das Leis de Deus, é remédio manipulado pela ciência cósmica para quem deseja curar-se e graduar-se à condição de auxiliar na cura dos seus semelhantes.

Assim é que a profilática[9] mensagem evangélica que exalta as virtudes humanas, como paciência, tolerância, ternura, benevolência, pureza de sentimentos, mansuetude, bondade, amor, é o medicamento mais sublime para curar a alma e o corpo.

Nesta fase de Transição Planetária que estamos vivendo, tendo em vista a acirrada luta entre a sombra e a luz causada pelos encarnados, e, principalmente, pelos desencarnados, mantermos em nossa tela mental paisagens de teor edênico é sabedoria. Daí o sagrado cuidado que devemos ter para não impregnarmos a nossa mente com quadros dandescos. Com figuras degradantes. Com leituras, filmes, peças teatrais ou outros meios que nos transportem, mentalmente, para o astral inferior.

---

[9] Med.: Emprego de qualquer procedimento ou agente para evitar instalação e/ou propagação de doença. Fonte: *Dicionário Aurélio*.

Cura e Autocura à Luz do Evangelho

❋ ❋ ❋

CRISTO, por ser sinônimo de Amor Universal, os **Adventos Crísticos** como proposta para renovar o Cristianismo, foca o homem-espécie no sentido de ele empenhar-se para despertar o seu Cristo Interno, razão pela qual engloba os quatro pilares da sociedade: social, científico, artístico e religioso. A Proposta Adventista, em sendo de abrangência universalista, convida a criatura humana para a sua renovação íntima como um ser integral, eterno e imortal, independentemente dos meios utilizados durante o seu "afastamento" do Criador[10].

É natural para o espírito, na sua condição de Centelha Divina, retornar à sua Divina Origem, à Causa sem Causa — DEUS —, sendo que, no percurso da sua **reversão**, a exemplo de o *Filho Pródigo*, ele vai adquirindo consciência do Todo e se desapegando, emocionalmente, das partes. Portanto, em função da evolução espiritual e, por ser Constante Universal, a tendência natural de todos os indivíduos é a **união sem fusão**. Daí o espírito ser livre nas suas escolhas para exercitar as aptidões através de múltiplas encarnações, fazendo uso do pilar da sua temporária preferência, mas sem estagnação eterna em nenhum deles, a fim de tornar-se um ser universalista, pois, por evolução, açambarca todas as vertentes do conhecimento cósmico.

---

[10] Linguagem metafórica, uma vez que Deus é Onipresente.

Capítulo 3
A medicina holística

Pergunta: Na autocura, algum espírito atua para auxiliar o encarnado no seu refazimento, ou a pessoa fica sozinha diante das suas necessidades?

Resposta: Por estarmos dentro de um universo energético com mais de 20 bilhões de espíritos desencarnados em torno da Terra, ninguém, em tempo algum, fica sem boas ou más companhias espirituais. Vai depender, evidentemente, do nosso estado mental e da nossa intenção. É de bom senso relembrar que, inexoravelmente, *os afins se atraem*, pois é Lei Universal.

Ao sabermos que o Universo age positiva ou negativamente, de acordo com a intenção do empreendedor, a recuperação da saúde psíquica, emocional ou somática acontece quando o doente faz o que lhe compete, convicto de que sempre será auxiliado pelos benfeitores espirituais, conforme consta na Lei do Criador: *Faze a tua parte que o Céu te ajudará.*

Em se tratando de curar-se por esforço pessoal, os espíritos não devem fazer o que nos cabe realizar. Mas, nesse caso, mesmo que nenhum espírito participe diretamente da nossa rearmonização, a Natureza, pela Lei da Ressonância, entra em ação benfazeja a nosso favor. Daí a necessidade de criarmos, e mantermos, o sagrado hábito do pensamento positivo e colorido da vida, pois é maravilhoso para a saúde psicossomática.

Pergunta: Como se processam as cirurgias espirituais?

Resposta: Quando as energias que causam determinada doença já estão muito densas, com um nível de coagulação muito elevado, os cirurgiões espirituais podem operar no corpo físico, embora o mais comum seja nos corpos sutis.

Com o médium fornecendo boas condições psicofísicas, eles

podem desintegrar o tumor ou o nódulo, quando for o caso, sem que o paciente note ou sinta nenhuma alteração externa no seu corpo. Nesse caso, a "massa" condensada poderá evaporar ou ser paulatinamente absorvida pelo organismo do doente e expelida por mecanismos naturais do próprio corpo biológico.

O espírito terapeuta manipula o magnetismo dos humanos saudáveis que estiverem no ambiente, da Natureza, assim como polariza o Éter Cósmico, sendo que precisa ter habilidade para graduá-lo no nível vibracional de acordo com as necessidades dos pacientes, e também da região do corpo que receberá a aplicação, pois uma *energia-remédio* para os olhos, por exemplo, deve ser diferente daquela que será aplicada em outra parte do corpo menos sensível.

O médium, sendo portador de várias faculdades mediúnicas, facilitará em muito para os trabalhos de cura. Por exemplo, a incorporação, a clarividência, a clariaudiência, a psicometria e a radiestesia são de suma importância. E, para melhor sucesso do mediunato, ele precisará ter excepcional capacidade de concentração para manter-se ligado à plêiade espiritual que o assessora. Por se tratar de trabalho em equipe de acordo com as especialidades dos espíritos, é necessário que a mente do médium tenha elasticidade e um bom grau de resiliência[1] psicológica, considerando que, atualmente, quase 100% dos médiuns não perdem a consciência quando mediunizados.

❀ ❀ ❀

Encontramos nos livros *As Noûres*, 5ª edição em 2001, de Pietro Ubaldi, e também em *Mediunidade de Cura,* de Ramatís, psicografia do ilustre Hercílio Maes, excelentes ilustrações sobre a mediunidade psíquica. Por exemplo, em *Mediunidade de Cura*, 12ª edição, Cap. II, o revisor reproduziu da obra *Mediunidade,* de Edgard Armond, um exelente texto que poderá nos auxiliar para compreendermos melhor o assunto.

Vejamos:

> Não há transmissão telepática, como ocorre nas formas conscientes e semiconscientes já estudadas.

---

[1] Resiliência. Fís.: Propriedade que alguns corpos apresentam de retornar à forma original após terem sido submetidos a uma deformação elástica. Fig.: Capacidade de se recobrar facilmente. [No texto tem o sentido de a mente do médium ser flexível, maleável, sem bloqueios psicológicos, sem rigor, sem ideias fixas.]

Não há incorporação física como exteriorização do Espírito do médium, como ocorre na forma inconsciente.

Não é indispensável a presença do Espírito comunicante que, às vezes, atua a distância.

O médium não perde sua capacidade ambulatória nem há inibição de qualquer natureza para o lado do seu corpo físico.

O médium não é submetido a sono sonambúlico e nenhuma interferência anímica se pode dar.

Opera-se uma substituição, ou melhor, uma sobreposição da mente individual do médium pela do Espírito comunicante, que fica, assim, com inteiro domínio físico do médium, pelo comando dos centros cerebrais e anímicos.

Portanto, torna-se evidente que, para esta forma de mediunidade, exigem-se médiuns dotados de sensibilidade apurada e de perfeito equilíbrio psíquico. É uma mediunidade de exceção mais comum entre artistas, pintores, músicos, poetas e outros, cuja função é produzirem obras destacadas de caráter universalista.

Pergunta: É possível comentar um pouco mais a respeito desse trabalho em equipe realizado pelos benfeitores da cura espiritual?

Resposta: Após a assepsia energética do ambiente feita pelos encarnados e pelos desencarnados, parte dos desencarnados dirige-se às fontes naturais de onde extrai as *energias-remédios* de que vai precisar, projetando-as para o ambiente onde outros espíritos vão realizar os atendimentos às pessoas. Esses "remédios" são canalizados por meio de "tubos magnéticos" com polos de atração voltados para o ambiente do atendimento. Tais tubos são criados e sustentados na sua formação energética por espíritos de grande poder mental e capacidade técnica. No local do tratamento, essas energias são novamente manipuladas por seres espirituais que, numa faixa vibratória de elevado nível, as direcionam para os pacientes de acordo com as necessidades[2].

O potencial de irradiação terapêutica que a equipe utiliza

---

[2] Fica evidente que, quando o atendimento espiritual é realizado numa egrégora consistente e evangelicamente bem preparada, a possibilidade de êxito é maior. Isso porque o "centro cirúrgico" é montado pela equipe espiritual na egrégora em que os terapeutas vão atuar, o que é significativamente diferente quando a equipe precisa atender em lugares diferentes, embora através dos mesmos médiuns. [Os Anjos dispensam tais cuidados.]

usando projetores cromoterápicos do plano espiritual, além de envolver o campo áurico do doente, revitaliza-lhe as células físicas, é "anestesiante" e envolve os chacras e plexos do paciente. Justifica--se, dessa forma, o porquê de as pessoas não sentirem dor durante a cirurgia, mesmo quando são utilizados instrumentos materiais.

De acordo com a tessitura perispiritual[3], a equipe espiritual usa, também, raios de luz etérica para cicatrização instantânea. Há casos em que falanges de espíritos especializados trazem de outros redutos mais antigos, mais velhos no seio do Cosmo, determinadas energias que ainda não existem em nosso mundo, devido à pouca idade sideral da Terra.

Ao fazer a leitura por meio da clarividência espiritual no corpo das emoções do paciente, o espírito vê, globalmente, todos os órgãos, usando a projeção áurica na tela fluídica colocada no ambiente de trabalho pelos espíritos cooperadores da equipe. Há aqueles que usam aparelhos sofisticadíssimos para diagnosticar as doenças. André Luiz, no livro *Missionários da Luz*, 9ª edição, publicado pela FEB, psicografia de Chico Xavier, cita o psicoscópio.

Pergunta: Qual o processo utilizado pelos terapeutas espirituais para canalizar os raios cósmicos e os separar pelas frequências antes de os aplicar nos pacientes?

Resposta: Na verdade, os raios cósmicos "chegam" com a mesma frequência e são adaptados às necessidades pelos técnicos. Esse fenômeno transcende à visão comum, embora seja percebido pelos clarividentes. E tão difícil quanto ver com os olhos biológicos é colocar em palavras o que acontece no ambiente das cirurgias. É verdadeiramente maravilhoso!

A luz sidérea irradiada da Fonte do Amor — Deus — flui do coração dos Prepostos do Criador, penetrando numa pirâmide construída com luz astralina por espíritos de grandes hierarquias iniciáticas e conhecimento da Ciência Cósmica. A luz branca atravessa a pirâmide, espalha-se em várias frequências e nuances, e outra equipe, na condição de Transformadores Angélicos, a direciona para o local das cirurgias. Entre a pirâmide e o cirurgião fica um grupo de espíritos superiores que controlam as frequências usando equipamentos apropriados, formando o espectro das sete cores[4]

---

[3] Estamos generalizando, pois existem perispíritos muito sobrecarregados de toxinas que exigem outros recursos, de preferência mais cáusticos.
[4] Vale ressaltar que as cores são bem mais sutis, por estarem em frequências mais elevadas, razão pela qual só os videntes e clarividentes conseguem percebê-las.

para serem aplicadas no doente[5], adequando-as em conformidade com as necessidades. Vale ressaltar que todo o processo é muitíssimo rápido.

Pergunta: Embora os olhos comuns não vejam os bisturis, canivetes ou outros instrumentos cortantes utilizados pelos espíritos, os videntes comentam que os veem. Tais instrumentos são "materializados"? E a força gravitacional tem ação sobre eles?

Resposta Vamos considerar que seja uma "materialização fluídica ectoplasmática" para diferenciarmos da matéria mais densa do nosso plano. Por serem os equipamentos "fabricados" com "matérias" específicas e condensados para tal fim, os espíritos utilizam a técnica da levitação. Para tal, anulam a gravidade, ou seja, atuam no limiar dos dois planos: material e energético, entre os polos positivo e negativo. O processo utilizado cria nos objetos um campo gravífico próprio, fixado sob técnica transcendental pelos químicos e físicos integrantes da equipe. Fazem uso, também, da vibração mantrânica associada à Cabala[6].

A instrumentação cirúrgica fabricada com "matéria" menos condensada, quando comparada à coagulada, que faz parte do plano material, exige cuidados especiais, principalmente no que se refere a evitar que receba irradiação solar ou elétrica com muita intensidade, para não sofrer danos. Daí a razão pela qual os espíritos preferem ambientes com pouca luz, já que o ectoplasma, utilizado em grande escala nos trabalhos de cura, não resiste às intensas luminosidades, por ser a luz material impregnada de substâncias radioativas, saturadas de magnetismo denso, mais físico, que queimam e destroem as propriedades específicas da emulsão ectoplasmática.

Existem espíritos que concentram os fluidos terapêuticos nas mãos dos seus médiuns e irradiam pelas pontas dos dedos para desintegrarem tumores, nódulos etc., sem, necessariamente, utilizarem equipamentos materializados. Dependendo da capacidade do terapeuta espiritual e da saúde psicossomática e emocional do medianeiro, ele nem precisa tocar no paciente. O exemplo mais

---

[5] Neste item estou descrevendo mais especificamente a minha experiência de quando participei dos trabalhos de cura realizados pela equipe de Dr. Fritz (1971-1975), através do médium Oscar Wilde, conforme descrevemos no livro *Metafísica das Curas de Dr. Fritz* (esgotado), publicado em 1991, pela Editora Freitas Bastos. (N. A.)

[6] A Cabala procura definir a natureza do Universo e do ser humano; a natureza e o propósito da existência e diversas outras questões ontológicas. Também apresenta métodos para auxiliar a compreensão desses conceitos e, assim, atingir a realização espiritual. Fonte: Wikipédia.

notório adveio de Jesus, que curou magnificamente fazendo uso, na maioria das situações, apenas da Sua misericordiosa voz.

Pergunta: Sabemos que os astros, sobretudo os mais próximos, influenciam no psiquismo humano, alteram as linhas de força, o campo magnético da Terra etc., razão pela qual existem pontos, na Terra, mais favoráveis do que outros para o desenvolvimento de determinadas atividades. Os espíritos conseguem realizar o mesmo trabalho em qualquer parte do planeta?

Resposta: Embora Deus seja Uno, e evidentemente equânime, pela lógica podemos deduzir que existem ambientes mais propícios para as atividades humanas de um modo geral, lugares mais adequados para desenvolvermos nossas aptidões, pois somos espíritos de pouca experiência com Deus.

Além dos ambientes quando altamente prejudicados por causa da conduta humana quando fora da ética e da moral cristãs, existem aqueles em que as emanações telúricas não são tão apropriadas para os trabalhos de cura — cirurgia, energização, cromoterapia, musicoterapia, reiki etc.

Nosso planeta tem os seus vórtices naturais para a captação de energias cósmicas que alimentam todo o orbe. No Brasil, há vários "chacras" que abastecem energeticamente a nação brasileira. Por exemplo, na serra do Roncador, em Mato Grosso, existem aberturas que vão da superfície ao interior oco da Terra, ou que vêm do interior à superfície. Essas aberturas são vórtices que desempenham importante papel na captação das emanações energéticas advindas do Cosmo, e que servem para auxiliar na manutenção da vida na superfície da nação brasileira, além de proverem também a **Civilização Argos**, que habita o interior oco da Terra, conforme comentamos no livro *O Fim dos Tempos e os Discos Voadores*, Editora do Conhecimento[7].

De todos os vórtices ou chacras do planeta, o mais importante para o Brasil e para o mundo é a gruta do Maquiné, em Minas Gerais[8].

---

[7] Livro do mesmo autor, que auxilia na interpretação do Apocalipse e das profecias de Nostradamus, além de sinalizar como será a vida da Terra e de sua humanidade até o ano 2052.

[8] No capítulo 34 do livro *A Predestinação Espiritual do Brasil*, Adolfo Marques dos Santos descreve a vida da civilização argosiana no interior oco da Terra; também no livro *O Fim dos Tempos e os Discos Voadores*, em diferentes capítulos, ele cita a distribuição das energias advindas de Órion, as quais são captadas pela gruta do Maquiné e distribuídas pelo planeta, fazendo uma triangulação Minas Gerais, Amazônia e Oceania.

Incrustada em rocha sólida, por bênção do Pai, a gruta do Maquiné encerra as mais puras energias, principalmente as trazidas dos quadrantes da Constelação de Órion. A vibração dos cristais permite a formação de crostas a partir da água, embora, cientificamente, o processo seja visto de forma mais complexa. As condições energéticas ali encontradas advêm de trabalhos milenares realizados por espíritos superiores, quase sem formas definidas, cuja presença naquele reduto o transforma em um ponto de captação etérica de equilíbrio para a nação brasileira. Essa energia é, também, espalhada pelo mundo, numa triangulação subterrânea que parte de Minas Gerais, percorre a Amazônia, vai à Oceania e retorna à gruta do Maquiné num processo de circuito contínuo. Na trajetória existem os canais secundários para espalhar tais seivas revitalizadoras e mantenedoras das vidas e, assim, prover toda a Terra.

> "O afã científico de preservar a gruta do Maquiné cederá, com muito pesar, no futuro, lugar à ganância das inovações em investimentos com a visitação pública desordenada. Tal evento prejudicará toda a obra espiritual lá edificada. A ambição humana desmedida estará, por certo, contribuindo para a destruição de um dos pontos vitais mais importantes do planeta"[9], segundo Ramatís, em nome das Sagradas Fileiras, psicografia de Therezinha Teixeira Pereira de Carvalho.

Pergunta: Por que determinado espírito assume diferentes aspectos externos ao executar os seus trabalhos de cura quando se manifesta através de diferentes médiuns?

Resposta: Muito há a se considerar além dos aspectos morais, intelectuais, emotivos, da formação religiosa, evangelização etc. O médium pode facilitar ou dificultar o trabalho da equipe médica ou de cura espiritual, dependendo, entre outros fatores, da sua maturação biológica. Evidentemente essa maturação não é acontecimento de uma encarnação, mas aquisição obtida no vaivém reencarnatório, que consome milênios.

Um espelho de péssima qualidade não refletirá uma boa imagem. Um bom material reflete melhor a luz, formando imagens

[9] No interior oco da Terra, devido à sua idade e consequente desintegração atômica natural, existem excelentes camadas de neutrinos, os quais também chegam à superfície da Terra por meio das inúmeras aberturas. Portanto, os neutrinos não vêm tão somente do sol, mas podem vir de todos os corpos celestes que tenham entrado em desintegração radioativa natural, em função do avanço da sua idade sideral. Em assim sendo, é uma Constante Universal, e não uma particularidade do sol.

mais nítidas e mais próximas da realidade, embora a natureza da luz que incide sobre qualquer espelho, independente da sua qualidade, seja a mesma.

Uma lâmpada de 100W tem a sua capacidade de iluminar definida. No entanto, se a sua superfície refletora não estiver adequadamente limpa, não refletirá integralmente a luz. Assim, ainda que seja a mesma essência espiritual da equipe terapêutica, variando o material refletor, isto é, os médiuns, não se pode garantir o êxito integral desejado.

O pensamento-luz dos espíritos desencarnados quando incide na mente de um receptor encarnado, se a capacidade refletora for de baixo índice, certamente sofrerá refração[10], e, ao ser projetado para o doente, não alcançará o sucesso esperado.

Os espíritos, para realizar trabalhos de cura, precisam de médiuns com alta fidelidade mental, que tenham corpo físico com excelente poder refletor e sejam portadores de entusiasmo pela vida e harmonia íntima, a fim de que permaneçam sintonizados com as ondas superiores dos guias espirituais que, por sua vez, estão conectados entre si e, em cadeia, ao Cristo — a Fonte da Vida Terráquea.

A Luz do Cristo Planetário da Terra que incidiu sobre Moisés, Buda, Fo-Hi, Maomé, Confúcio, Anfion e outros, foi mais bem refletida para o mundo quando incidiu sobre o Divino Médium Jesus, não só pela Sua própria capacidade como também porque a linhagem do Seu corpo biológico era de maior poder refletor.

> A compreensão não é obra de cultura ou raciocínio, mas uma maturação que se alcança por evolução. (Extraído de *A Grande Síntese*, de Pietro Ubaldi, 11ª edição, Fundapu.)

❋❋❋

Os cientistas encarnados em Argos — a civilização que vive no interior vazio da Terra — já fazem uso da cromoterapia mental em grande escala. Os argosianos conseguem, também, fazer a retificação do código genético (DNA) no modelo etérico e, exímios conhecedores que são das causas das doenças, utilizam para o tratamento fundamental a psicoterapia, integrando o ser doente ao Todo-Cósmico. Nesse caso, são médicos-médiuns.

A medicina em Argos, além da preocupação em curar o ho-

[10] Ato ou efeito de refratar(-se). Fís.: Modificação da direção de propagação de uma onda que incide sobre uma interface entre dois meios e prossegue através do segundo meio.

mem, auxilia, dirige e coordena a evolução dos seres dos reinos menores, os quais não são usados para a alimentação. Os argosianos são vegetarianos.

Quando os cientistas terrenos, aqui da superfície, estiverem integrados às pulsações mais íntimas do Cosmo, facilmente serão sensibilizados para com a vida dos seus semelhantes. E, solidários à dor alheia, serão magnificamente inspirados pelos cientistas desencarnados que também se colocam, amorosamente, a serviço dos encarnados.

❀ ❀ ❀

Pergunta: Como justificar diante da Lei de Ação e Reação pessoas caridosas que servem ao próximo desinteressadamente e, no entanto, quando diante das suas necessidades, não recebem as dádivas solicitadas aos Céus?

Resposta: Em muitos casos, a oportunidade de servirmos aos semelhantes já é a bênção que recebemos de Deus, tendo em vista que a prática da caridade desinteressada é excelente atenuante para amenizar as reações às ações malfadadas. Mas tenhamos sempre em mente que não devemos *tocar a trombeta* quando estivermos praticando a caridade.

Nós, espíritos de pouca evolução, quase nunca conseguimos entender que já estamos *recebendo as recompensas* ao termos a possibilidade de servir, e que não precisamos *tocar a trombeta* para que as *nossas boas obras sejam reconhecidas pelos demais homens*. Daí não adiantar ao ser humano entrar com recurso no Tribunal Divino em defesa dos seus direitos, alegando que serviu tanto à sociedade e que, no entanto, quando solicitou aos Céus uma bênção para a saúde ou um auxílio para as suas necessidades, os seus pedidos foram indeferidos.

Fica claro que, para receber as benesses dos Céus, não é suficiente apenas servir ao próximo, mas é necesssário, sobretudo, que *a nossa mão esquerda não saiba o que fez a direita*.

Servir silenciosamente é um ato de convicção da Onipresença de Deus. Assim foi que Jesus nos levou à reflexão:

> Guardai-vos de fazer vossas boas obras diante dos homens, para serdes vistos por eles. Do contrário, não tereis recompensa junto de vosso Pai que está no céu. Quando, pois, dás esmola, não toques a trombeta diante de ti, como fazem os hipócritas nas sinagogas e nas ruas,

para serem louvados pelos homens. Em verdade eu vos digo: **já receberam sua recompensa**. Quando deres esmola, que tua mão esquerda não saiba o que fez a direita. Assim, a tua esmola se fará em segredo; e teu Pai, que vê o escondido, recompensar-te-á. (Mateus 6:1-4)

Com a nossa atual graduação espiritual, se ainda exigirmos reconhecimentos externos pelo que fazemos em benefício dos nossos semelhantes e recebermos algum tipo de benesse, aparentemente essa conduta não tem nada de errado, pois temos livre-arbítrio. No entanto, quando das dificuldades existenciais, problemas com a saúde etc., não se pode garantir que o automatismo das Leis do Criador vai ser acionado para nos socorrer, pois já recebemos das pessoas os beneplácitos pelas nossas realizações.

A Lei de Deus é tão perfeita que não adiantará entrarmos com recurso dirigido ao Supremo Tribunal da Justiça Divina alegando os nossos direitos, porque, fatalmente, perderemos a causa. Assim é que, se já recebemos recompensas humanas em função dos nossos feitos, necessariamente não obteremos sucesso ao recorremos à Justiça Divina, haja vista o que consta na assertiva do Nazareno Mestre: Já recebemos nossa recompensa através dos louros que a sociedade nos ofertou. Em assim sendo, vamos repetir para fixar: *que a nossa mão esquerda não saiba o que fez a direita,* pois assim determina a Lei da Justiça Divina.

❋ ❋ ❋

Para ativar a nossa Força Superior, reproduzamos o divino evento do batismo de Jesus no rio Jordão. Naquele sagrado momento, o Nazareno Mestre acelerou a Sua Centelha Divina, o Seu Cristo Interno, entrou em sintonia com o Cristo-Pai e, a partir daquele evento, permaneceu sintonizado com Ele durante os Seus três anos de vida pública.

Assim como aconteceu com o Nazareno Mestre, que, por ressonância, sintonizou-Se com o Seu Guia Espiritual — o Cristo —, procuremos nos sintonizar com os nossos guias, alimentando o luminoso objetivo de servirmos de porta-vozes a Ele, o manso Nazareno. No entanto, não fiquemos preocupados com os nomes dos espíritos que nos guiam, porque Jesus é o Guia dos nossos guias.

Observemos com atenção o que consta no Evangelho bíblico:

"Eu vos batizo com água, em sinal de penitência, mas aquele que virá depois de mim é mais poderoso do que eu, e nem sou digno de carregar seus calçados. Ele vos batizará no Espírito Santo e em fogo." Depois que Jesus foi batizado, saiu logo da água. Eis que os céus se abriram e viu descer sobre ele, em forma de pomba, o Espírito de Deus. E do céu baixou uma voz: "Eis meu Filho muito amado em quem ponho minha afeição." (Mateus 3:11-17)

João, o Batista, vivia anunciando que era chegada a hora de o Grande Avatar... a Grande Estrela... o Messias... o Salvador Se apresentar ao mundo, à sociedade.

Deduzamos, teoricamente, a emoção que sentiu João ao "ouvir"[11] a voz que baixou do Céu: *Eis meu Filho muito amado em quem ponho minha afeição.*

Deduzamos o que Aquela misericordiosa *voz-pensamento* fez verter do mundo íntimo de João! Sem dúvida, naquele episódio, o Batista, caso fosse portador de algum bloqueio psicológico, teria ficado instantaneamente curado — tamanho teria sido seu júbilo, seu êxtase divino, o Empuxo sofrido, provocado pelo Cristo-Pai[12].

Vamos refletir:

➢ Devido à inquestionável conexão de Jesus com o Cristo, é possível avaliarmos o estado em que ficaram as pessoas que estavam mergulhadas na Esfera-Luz do Nazareno Mestre ali no rio Jordão. Tomadas pelo êxtase divino, passaram a pressentir o que iria acontecer nos próximos instantes com a angelical presença de um enviado celeste para energizar, com o Seu próprio magnetismo e com a Essência Vital do Cristo, todos os reinos do plano terrestre.
➢ Pairava no ar a essência do Cristo criador da Terra. Intuitivamente as criaturas sentiram a modificação energética nos ambientes, mas nem todas alcançaram que estavam embebidas na divinal esfera áurica do Nazareno Mestre.
➢ Era chegado o momento, conforme profetizado, de a Terra ser abençoada e estigmatizada de maneira mais sensória com a Luz do Cristo através do Seu crístico médium — Jesus de Nazaré.

---

[11] Vale relembrar que nem mesmo Jesus ouvia nem via o Cristo. Apenas O sentia.
[12] Nesses casos, os encarnados não ouvem diretamente a voz do Cristo, mas é feita uma ponte por espíritos superiores para que os humanos do plano material possam "ouvir" e sentir a emanação do pensamento do Arcanjo Planetário — o Cristo criador da Terra.

Cura e Autocura à Luz do Evangelho

Por estarmos aspirando ao despertar do nosso Cristo Interno, a exemplo do que aconteceu com aquele povo da época de Jesus encarnado, tenhamos a certeza de que conosco não é diferente. Mesmo que não registremos na memória objetiva, não tenhamos dúvida de que, sutilmente, a nossa alma, à medida que vai plasmando os eventos ligados ao Filho do Altíssimo, vai recompondo as suas forças-energias e trazendo ao consciente os Divinos Atributos de Deus latentes em si.

❀ ❀ ❀

Já é possível perceber que *Cura e Autocura à Luz do Evangelho* tem também, como foco, elevar a frequência da nossa mente às dimensões dos espíritos plenificados. Para tal, estamos reproduzindo, nestes apontamentos, acontecimentos em que os seres humanos demonstraram fé, no sentido abrangente e sagrado de fidelidade aos ensinamentos do angelical pedagogo — Jesus de Nazaré.

Consta na vida de São Lourenço que *nem chicotes, algozes, chamas, tormentos nem correntes abalaram a sua fé e amor ao Nazareno Mestre.*

> Lourenço, espanhol, natural de Huesca, foi um bem-humorado diácono que servia a Deus na Igreja de Roma durante meados do século III. São Lourenço era também responsável pela administração dos bens da Igreja, que sustentava muitos necessitados.
>
> Diante da perseguição do Imperador Valeriano, o prefeito local exigiu de Lourenço os tesouros da Igreja. Para isso, o Santo Diácono pediu um prazo, o qual foi o suficiente para reunir no átrio os órfãos, os cegos, os coxos, as viúvas, os idosos… todos os que a Igreja socorria… e no fim do prazo — com bom humor —, ele disse: "Eis aqui os nossos tesouros, que nunca diminuem e podem ser encontrados em toda parte."
>
> Sentindo-se iludido, o prefeito sujeitou o santo a diversos tormentos, até colocá-lo sobre um braseiro ardente. São Lourenço, que sofreu o martírio em 258, não parava de interceder por todos, e mesmo assim encontrou — no Espírito Santo — força para dizer no auge do sofrimento na grelha: "Vira-me que já estou bem assado deste lado."[13]

---

[13] Informações sobre Lourenço de Huesca, ou São Lourenço, estão disponíveis na Wikipédia.

A exemplo de Lourenço, quando se concebe que a morte não interrompe a vida, aceitam-se com dignidade cristã as imposições dos menos evoluídos, daqueles desprovidos da eterna fé e ignorantes da inquestionável Lei de Ação e Reação.

Se por um lado Lourenço foi levado à morte, por outro deixou gravado na consciência do universo cristão seu exemplo de inabalável fé para que reflitamos sobre a necessidade de adquirirmos a *misericórdia do ver, ouvir e falar* se almejamos os Céus, convictos de que, enquanto reclamarmos diante dos martírios ou das dificuldades existenciais, não ascenderemos.

A medicina holística – É também parte da proposta dos **Adventos Crísticos** conscientizar a sociedade do fato de as doenças serem geradas pela alma, tendo o corpo biológico como meio para drenar as energias mórbidas da tessitura periespiritual.

O indivíduo, sabedor de que as suas doenças foram geradas por ele mesmo, pois *toda ação gera reação*, além de ser mais cuidadoso nas atitudes, ações e reações, para não contrair futuros males, se já estiver doente, em vez de entrar num estado antivital com pessimismo, desmotivação para viver, melancolia, tristeza, procurará acelerar positivamente a sua mente para entrar em campos energéticos que identifiquem saúde psíquica e emotiva. Nesse estado luminoso dirá: Sou uma alma eterna e imortal que está temporariamente num corpo biológico.

A pessoa consciente da sua imortalidade e eternidade é portadora de psiquismo sadio, o que a leva a melhorar a sua disposição emotiva e afetiva, alterando magnificamente o quimismo orgânico e, por extensão, o equilíbrio fisiológico.

Os **Adventos Crísticos** vão, gradualmente, sinalizando as mudanças naturais que sofreremos no percurso de Aquário, a fim de que a mensagem evangélica do Meigo Jesus deixe de ser uma proposta para religiosos e passe a ser uma maneira crística de a humanidade, como um todo, viver a religiosidade.

Capítulo 4
Lei de Ação e Reação

Pergunta: No momento do atendimento ao doente, o espírito trabalhador da cura precisa fazer regressão de memória no paciente para diagnosticar a causa do mal? Ou, mais especificamente, diagnosticar qual a ação que gerou a reação em forma daquela doença específica?

Resposta: O atendimento dos espíritos evoluídos é em equipe. Em nenhuma situação eles trabalham sozinhos. Além da clarividência individual do espírito que fica à frente para receber os doentes, existe a assessoria especializada para fazer a leitura e o diagnóstico antes de o paciente ser atendido pelo médium. Portanto, quando um espírito da equipe começa a atender diretamente por intermédio de um medianeiro, a análise já está pronta.

Quem conhece a Lei de Causa e Efeito, com maior facilidade, é capaz de diagnosticar só em observar a situação de determinados pacientes. Por exemplo: sabe-se que o gago atual teve, geralmente, um passado eloquente, de palavra fácil, mas não soube fazer bom uso do dom sagrado de falar. Para que o espírito possa fazer uma cura paliativa será preciso que se ausculte o universo íntimo do paciente para verificar se ele tem possibilidade de, com a cura provisória, dedicar-se à sua renovação interior a fim de adquirir a *misericórdia do falar* e recuperar-se por esforço próprio. Da mesma forma age com as demais doenças.

É característica do gago, no seu reajuste psíquico, além de falar pouco, medir bem as palavras. É um treino para que ele, nas próximas vidas, caso tenha assimilado bem a lição disciplinadora, possa se expressar com facilidade, mas falando tão somente para exaltar nos seus ouvintes os princípios ético-morais evangélicos e, dessa forma, falar a verdade e não mais os discursos de conveniência.

Pergunta: Os espíritos podem errar no diagnóstico?

Resposta: Perfeito, só Deus. O pensamento, por ainda ser "matéria", sofre refração ao passar de um meio energético para outro. Os desencarnados estão num plano cujo índice de refração (n^1) é menos refringente[1] do que o plano onde se encontra o consulente (n^2), razão pela qual, para os espíritos apenas evoluídos, mas não ascensionados, fica difícil a visualização real, plena e absoluta diante de diversificadas situações, tendo em vista que o raio refratado tende a perpendicularizar-se. É evidente que tudo é relativo ao grau de evolução, pois na propagação da luz das superconsciências espirituais não existe refração.

> No crepitar da chama, no verdejar da folhagem, no espocar da onda, na essência do ar, aqui e acolá, eu estou, pois sou a energia livre que preenche os vácuos, tornando os espaços habitáveis.
> Minha luz, já extinta em sua origem, viaja pela amplidão do Universo, em fragmentos difusos, **avessa à refração**.
> Na caminhada evolucional, em forma elíptica, luz e vida se assemelham e se entrelaçam. Toco teu solo, ainda primário, e energizo os seres que dele brotam.
>
> Venho de Órion. (Shiva)
> (Psicografia de Therezinha Teixeira Pereira de Carvalho)[2]

Para ilustrar, vamos admitir uma superfície (S) separando dois subplanos do plano astral:

Raio incidente

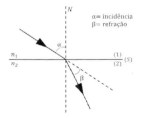

Raio refratado

---

[1] Fís.: Que faz desviar a direção dos raios luminosos; refrativo. Que refrata a luz.
[2] Mensagem dirigida ao autor.

Cura e Autocura à Luz do Evangelho 75

Isto acontece naturalmente pelo simples fato de o encarnado encontrar-se em um plano de refringência diferente em relação ao mentor espiritual. Fica mais difícil ainda quando, para diagnosticar, os enfermos, ao serem examinados, estão com suas auras impregnadas de fluidos densos resultantes de emotividade descontrolada, pensamentos nocivos, elevada carga de toxinas ou obsessão! O espírito terapeuta, de imediato, não logra êxito integral na formulação do diagnóstico perispiritual, e também pode haver falha na prescrição do medicamento, devido, principalmente, à interferência anímica do sensitivo. Isso porque o médium, em vez de encaminhar o paciente para uma limpeza áurica, poderá prescrever a sua ideia, e não a do espírito receitista.

Outro problema que o terapeuta enfrenta é quando o enfermo está com os corpos sutis sujos e oleosos, carregados de fluidos grosseiros gerados pelos vícios, que formam uma cortina opaca. Para facilitar o tratamento e o diagnóstico feitos pelos espíritos, as Casas de Oração Espírita aplicam passes antes do atendimento, fazem correntes espirituais para drenar parcialmente as cargas tóxicas e, principalmente, indicam livros esclarecedores para as pessoas fazerem a parte que lhes compete, pois é fundamental o esclarecimento para elas obterem a cura definitiva da alma, a qual repercutirá positivamente no corpo biológico.

❋❋❋

Pergunta: Nos casos específicos de os doentes estarem obsediados, os terapeutas espirituais conseguem diagnosticar os seus males?

Resposta: O quimismo hormonal que auxilia no equilíbrio fisiológico das pessoas, quando alterado pela perturbação do sistema endócrino[3], facilita a ligação com entidades de pouca evolução afetiva devido ao descenso vibratório que elas sofrem. Os pessimistas facilitam em muito a ligação fluídica dos obsessores e dos sofredores, ainda mais quando tomados pelo medo, pelo desespero, pela amargura, pela angústia, pela tristeza, pelo pavor da morte.

É muito difícil, e às vezes impossível[4], os espíritos fazerem

[3] O sistema endócrino é formado pelo conjunto de glândulas que apresentam como atividade característica a produção de secreções denominadas hormônios, que são disponibilizados na circulação sanguínea pelas glândulas endócrinas como, por exemplo, o pâncreas, as suprarrenais, a tireoide, ou diferentemente destas expelem substâncias através das glândulas exócrinas, como as sudoríparas.
[4] Estamos nos referindo aos espíritos que, embora com conhecimento das ciências biomédicas, não têm evolução de grande abrangência, a ponto de vencerem determinadas barreiras energéticas.

a leitura do perispírito de enfermos em tais condições. Eles não conseguem ver claramente o ponto-imagem, já que, em volta do enfermo, cria-se um sistema astigmático[5], que forma uma nuvem disforme. Daí a necessidade de os pacientes passarem por atendimento de refazimento áurico com passe magnético e de correntes mediúnicas para descarregar as energias mais densas.

Vamos ilustrar fazendo um paralelo com a física clássica, conforme mostra a figura a seguir:

Observemos que o raio de luz, ao sair do sistema astigmático (P), não formou um único ponto-imagem (P'). Assim também acontece

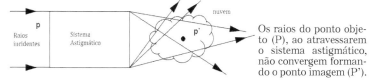

Os raios do ponto objeto (P), ao atravessarem o sistema astigmático, não convergem formando o ponto imagem (P').

com a clarividência espiritual quando o espírito ainda não tem evolução suficiente para não sofrer as interferências do meio externo. Isso porque, mesmo ele estando desencarnado, a ligação com o médium diminui a sua percepção.

Pergunta: Os espíritos necessitam de aparelhos para auxiliar nos diagnósticos?

Resposta: Conforme falamos, André Luiz, no livro *Missionários da Luz*, 9ª edição, publicado pela FEB, psicografia de Chico Xavier, comenta que o "psicoscópio" é usado pelos terapeutas desencarnados. Trata-se de um receptor confeccionado com substância astral que tem utilidades diversas. Serve, por exemplo, para avaliar a vitalidade, a transparência, o colorido, a velocidade dos chacras, as alterações patogênicas da fisiologia perispiritual, o *quantum* de toxinas físicas e psíquicas condensadas nos órgãos a afetar a contextura perispiritual, e tem ainda outras funções que a nossa acanhada visão não consegue perceber.

Por nos encontrarmos em eterna evolução, na sequência dos nossos reencarnes passaremos a estar mais bem graduados, pois não temos dúvida de que do outro lado da vida existem muitos e sofisticados aparelhos para o uso da medicina espiritual. Na verda-

---
[5] Um sistema óptico é estigmático para um ponto P quando fornece uma única imagem P' para ele. O sistema astigmático se caracteriza pela formação da imagem em vários focos.

de, os aparelhos do plano material são rudimentares cópias "materializadas" dos que existem nos planos espirituais superiores.

Pergunta: Mesmo sendo a matéria astral tão rarefeita em relação ao plano físico, ainda é possível confeccionar aparelhos?
Resposta: O pensamento ainda é "matéria" modelável, conforme escreveu André Luiz através de Chico Xavier, no livro *Missinários da Luz*. Podemos deduzir, então, o nível de rigidez com que podem ser feitos os aparelhos com o "éter físico" no plano astral. Na verdade, as dimensões são formadas também de matérias, e estas estarão mais livres ou mais densas de acordo com o plano ou subplano a que pertencerem. Alice A. Bailey escreveu no livro *Tratado Sobre os Sete Raios,* Lisboa 1974: "Os nossos sete planos são, antes, sete subplanos do plano físico cósmico.

Pergunta: Os espíritos terapeutas veem ou sentem a região doente dos pacientes?
Resposta: Depende de vários fatores e, entre eles, o grau de evolução que possuam. Assim é que, pela intuição, eles "ouvem" a voz silenciosa da alma doente; pelo processo radiestésico captam os fluídos magnéticos que acusam a região ou o órgão doente; pela clarividência, verificam a aura reduzida e opaca que indica baixa frequência magnética daquela área do corpo; também podem sentir, intuitivamente, o *quantum* de toxina morbosa aderida ao perispírito do enfermo a afetar sua saúde corpórea.

Pergunta: Uma vez que o psicoscópio serve para auxiliar no diagnóstico, por que em determinadas situações os espíritos tocam, principalmente, nas palmas das mãos dos pacientes? Será outra forma de diagnosticar?
Resposta: Por processo extremamente sutil, nem todos os médiuns percebem que, nesse caso, é um quirólogo que está analisando o enfermo. Assim como, no instante em que ele fixa o olhar num paciente, é um terapeuta cromosófico observando os matizes da aura do enfermo em torno do seu corpo físico, principalmente a sua cor fundamental. Certo é que, como o trabalho é em equipe, para cada necessidade atua um especialista.
Para ilustrar, vamos reproduzir o pensamento que consta no livro *A Vida no Planeta Marte e os Discos Voadores,* 15ª edição, capítulo 6, de Ramatís, psicografia de Hercílio Maes, **EDITORA DO CONHECIMENTO**:

As mãos revelam, em sua estrutura, a plasticidade, a temperatura e os movimentos identificadores dos estados físico, nervoso e circulatório em absoluta correspondência com as manifestações ocultas das energias etéricas, astrais e mentais do espírito.

O cromosófico é avançado cientista que pode ler as cores exatas da aura humana, com vidência segura desenvolvida por métodos experimentais, em perfeita sintonia de pureza espiritual. Ele examina a cor básica da aura cristalina da criatura, identificando o tom fundamental ou o colorido que predomina definitivamente em todas as suas atividades psíquicas.

O médico quirólogo, no seu relatório firmado nas características das mãos, expõe os estados emotivos e a sensibilidade; o astro-etéreo explica o teor da aura e a influência do astro dominante, aventando os impulsos desgovernados da criatura; o psicômetra reconstitui o caráter da vida anterior, formulando sugestões espirituais e retificadoras no campo psíquico.

Finalmente, o médico clarividente combina todos os dados recebidos nos relatórios, ajustando os que se identificam, sincrônica e sintomaticamente, a fim de concluir a "nota psíquica" definitiva do ser e indicar-lhe as necessidades[6].

Pergunta: E quando o enfermo está em outro local, o espírito incorporado num médium pode vê-lo e diagnosticar os seus males a distância?

Resposta: O espírito incorporado, necessariamente, não vai vê-lo no sentido geofísico do deslocamento. O mais comum é a equipe que o assessora ir fazer a visita e trazer as informações, ou então projetar a imagem do enfermo para o ambiente onde o espírito terapeuta estiver atendendo para que ele possa ver na tela fluídica as condições do doente ou ser informado pela equipe[7]. É uma das razões que fazem com que os terapeutas espirituais solicitem ambientes tranquilos, pouca luz e pensamentos harmônicos, evitando

---

[6] Estudemos o referido livro, pois, além de ser bom conhecermo-nos quanto à nossa trajetória rumo à ascensão espiritual, é Constante Universal para todos os espíritos.

[7] É semelhante à projeção "holográfica". A holografia é processo fotográfico para a obtenção de imagens tridimensionais mediante utilização de *laser*. Método de gravação de imagens ópticas tridimensionais na forma de hologramas; fotografia a *laser*, imagem holográfica. Técnica de registro de padrões de interferência de luz, que podem gerar ou apresentar imagens em três dimensões. Fonte: Wikipédia.

assim que haja interferências destrutivas produzidas pelo excesso de luminosidade e, também, pelas ondas mentais desarmonizadas.

Pergunta: Se a equipe espiritual que vai visitar a pessoa para diagnosticar o seu mal estiver distante do local do atendimento, como é possível, diante de inúmeros obstáculos, que as ondas emitidas que vão informar a condição do enfermo cheguem ao local?

Resposta: As sucessivas perturbações de uma fonte de ondas se propagando pela atmosfera vão se deslocando pelo ar, distanciando-se do seu ponto de origem. Isto acontece porque cada ponto da frente de onda, num determinado instante, cria novas ondas por meio das transferências de energia aos pontos vizinhos a ele. Assim, caso as pessoas que estiverem no ambiente do atendimento permaneçam gerando ondas-pensamento de desarmonia, dificultarão o alcance da entidade terapeuta. No entanto, se gerarem ondas-pensamento harmonizadas, facilitarão magnificamente os trabalhos dos benfeitores espirituais. Existem, também, aparelhos receptores nos locais dos atendimentos.

Para ilustrar, sigamos o Princípio de Huygens (1629-1695), o qual diz: "Cada ponto de uma frente de onda, num determinado instante, é fonte de outras ondas com as mesmas características da onda inicial."

Evidentemente, as pessoas podem estabelecer interferência positiva ou negativa. Ilustrando, temos aqui dois exemplos clássicos de interferência:

Os obstáculos são facilmente vencidos pelo fenômeno que a física clássica chama de difração[8], fenômeno este que consiste em uma onda contornar os obstáculos.

Observemos:

---

[8] Difração é um fenômeno que acontece quando uma onda encontra um obstáculo. Em física clássica, o fenômeno da difração é descrito como uma aparente flexão das ondas em volta de pequenos obstáculos e também como o espalhamento, ou alargamento, das ondas após atravessar orifícios ou fendas. Esse alargamento ocorre conforme o Princípio de Huygens. Acontece difração com todos os tipos de ondas, incluindo ondas sonoras, ondas na água e ondas eletromagnéticas (como luz visível, raios-X e ondas de rádio). Assim, a comprovação da difração da luz foi de vital importância para constatar sua natureza ondulatória. Fonte: Wikipédia.

Como a nossa aspiração é mantermos bem aceso no nosso universo interior o foco de *Cura e Autocura à Luz do Evangelho*,

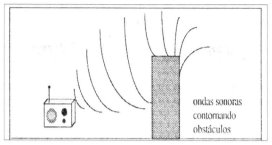

continuemos destacando mais algumas advertências, envolvendo o médium terapeuta e o doente.

Vejamos:

> O terapeuta, por mais habilidoso que seja, não pode modificar o panorama mental em que cada criatura vive ou está. O máximo que ele consegue fazer é orientá-la sobre a melhor conduta mental, as atitudes, ações e reações para obter êxito na sua cura.

> Para alcançarmos o restabelecimento da nossa saúde, nos projetemos para o eterno amanhã, levando conosco as mais ricas paisagens que possam auxiliar em trazer ao consciente os Atributos de Deus latentes em nossa alma, na condição sagrada de "força eletromotriz", aquela que produz movimento e nos direciona rumo à eternidade[9]. Não nos permitamos ativar do nosso subconsciente ou do inconsciente profundo os quadros dantescos do nosso passado, pois que com as tristes imagens ativadas podem surgir o remorso, a depressão, o medo, o sentimento de culpa, o pânico, que funcionam como se fossem uma "força contraeletromotriz" a dificultar a movimentação natural dos chacras ou pontos vitais.

> Mesmo que inconscientemente, é comum à pessoa dominada pela sua malfadada história de vidas anteriores ser melancólica, sem vida, triste, mal-humorada e sem entusiasmo para festejar a vida. O terapeuta deve estar atento a essa situação, pois tal criatura encontra-se presa ao seu passado delituoso, clamando por alguém que a auxilie a sair do seu atoleiro psíquico.

O terapeuta poderá orientar, mas somente o doente conseguirá

---

[9] Linguagem figurada, tendo em vista que a eternidade é aqui e agora.

"substituir" as imagens que estão gravadas na sua alma, e que são responsáveis pela sua doença, para realmente curar-se em definitivo.

O doente, criando novas e lindas imagens, poderá, por meio do pensamento positivo, reestruturar as linhas de forças do seu organismo, restabelecer as suas emoções e criar novas expectativas, aspirando ao eternamente novo. Nunca se deter nas histórias tristes do passado é saúde.

Não é saudável vivermos alimentando pensamentos, atitudes e ações oscilantes, tendo em vista que as forças contrárias (eletromotriz e contraeletromotriz) **"geram resíduos"** que dificultam o desempenho harmônico dos pontos vitais para a absorção do prana.

Fica claro que o terapeuta, por não ser "milagroso", não tem como curar uma doença que faz parte da contínua evocação feita, mentalmente, pelo doente.

❀ ❀ ❀

Vamos avaliar a mensagem evangélica a seguir e concluiremos o quanto é perfeita a Lei da Criação. O quanto é perfeita a Justiça Divina. Verdadeiramente, não existem privilégios celestes nem terrestres. Tudo é meritoriamente conquistado.

> Quando jejuardes, não tomeis um ar triste como os hipócritas, que mostram um semblante abatido para manifestar aos homens que jejuam. Em verdade eu vos digo: **já receberam sua recompensa**. Quando jejuares, perfuma a tua cabeça e lava o teu rosto. Assim, não parecerá aos homens que jejuas, mas somente a teu Pai que está presente ao oculto; e teu Pai, que vê num lugar oculto, recompensar-te-á. (Mateus 6:16-18)

Ao observarmos a advertência da passagem evangélica citada por Mateus, concluiremos que tais atitudes demonstram a nossa incipiência espiritual.

Visto que o ser humano é o que ele pensa, passarmos para os nossos semelhantes de maneira proposital a nossa tristeza, os nossos desencontros, o semblante abatido, a melancolia, na vã ilusão de querermos receber ajuda dos Céus, é sinal de que desconhecemos as Leis de Deus. Por ser o homem parte não apartada do Criador, quando age assim, com o intuito de ser beneficiado, não obtém tal dádiva, pois **já recebeu as recompensas** através das humanas condolências e, também, por aqueloutros que, mesmo sem falarem, observaram o seu semblante de autopiedade.

Se estivermos com sede e bebermos água salgada, continuaremos com sede, embora não seja por falta d'água, mas por nossa escolha. Assim, somos levados a perceber que Deus é a Infinita Bondade, mas acima da Sua Bondade está a Sua Justiça. Busquemos, então, a nossa autoevangelização e, dessa forma, estaremos em condições para receber, com elegância, as reações das nossas ações positivas ou negativas.

O nosso sagrado exercício é inserirmos a mensagem evangélica na rotina da nossa vida. Para tal, estejamos convictos de que, na mesma proporção em que nos conscientizamos do nosso Deus Interior, vamos despertando da nossa latência os atributos morais dos quais somos portadores e, assim, adquirindo diafaneidade, ternura, mansuetude etc. Não temos dúvida de que tais virtudes vão facultando-nos a absorção suave dos ensinamentos do Nazareno Mestre.

Ora, havia em Jerusalém um homem chamado Simeão. Este homem, justo e piedoso, esperava a consolação de Israel, e o Espírito Santo estava nele. Fora-lhe revelado pelo Espírito Santo que não morreria sem primeiro ver o Cristo do Senhor. Impelido pelo Espírito Santo, foi ao templo. E tendo os pais apresentado o menino Jesus, para cumprirem a respeito dele os preceitos da lei, tomou-o em seus braços e louvou a Deus nestes termos: "Agora, Senhor, deixai o vosso servo ir em paz, segundo a vossa palavra. Porque os meus olhos viram a vossa salvação que preparastes diante de todos os povos, como luz para iluminar as nações, e para a glória de vosso povo de Israel." Seu pai e sua mãe estavam admirados das coisas que dele se diziam. Simeão abençoou-os e disse a Maria, sua mãe: "Eis que este menino está destinado a ser uma causa de queda e de soerguimento para muitos homens em Israel, e a ser um sinal que provocará contradições, a fim de serem revelados os pensamentos de muitos corações. E uma espada transpassará a tua alma"[10]. (Lucas 2:25-35)

Consta no livro sagrado que *fora-lhe* [a Simeão] *revelado pelo*

[10] Refere-se a Maria, a Santíssima mãe da humanidade.

Espírito Santo que não morreria sem primeiro ver o Cristo do Senhor. Embora não se consiga reproduzir fielmente a sua sacrossanta expectativa alimentada anos a fio quanto ao nascimento do Messias anunciado pelos profetas, é possível presumirmos o divino sentimento que ele tinha, aguardando a chegada do Enviado Celeste para a *consolação de Israel*.

Observemos a grandeza de Simeão, pois já tinha idade avançada. Evidente que as benesses por ele almejadas eram para o *povo de Israel*, e não para si, tendo em vista que já estava no final da encarnação.

Ao avistar o Menino-Luz nos braços de Maria e, em seguida, segurá-Lo, clamou: *Agora, Senhor, deixai o vosso servo ir em paz, segundo a vossa palavra. Porque os meus olhos viram a vossa salvação que preparastes diante de todos os povos, como luz para iluminar as nações, e para a glória de vosso povo de Israel.*

Só em imaginarmos o impulso íntimo que Simeão sofreu ao ver o Menino Jesus, a nossa alma é projetada para as dimensões povoadas pelos espíritos da beleza, da poesia, dos jardins edênicos, das músicas angelicais, das paisagens paradisíacas. Nesses sublimes momentos, se o nosso corpo estiver carente de algum fluido vital, o Universo agirá magnificamente a nosso favor.

Confiemos na Onipotência de Deus em nosso âmago, convictos de que os emocionantes panoramas mentais que criamos auxiliam na manutenção da nossa vitalidade psicossomática, ou recompõem a nossa saúde corpórea quando necessário.

Lei de ação e reação – O conhecimento sobre a vida além da vida biológica é excelente para o ser humano que pretender se ver livre das reencarnações compulsórias — aquelas em que se convive com ações e reações negativas, com dores e sofrimentos —, mas que não consegue se libertar do *jugo pesado* das existências expiatórias.

O espírito, enquanto apenas conhecer os ensinamentos libertadores sem vivenciá-los, além de não corrigir os erros cometidos, não produzirá efeitos especiais a ponto de desvincular-se da sua ancestralidade. Daí continuar com conduta que gera carma negativo com direito às mesmas dores e aos sofrimentos semelhantes ou iguais àqueles de vidas passadas. Isso porque o conhecimento, enquanto não for transformado em experiência vivencial, não possuirá força-energia suficiente para impor, definitivamente, os princípios ético-morais da libertação íntima.

Consta em Mateus 5:44: (...) *amai vossos inimigos* (...) *e orai pelos que vos perseguem*. No entanto, mesmo com o manancial de informações esclarecedoras que a sociedade já possui sobre a Lei de Ação e Reação, continuamos gerando carma negativo gratuitamrnte. Milhões de espíritos encarnados continuam tendo atitudes misantrópicas[11], embora sabendo que o momento histórico da Terra solicita de todos nós *união sem fusão*, pois *não cai um só fio de cabelo da cabeça do homem que não seja do conhecimento de Deus*, representado pela Sua Lei.

---

[11] A misantropia pode se manifestar em casos extremos, como um conjunto que engloba diversos tipos de intolerâncias dentro dos grupos sociais ou étnicos específicos, como a misoginia (repulsa e ódio por mulheres), a xenofobia (ódio por estrangeiros), a homofobia (ódio por homossexuais) etc.

Capítulo 5
Cantar hinos de esperança

Pergunta: Ao observar a fase de Transição Planetária que a sociedade terrena está atravessando, mesmo assim devemos alimentar em nosso íntimo que tudo é passageiro e que durará um átimo do tempo para quem comunga com a eternidade?

Resposta: A partir do grau evolutivo em que compreendemos, pela lógica, que somos eternos e imortais, em qualquer situação, ou circunstância, devemos continuar cantando hinos de esperança, hinos de louvor à vida e ao Autor da Vida — Deus —, como forma de gratidão por estarmos mais uma vez encarnados. O indivíduo, ao conceber a eternidade e a imortalidade, não deve ficar preso às dificuldades momentâneas, as quais fazem parte da sua trajetória evolutiva para criar nele resistência e torná-lo capaz de ensinar as experiências vividas.

Para os espíritos mais velhos e que já passaram por outros momentos de Transição Planetária na Terra, ou em outros mundos, não há novidades, pois é Constante Universal a separação periódica entre *lobos* e *cordeiros* em todos os redutos do Universo onde existirem espíritos não qualificados para o próximo curso daquele mundo. No entanto, em nenhum momento Deus deixou de, antecipadamente, enviar aos orbes os Seus emissários celestes para ensinarem lições de libertação íntima.

É sempre bom relembrar que muitos espíritos, enquanto encarnados, conseguem realizar maravilhas para o mundo externo e relativo, o que lhes propicia receber as honorificações sociais. No entanto, nem sempre esses mesmos espíritos se empenham nas suas realizações internas e eternas. Justifica-se, dessa forma, o desequilíbrio emocional, sobretudo quando a decrepitude vai, sorrateiramente, se aproximando deles. Por falta de aquisição de valores morais, ou seja, da ligação consciente do homem com o Criador do homem, o envelhecimento tira dos desprovidos da eterna fé o entusiasmo para alimentarem-se da esperança de que, no dia seguinte, nascerá o esplendoroso sol com sua magnífica beleza e resplandecente luminosidade. Certo é que a vida não para, e o "ponto final" da trajetória evolutiva para todos os espíritos chama-se DEUS.

Por assim ser, usando do livre-arbítrio, quem, temporariamene, quiser ficar preso a determinada situação malfadada, que fique à vontade, mas sabendo que é perda de tempo, pois ninguém alcançará sucesso ao ter conduta que vá contra a Lei da Impermanência.

Pergunta: Existem pessoas que falam da infinita Bondade de Deus, mas, diante de dificuldades corriqueiras da vida existencial, acreditam estar sendo castigadas pelo Criador por causa dos seus erros. Como explicar tal atitude?

Resposta: Tais criaturas, enquanto forem portadoras de exacerbado orgulho, até os seus 7 x 7 anos de idade, em função da indignação, poderão receber aplausos dos que ignoram a Lei de Causa e Efeito, mas nem por isso o Supremo Legislador vai alterar as inquestionáveis Leis da Evolução. Certo é que, a partir dos 49 anos de idade, começa, de maneira mais acentuada, o declínio biológico, e quanto mais reclamarmos, mais cedo chegaremos ao final da nossa encarnação e, portanto, ao outro lado da vida, considerando que reclamar é excelente agravante para antecipar o nosso retorno à pátria espiritual. Sendo assim, quem desejar voltar à erraticidade o quanto antes, que aumente as suas reclamações diante dos acontecimentos corriqueiros da vida nas escolas planetárias. É evidente que continuará reclamando no mundo dos espíritos, tendo em vista que a Natureza não dá saltos.

Reagir negativamente às dificuldades existenciais é conduta infantil, muito comum àqueles que, querendo chamar a atenção dos seus semelhantes, demonstram-se revoltados até mesmo com o Deus de Bondade e Justiça. É notório salientarem a insatisfação quando tem plateia para ovacioná-los por causa dos seus discursos de caráter externo, uma vez que intuitivamente todos nós sabemos que as Leis do Criador são perfeitas. Assim, a criatura reclamar das adversidades de qualquer natureza é querer aparecer para os seus semelhantes devido às suas carências, ou notificar que ignora as Leis de Regência Universal legisladas pelo Supremo Legislador — DEUS.

Pergunta: Uma vez que, segundo Tagore[1], "a esperança nunca abandona a vida", por que temos tantos medos, como se a vida terminasse no túmulo?

Resposta: Os medos preventivos, dentro de certos limites, quando se trata da saúde e da vida corpórea, são, indubitavelmente, saudáveis. No entanto, o medo de viver alegremente, de ser feliz, de sorrir para a vida, de entusiasmar-se com a vida, de usufruir dos momentos festivos da vida, esses causam desarmonia íntima, pois são doenças da alma e afetam o corpo.

Para ter reais condições de entoar hinos de gratidão ao Criador por mais uma oportunidade de estar matriculado no plano material de uma escola planetária e, dessa forma, ter possibilidade de aguçar, nos seus semelhantes, a esperança de dias luminosos, aconselhamos:

➢ Exercitar, conscientemente, o desapego às suas convicções, tendo em vista que as verdades do plano material são todas relativas e, embora importantes para determinado momento evolutivo, não têm consistência para serem perpetuadas.

➢ Renovar os sentimentos, já que é salutar para a alma e para o corpo. Como a evolução é eterna, não se deve ter ideias fixas nem pensamentos engessantes que, além de imobilizarem a vida psíquica, causam baixa autoestima e bloqueiam as sublimes emoções.

➢ Incorporar a esperança como patrimônio sagrado da alma que vislumbra, no horizonte, o eternamente novo, e sente o garbo de investir na sua transformação íntima à luz do Evangelho do sublime pedagogo — Jesus de Nazaré.

Nossos medos são proporcionais ao nosso grau de desconhecimento. Portanto, sufocar a esperança e alimentar o medo quando se tem a certeza da infinita bondade dos espíritos celestes a nos proteger sempre não é saudável.

O exacerbado medo nos torna pigmeus espirituais e nos leva ao autoabandono. A nos sentirmos incapazes e impotentes, como se não fôssemos portadores dos Divinos Atributos de Deus.

A falta de esperança inibe a propagação da nossa luminosa aura esférica com as cores da ternura, da mansuetude, da benevolência e da motivação às aspirações novas, que visam aquisições de ensinamentos que nos libertem dos planos densos, aqueles em que, por ignorância, ainda se tem medo da Divindade.

---

[1] Rabindranath Tagore (1861-1941), através de Divaldo Pereira Franco, no CD Gotas de Luz.

Pergunta: Quais as causas que levam determinados indivíduos a sufocar as emoções humanas e também as transcendentais, mesmo portadores de abertura intelectiva, em condições para compreender o sentido sagrado da vida?

Resposta: A criatura, quando graduada ao nível espiritual de conceber intuitivamente o eterno futuro, é naturalmente alimentada pela esperança. Pela motivação íntima. Pela fé, no sentido sagrado de fidelidade às Leis do Criador, que propicia à alma, no plano dos encarnados, a alegria de viver para aprender e ensinar, sobretudo pela exemplificação. E, dessa forma, a vida torna-se muito mais agradável, calorosa e com o magnetismo da convicção de quem não tem dúvida de que é eterna e imortal.

Sufocar as emoções é:

➢ Anular da vida o seu sagrado sentido.
➢ Demonstrar o seu analfabetismo afetivo.
➢ Deixar transparecer que a sua alma é portadora de grave enfermidade moral, pois as emoções são medicamentos de alto nível para a alma e refletem positivamente no corpo somático, além de propiciar-lhe a sua ligação consciente às dimensões da luz perene.

A criatura deve esforçar-se para adquirir conhecimentos transcendentes e, pela autotransformação, sintonizar-se com espíritos superiores, aqueles, cujas vibrações são causadoras de enlevo, de emoções divinais e harmonia íntima.

Pergunta: Como trabalhar o nosso alfabetismo afetivo?

Resposta: Numa sociedade tão heterogênea como o é a terrena, não é possível padronizar a conduta humana, mas, pela lógica, podemos buscar adquirir:

➢ Conhecimentos que nos libertem de conceitos ancestrais, aqueles que nos impedem de darmos vazão aos impulsos de autotransformação visando a nossa reeducação emocional e afetiva, pois trata-se de atitude iluminativa.
➢ Motivação íntima para expressarmos amor pelo Criador, e também, como consequência, pelas criaturas. Dessa maneira iremos melhorar eticamente a nossa vida relacional, exercitar o nosso crescimento moral-ético e dilatar a nossa afetividade.
➢ Ensinamentos para a nossa cura interior a fim de não perma-

necermos reféns emocionais, recolhidos ao nosso autoclaustro, por falta de autoamor.

> Meios para aferirmos a ampliação das nossas condições de ternura, brandura, carinho, bondade, meiguice, durante o nosso curso de alfabetização afetiva.

> Consciência sobre imperiosa necessidade de evangelizarmo-nos para irmos diminuindo, gradativamente, os impulsos da agressividade e, assim, nos graduarmos à docilidade do amor.

> Aspirações que transcendam à relativa vida existencial, que despertem a autoestima e a autoiluminação, para passarmos, assim, a viver alegremente à luz da imortalidade, tendo em vista que a morte ainda é impactante para a maior parcela da sociedade terrena.

> Lucidez espiritual quanto à necessidade do crescente e eterno aprimoramento da nossa sensibilidade psíquica para identificarmos, na mensagem evangélica do Nazareno Mestre, o roteiro mais luminoso para vivermos as emoções que curam a alma e o corpo.

Fica explícito que, pela Lei da Ressonância, quando tivermos adquirido o nosso alfabetismo afetivo, naturalmente inspiraremos confiança aos nossos semelhantes. E assim, o nosso vivenciamento moral-ético identificará a nossa relação com o Criador e com as criaturas. A nossa voz transportará o magnetismo que cura o corpo biológico dos nossos ouvintes, pois liberta a alma do seu cativeiro psíquico e a conduz a entrar no plano energético da ternura, da docilidade, do afeto.

Também fica claro que a educação emocional é fator essencial para quem almeja curar-se para ter condições evangélicas de curar outrem. Que a esperança é remédio sagrado para a nossa cura interior.

❋ ❋ ❋

No livro *Francisco de Assis*, de Miramez, psicografia de João Nunes Maia, Editora Espírita Cristã Fonte Viva, 12ª edição, consta que, quando Francisco voltava do Oriente, acompanhado por um dos seus discípulos apelidado "Iluminato", o barco que o transportava parou em pleno mar e, de imediato, ninguém descobriu a causa.

O comandante lembrou-se de procurar Frei Francisco, esperando que ele interviesse com seus poderes espirituais, mas quando chegou à sua câmara de repouso, en-

controu-o em êxtase, pálido como cera, e seu discípulo[2] ao lado, lendo trechos do Evangelho. O comandante do barco saiu, mansamente, explicando à tripulação com muita calma que Francisco estava em oração para solucionar o caso. Depois de algumas horas, apareceu Pai Francisco dizendo para o comandante: Vamos, meu filho, vamos embora! Jesus segue à frente.
E um forte vento abalou o navio, fazendo-o deslizar no grande lençol de águas.

Quando o comandante anunciou que o *Frei Francisco estava em oração para solucionar o caso*, observemos a confiança que Francisco inspirava às pessoas. E também a sacra e convicta expectativa da tripulação em alto-mar, aguardando a solução. A sublime emoção que todos tiveram ao sentir e ver o barco em movimento.

Observemos no episódio o que cada criatura é capaz de realizar se, convictamente, fizer uso da Onipotência de Deus em si, a exemplo do que vez Francisco de Assis, o Radioso Francis.

De um modo geral, encontramos dificuldades para compreender e conceber, pelo menos de imediato, tudo que transcende à nossa racionalidade. Mesmo assim, podemos imaginar o que aconteceu no mundo íntimo do paralítico citado a seguir, quando ele ouviu a voz angelical e misericordiosa do Divino Mestre: *Toma a tua maca e volta para tua casa.*

Eis que lhe apresentaram um paralítico estendido numa padiola. Jesus, vendo a fé daquela gente, disse ao paralítico: "Meu filho, coragem! Teus pecados te são perdoados." Ouvindo isto, alguns escribas murmuraram entre si: "Este homem blasfema." Jesus, penetrando-lhes os pensamentos, perguntou-lhes: "Por que pensais mal em vossos corações? Que é mais fácil dizer: Teus pecados te são perdoados, ou: Levanta-te e anda? Ora, para que saibais que o Filho do Homem tem na terra o poder de perdoar os pecados: Levanta-te — disse ele ao paralítico

---

[2] Esse franciscano era Frei Ângelo. No referido livro, Miramez comenta que Francisco chamava, carinhosamente, o discípulo que foi com ele ao Oriente de "Iluminato". Esse espírito encontra-se encarnado no Brasil e faz parte da implantação dos **Adventos Crísticos**.

—, toma a tua maca e volta para tua casa." Levantou-se aquele homem e foi para sua casa. Vendo isto, a multidão encheu-se de medo e glorificou a Deus por ter dado tal poder aos homens. (Mateus 9:2-8)

Ao somarmos a alegria do paralítico à jubilosa expectativa em que ele estava, cheio de esperança de que Jesus iria curá-lo, vemos que a voz de Jesus foi um acionador psíquico da sua Força Superior, da Fagulha de Deus existente nele, que fez surgir-lhe a cura, ou mais especificamente a autocura, considerando que a motivação luminosa de mãos dadas com o entusiasmo causado pela esperança é medicamento sagrado para a alma e para o corpo.

Do descrito por Mateus, fica para nós a lição: O terapeuta precisa inspirar confiança e segurança aos seus semelhantes para que eles, motivados pelos nobres exemplos, criem divinais expectativas e, assim, seja facilitada a ação dos terapeutas desencarnados.

Podemos deduzir que:

- ➢ O som da voz do convicto Porta-Voz do Cristo acionou a Chama Crística da alma do paralítico e adicionou-lhe um fator multiplicador de frequência.
- ➢ O aumento da propagação das ondas mentais causado pela misericordiosa voz de Jesus produziu elevado salto quântico na consciência daquele doente.
- ➢ Embora o paralítico tenha se rejubilado ao ouvir a voz do Nazareno Mestre, na verdade o que houve foi que o Cristo-criatura entrou na esfera-luz do Cristo-Criador e se autocurou. Por isso Jesus, sem parcimônia, lhe disse: *Levanta-te, toma a tua maca e volta para tua casa.*

Pergunta: Em que estágio evolutivo a pessoa passa a dar vazão à emoção superior em detrimento da razão questionadora, lógica e objetiva?

Resposta: A exemplo do nosso alfabetismo afetivo, não há como padronizar a conduta humana, sobretudo que ainda somos alunos de uma escola em transição do seu curso primário para secundário. Mesmo assim, verifiquemos se as maravilhas do Universo Criado mexem com a nossa emoção. Do mesmo modo se os eventos que transcendem à forma material elevam a nossa frequência mental a ponto de nos emocionarmos só em imaginarmos os acontecimentos relevantes.

Vejamos:

No dia 13 de outubro de 1917, Maria retornou conforme tinha combinado com as três crianças de Fátima, e foi confundida com um sol. Era um dia de muita chuva e de céu escuro, quando a grande multidão com quase 70 mil pessoas que aguardavam o retorno da Santíssima Mãe viu e ouviu a criança Lúcia apontar para o céu e gritar: "Olhem para o sol!" Tinha chovido durante toda a aparição. Mas, no momento em que a Santíssima Virgem desaparecia, e que Lúcia gritou "Olhem para o sol!", as nuvens se entreabriram, deixando ver o sol como um imenso disco de prata. Brilhava com intensidade jamais vista, mas não cegava. A imensa bola começou a "bailar". Como uma gigantesca roda de fogo, girava rapidamente. Parou por um certo tempo, mas, em seguida, começou a girar sobre si mesma, vertiginosamente. Depois, seus bordos tornaram-se vermelhos, e deslizou no céu, como um redemoinho, espargindo chamas de fogo. Essa luz refletia-se no solo, nas árvores, nos arbustos, nas próprias faces das pessoas e nas roupas, tomando tonalidades brilhantes e diferentes cores.

Em seguida, por três vezes ficou animado de um movimento rápido. O globo de fogo pareceu tremer, sacudir-se e precipitar-se em ziguezague sobre a multidão aterrorizada. Durou tudo uns dez minutos. Finalmente o sol voltou em ziguezague para o ponto de onde se tinha precipitado, e ficou novamente tranquilo e brilhante, com o mesmo brilho de todos os dias.

Muitas pessoas notaram que suas roupas, ensopadas pela chuva, tinham secado subitamente. O milagre do sol foi visto, também, por numerosas testemunhas que estavam fora do local das aparições, até a 40 quilômetros de distância.

O jornal *O Século*, de grande circulação em Portugal, documentou esse espetacular milagre do sol e publicou uma grande reportagem sobre esse impressionante acontecimento.[3]

Verdade é que não houve nenhum fenômeno que envolvesse o sol. Apenas a luz de Maria, acompanhada por uma angelical corte de espíritos superiores, foi vista em proporções tão elevadas que as pessoas acharam que era o sol a cair.

[3] Fonte: http://revistacatolica.com.br

Cura e Autocura à Luz do Evangelho

Sem muito esforço, todos nós sabemos que o sol, caminhando pelo Cosmo, por obedecer rigorosamente ao seu movimento helicoidal, não sairia da sua órbita, nem faria movimentos extras de nenhuma natureza, muito menos ainda de ziguezague para produzir algum efeito especial na mente humana.

Do acontecimento:

- ➢ Fiquemos com o magnífico quadro desenhado na nossa tela mental, imaginando Nossa Senhora abençoando aquelas pessoas que Dela aguardavam um alento para as suas almas ou a cura para os seus corpos.
- ➢ Podemos imaginar o impulso íntimo que tiveram aquelas criaturas com a presença fluídica de Nossa Santíssima Mãe.
- ➢ Temos as "milagrosas" curas que as pessoas obtiveram naquele momento e durante esses cem anos após a Sua luminosa aparição em Fátima.

Por ser o foco central de *Cura e Autocura à Luz do Evangelho* acelerar o nosso Deus Interior a fim de desbloquearmos do inconsciente as travas psicológicas que acarretaram e acarretam doenças na alma e no corpo, vamos exercitar mais um pouco a nossa superconsciência com um magnífico e luminoso devaneio que nos projetará para as dimensões dos espíritos plenificados: O descenso vibratório de Jesus quando, no Céu, há mais de 3 mil anos, Se despedia do Cristo-Pai para reencarnar na Terra.

A nossa alma é capaz de imaginar, parcialmente, o que aconteceu na dimensão do Cristo-Amor. A movimentação da Corte dos Prepostos de Deus responsáveis por um evento sideral dessa magnitude — o encarne de um Anjo da hierarquia de Jesus.

É possível deduzirmos o que houve nos quadrantes do Universo quando chegou a notícia de que um Avatar iria reencarnar em um ponto do Cosmo chamado planeta Terra.

Coloquemos, em nossa tela mental:

- ➢ O ambiente nas planuras celestes em que Jesus-espírito foi ungido pelo Cristo Terráqueo.
- ➢ Os 12 Cristos Planetários do nosso sistema solar, reunidos, formando uma Crística Corrente Protetora para a descida do Espírito-Luz — o Avatar do Amor — que na Terra recebeu o nome de Jesus.

- Desenhemos a luminosa e sacratíssima dimensão refletindo as cores da Vida, de onde o Sublime Peregrino iria Se despedir das cortes angélicas e arcangélicas para iniciar o Seu descenso vibratório.
- O evento presidido pelo Cristo da Terra. No ar evolando músicas procedentes dos planos paradisíacos, perfumes com aromas da sacralidade edênica.
- Vejamos, com os olhos da imaginação, os 12 Arcanjos Planetáros sentados em Seus coxins de luz rosa.
- O Arcanjo Terráqueo fazendo uma prece ao Cristo Solar. Em oração, Ele interagindo com a magnificência do Cristo do astro-rei.
- Nesse instante, partindo da ambiência arcangélica, percebe-se o encadeamento vibratório com todos os Cristos Solares do Universo. Um lindíssimo rosário de luz crística. É o Céu em festa. É festa no Universo Estelar. É momento de bênçãos para a Terra com as Arcangélicas Consciências insuflando de forma luminosa a mente dos terráqueos no sentido de prepararem o ambiente da maneira mais divinal possível para receber o Seu Anjo Planetário — Jesus —, o Soberano do Amor.

Continuemos deduzindo:

- O esplendor de luzes emitidas pelos Arcanjos Solares. A corrente de Amor em torno do Sublime Anjo, que vai começar a recolher em Si mesmo a Sua esplendorosa luz, pois começará o Seu descenso rumo ao plano material.
- O Cristo do nosso mundo formando a ponte com o Cristo Solar. Os Cristos Solares em cadeia com os Cristos Constelatórios. Os Cristos Constelatórios com o Cristo de nossa Galáxia. Por sua vez, o Cristo da Via Láctea com os Cristos das Galáxias do Cosmo. Os Cristos Galácticos em sintonia com os Cristos Hemisféricos do Universo. Os Cristos Hemisféricos em ressonância com os Cristos Cósmicos. Os Cristos Cósmicos açambarcando todo o Universo Criado e, ao mesmo tempo, ligados ao Supremo Artífice da Vida — Deus. Todos fazendo a mais magnífica corrente protetora para envolver e ungir o Sublime Anjo Terráqueo que irá reencarnar para instruir a humanidade.
- Jesus-Espírito, ajoelhado, em oração, e, ao mesmo tempo, contemplando a imensidão do Universo, pedindo ao Cristo-Pai Sua bênção e suporte para descer à dimensão da forma.
- Plasmemos agora Jesus, no Plano Divino, recebendo a crística magnetização através de um abraço do Cristo-Pai para começar o Seu mergulho rumo à dimensão da imanência.

> A corte angelical acompanhando a descida de Jesus. O Universo Estelar emitindo a mais deslumbrante irradiação com energias dos Cristos Cósmicos.

> Os planetas Marte, Júpiter e Saturno alinhados, e os seus Cristos Planetários formando um bólido[4] luminoso semelhante a uma estrela para magnetizar Jesus-espírito, a qual ficou conhecida por "Estrela de Belém".[5]

> A emoção das Potestades Celestiais quando, após mais de mil anos em descenso vibratório, Jesus, por esforço pessoal, conseguiu atingir o plano denso da forma material e assumiu o comando do corpo biológico gerado no sagrado ventre de Maria. O júbilo do Divino Séquito que acompanhou o descenso! Os Anjos do Senhor da Vida exaltando a vida em um cântico de gratidão ao Autor da Vida, ao verem Jesus abrir os olhos no Seu corpo biológico!

E José em oração! E José sentado à porta do improvisado quarto onde a parteira iria receber Jesus! E o êxtase de José quando começou a ouvir músicas de teor angelical e a sentir os aromas de perfumes edênicos! É impossível imaginar a emoção de que José foi tomado no momento do nascimento do seu filho angelical, o Menino-Luz — Jesus de Nazaré.

José, naquele momento do parto, se por ventura ainda fosse portador de alguma doença na alma, ao ser tomado pela sublime emoção ao ouvir as músicas e sentir os perfumes de procedência transcendente teria se curado, devido a ter entrado em êxtase divino. Sua cura teria se dado quando a sua alma entrou em júbilo ao admitir que eram verdadeiros os anúncios do Arcanjo Gabriel feitos a Maria.

Continuemos divagando sobre o luminoso e emocionante evento — o nascimento de Jesus. Desenhemos o cortejo, a comitiva formada pelos espíritos angelicais e arcangélicos que acompanharam o descenso do nosso Anjo Planetário — o Porta-Voz do Cristo-Pai — Jesus de Nazaré.

Com paradisíacas paisagens na nossa tela mental, pela logicidade das Leis do Criador, nossa alma está sendo curada.

---

[4] Um bólido é uma bola de fogo (fireball) que finda seu voo visível em um flash terminal luminoso (explosão). Os bólidos são fenômenos raros, produzidos por meteoroides de grande tamanho cuja origem pode ser asteroidal ou ainda cometária. [No texto, consideremos o sentido sagrado da "bola" formada pela Grande Luz dos três Cristos Planetários de Marte, Júpiter e Saturno.]
[5] No livro Mensagens do Astral, 17ª edição, psicografia de Hercílio Maes, Ramatís comenta magnificamente *sobre o assunto*.

❋ ❋ ❋

Cantar hinos de esperança – A partir do estágio evolutivo em que o homem começa a conduzir conscientemente a sua trajetória evolutivo-ascensional, vai surgindo do seu universo pessoal a poderosa força da alma. Ele sente-se capaz de, com a sua vontade, comandar os seus centros de forças para desempenharem harmonicamente as suas funções.

Assim é que o indivíduo graduado à autocondução vive mais livre no seu universo interno, pois não se permite a opressão causada pelo universo externo.

Para mantermos a nossa saúde emocional, cantemos hinos de exaltação à vida. Hinos que expressem beleza, alegria e entusiasmo. Hinos de esperança, a fim de que nossas glândulas pineal e hipófise desempenhem as suas sagradas funções e os nossos corpos se mantenham saudáveis.

Sejamos convictos de que a esperança é combustível divino a alimentar a dinâmica da mente para manter a nossa alma em contato consciente com a Mente Criadora — Deus.

Os **Adventos Crísticos**, para consolidar no âmago da alma humana de maneira gradual e segura os ensinamentos libertadores da rota reencarnatória compulsória, vão conduzindo o espírito terreno, de acordo com a sua condição psicoemocional e grau de evolução espiritual, a confiar mais e mais em si, e também na Suprema Corte dos Prepostos de Deus, Aqueles que nos auxiliam a despertar da nossa latência os poderes superiores e diretores da vida cósmica.

Objetiva também *Cura e Autocura à Luz do Evangelho* que o espírito, encarnado ou desencarnado, se vincule progressivamente à Mente Suprema, para ter condições espontâneas de viver e conviver com as diferenças sem perder o prumo nem sair do rumo.

Capítulo 6
Curar pela emoção

Pergunta: O que há de tão importante nas emoções, a ponto de a espiritualidade superior valorizá-las magnificamente?

Resposta: Deduzamos, pelo menos teoricamente, a sacralidade que Verônica alimentou na sua vida mental, aguardando uma oportunidade para aproximar-se do Nazareno Mestre. A emocionante expectativa que ela guardava no seu mundo íntimo de ser curada se apenas tocasse nas vestes do Anjo do Amor, do Anjo da Cura Espiritual. A sua luminosa Chama Crística, esplendorosamente acesa com as cores da Vida, quando ela desenhava na sua tela mental a figura angelical do Enviado Celeste — Jesus de Nazaré.

O chefe da sinagoga, chamado Jairo, foi ao seu encontro. Lançou-se a seus pés e rogou-lhe que fosse à sua casa, porque tinha uma filha única, de uns 12 anos, que estava para morrer. Jesus dirigiu-se para lá, comprimido pelo povo.

Ora, uma mulher que padecia dum fluxo de sangue havia 12 anos, e tinha gasto com médicos todos os seus bens, sem que nenhum a pudesse curar, aproximou-se dele por detrás e tocou-lhe a orla do manto; e no mesmo instante lhe parou o fluxo de sangue. Jesus perguntou: "Quem foi que me tocou?" Como todos negassem, Pedro e os que com ele estavam disseram: "Mestre, a multidão te aperta de todos os lados." Jesus replicou: "Alguém me tocou, porque percebi sair de mim uma força." A mulher [Verônica] viu-se descoberta e foi tremendo e prostrou-se aos seus pés; e declarou diante de todo o povo o motivo por que o havia tocado, e como logo ficara curada. Jesus disse-lhe: "Minha filha, tua fé te salvou; vai em paz." Enquanto ainda falava, veio alguém e disse ao chefe da sinagoga: "Tua filha acaba de morrer; não incomodes mais o Mestre." Mas Jesus o ouviu e disse a Jairo: "Não temas; crê somente e ela será salva." Quando Jesus chegou a casa, não deixou ninguém entrar com ele, senão Pedro, Tiago, João com o pai e a mãe da menina. Todos, entretanto, choravam e se lamentavam. Mas Jesus disse: "Não choreis; a menina não morreu, mas dorme." Zombavam dele, pois sabiam bem que estava morta. Mas segurando ele a mão dela, disse em alta voz: "Menina, levanta-te!" Voltou-lhe a vida[1] e ela levantou-se imediatamente. Jesus mandou que lhe dessem de comer. (Lucas 8:41-55)

Certo é que não temos palavras que traduzam integralmente a divina emoção que Verônica sentiu ao tocar nas vestes do Sublime Anjo e Arauto do Cristo-Pai a serviço da Vida na Terra. A descarga energética do *Hálito da Vida* absolvido pelo seu corpo. A transfusão da Essência advinda do Cristo-Amor por intermédio do Seu crístico filho — o Nazareno Mestre — para recompor a vitalidade da alma e do corpo de Verônica. Mesmo assim! Mesmo sem evolução para avaliarmos a sacratíssima emoção que Verônica experimentou, de uma coisa temos certeza: A principal causa que propiciou a emocionante e sagrada dádiva da sua cura foi a paisagem mental elaborada por ela na expectativa, e cheia da divinal esperança, de sentir as emanações da aura do Sublime Peregrino — o Meigo Jesus —, o Arauto do Amor na Terra.

Ora, somando a luminosa expectativa de Verônica à luz revitalizante do Nazareno Mestre que, por Sua vez, estava conectado ao Cristo-Vida, ela ficou curada.

No que diz respeito à filha de Jairo, o Amado Anjo reativou-lhe os pontos vitais e ela ficou curada. O mais importante naquele evento foi a emoção que sentiram aqueles que estavam nas imediações da casa do chefe da sinagoga ao ver a menina refeita. Aleluia, Senhor!

Diante de tais acontecimentos, podemos deduzir o poder sagrado das emoções superiores. E mais ainda, que é característica dos espíritos evoluídos se emocionar com tudo que expresse beleza, vida e a Onipresença de Deus.

Pergunta: Nessas curas "milagrosas" os espíritos manipu-

---

[1] Atualmente, com a esclarecedora Doutrina dos Espíritos, ninguém tem dúvida de que não há ressurreição na Obra de Deus. No episódio descrito por Lucas, Jesus apenas reativou os chacras ou pontos vitais da menina, a exemplo do que fizera com Lázaro.

lam o prana[2] como energia medicamentosa?

Resposta: O prana é intrínseco à Criação. É Essência Vital que, além de estar em toda a Criação no plano da existencialidade, encontra-se, em potencial, nas dimensões da essencialidade, podendo ser polarizado por encarnados e desencarnados, em benefício próprio e, também, dos seus semelhantes.

Consta no livro *Elucidações do Além*, de Ramatís, 9ª edição em 2003, psicografia de Hercílio Maes, Editora do Conhecimento:

> O prana é responsável por todas as manifestações da vida do Universo... É energia cósmica... É força-energia dinâmica que vitaliza todas as coisas e todos os planos de atividades do espírito imortal...
>
> O prana é energia que liga o elo vital ou o elemento oculto, que associa os átomos, as moléculas e as células para compor o Universo... Prana é o sopro de vida ou energia vital... Onde se manifesta a Vida aí existe prana.

Visto que o prana é intrínseco à Criação, os espíritos, em muitos casos, nas atividades terapêuticas, apenas "ativam" a cota existente no organismo das pessoas. Em outras situações, manipulam-no da Natureza em benefício dos que necessitam.

O prana tem cor branca. Quando Jesus, naquele momento sagrado no monte Tabor, Se transfigurou, Ele acionou a Sua Força Superior, o Seu Cristo Interno, e entrou em contato mais direto com o Cristo-Pai, metamorfoseando-Se em alvura lirial. Na verdade, Ele dinamizou a Sua essência prânica de imaculada alvura tão magnificamente que os Seus discípulos compararam-No com um sol, tal foi a quantidade de luz que emergiu da Sua alma e do Seu corpo somático.

Ainda no referido livro de Ramatís, consta:

> O prana, sabendo ativá-lo nas entranhas do seu organismo, conseguirá eliminar certas moléstias ainda frequentes em sua existência(...) É transformador de estabilidade a regular a voltagem mais certa para o seu tipo biológico (...) Dominando o metabolismo e a função dos chacras, do duplo etérico, então seria capaz de repor, de imediato, a carga vital faltante e consumida nas relações com as criaturas desvitalizadas.

Pergunta: *A proposta do Cristianismo Renovado exalta a*

[2] Palavra de origem sânscrita que significa "sopro da vida", ou energia vital.

cura pela emoção que, quando manifestada, os olhos veem e os ouvidos ouvem. E as emoções que transcendem aos sentidos físicos, também conseguem nos curar?
Resposta: É evidente, pois *somos o que pensamos*. Logicamente, vamos continuar pensando no belo, no positivo, nos panoramas que nos projetem para o eterno amanhã e, desta forma, manteremos a nossa vitalidade. Mas tenhamos sempre em mente quanto ao valor sagrado das emoções. Desse modo evitaremos que as informações que chegam ao cérebro impermeabilizem o nosso coração.

Escreveu Ozias Arthur, em nome das Sagradas Fileiras, psicografia de Therezinha Teixeira Pereira de Carvalho: "As emoções são o alimento do espírito e, apesar de nem sempre serem favoráveis, são tão necessárias quanto o ar que respiramos, ou a água que bebemos[3].

Para despertarmos as habilidades emocionais das quais somos portadores:

> Introjetemos na nossa alma a mensagem evangélica da Grande Estrela — Jesus de Nazaré —, o Soberano do Amor — Aquele que vivenciou o amor de amplitude cósmica.

> Permitamos que cheguem ao nosso consciente as nossas potencialidades divinas, e assim teremos condições de ouvir as melodias universais e nos emocionar magnificamente com as aquisições dos tesouros celestes em detrimento dos terrestres.

> Sejamos indulgentes[4] para conosco, tendo em vista que quem não se perdoa cria sólidas barreiras energéticas em torno de si, as quais impossibilitam à alma vislumbrar os clarões da eternidade faiscando no espaço sideral e impedem que da Grande Estrela — o Nazareno Mestre — saia uma misericordiosa voz a nos dizer: *Deixa tudo e segue-Me*. Ou seja, *deixar tudo* que prende a alma ao plano da relatividade e passar a almejar singrar os espaços siderais na condição de um ser cósmico.

Uma vez que a vida saudável depende da alma que não se permite a morte interior, aquela que surge em nosso íntimo por falta de alegria e motivação para viver, exercitemos a tolerância para com nossas fraquezas e, assim, estaremos em condições evangélicas para perdoarmos as falhas dos nossos semelhantes.

---

[3] Extraído do livro *A Predestinação Espiritual do Brasil*, do mesmo autor, 1ª edição em 2011, **EDITORA DO CONHECIMENTO**.
[4] Tornar doce; adoçar. Tornar agradável, suave; suavizar. Suavizar-se, abrandar-se. Prontos a perdoar. Condescendentes, complacentes.

Cura e Autocura à Luz do Evangelho

❈ ❈ ❈

Da passagem bíblica a seguir vamos tirar algumas lições para a nossa vida.

Vejamos:

> Entrou Jesus em Cafarnaum. Um centurião veio a ele e lhe fez esta súplica: "Senhor, meu servo está em casa, de cama, paralítico, e sofre muito." Disse-lhe Jesus: "Eu irei e o curarei."[5] Respondeu o centurião: "Senhor, eu não sou digno de que entreis em minha casa. Dizei uma só palavra e meu servo será curado. Pois eu também sou um subordinado e tenho soldados às minhas ordens. Eu digo a um: 'Vai', e ele vai; a outro: 'Vem', e ele vem; e a meu servo: 'Faze isto', e ele o faz." Ouvindo isto, cheio de admiração, disse Jesus aos presentes: "Em verdade vos digo: não encontrei semelhante fé em ninguém de Israel." Depois, dirigindo-se ao centurião, disse: "Vai, seja-te feito conforme a tua fé." Na mesma hora o servo ficou curado. (Mateus 8:5-13)

Observemos:

➢ A humildade do centurião ao falar com o coração: *Senhor, eu não sou digno de que entreis em minha casa.*
➢ A confiança aliada à fé que Jesus inspirava a ponto de o centurião falar-Lhe: *Dizei uma só palavra e meu servo será curado.*
➢ A força-energia da convicção que tinha o Porta-Voz do Cristo, para apenas dizer-lhe: *Vai, seja-te feito conforme a tua fé.*

O que fica para nós que estamos exercitando a nossa ligação consciente com o Cristo-Vida, tendo Jesus como nosso modelo e guia, é a capacidade que o Nazareno Mestre tinha para, silenciosamente, manipular a Essência da Vida na dosagem certa para cada necessidade. Ele era convicto dos Atributos da Divindade Suprema existentes em Si, e vivia conectado naturalmente à Fonte da Vida Planetária — o Cristo. Não precisava de nenhum objeto externo nem ritual "sagrado". Apenas no Seu ensurdecedor silêncio canalizava o magnetismo vivificador em benefício dos Seus semelhantes. Ele era magnífico! Ele era um bem-aventurado!

[5] Observemos que Jesus não usaria essa linguagem afirmando "o curarei". Fiquemos apenas com a emoção que tiveram aqueles que participaram do evento ao ver o servo curado.

❋ ❋ ❋

Pergunta: Visto que o Brasil é a sede dos Adventos Crísticos, será que os espíritos superiores conseguirão curar as chagas morais dos corruptores e dos corruptíveis, para que a Pátria do Evangelho, Coração do Mundo, tenha saúde ético-moral e, assim, possa sustentar uma proposta espiritual dessa magnitude?

Resposta: É preciso transcender ao tempo e ao espaço para vislumbrarmos de outras dimensões o empenho de milhões de espíritos superiores encarregados pelo sagrado evento — a predestinação espiritual do Brasil em benefício da humanidade[6] e do planeta Terra.

Para tal, será primordial conscientizar os brasileiros de que os Emissários Celestes necessitam dos humanos terrestres para transformar a predestinação em ação consequente.

Bom percentual do ser humano atual:

➤ Sabe que o mal deve ser combatido com o bem. A sombra com a luz. O ódio com o amor. Em assim sendo, quanto maior o número de espíritos encarnados e desencarnados divulgando o lado luminoso da sociedade, melhor será para a luz do Cristo iluminar a humanidade. Portanto, não nos detenhamos no lado escuro da personalidade humana, considerando o que escreveu Silvestre, em nome das Sagradas Fileiras: *A luz é presente porque primeiro se fez presente o amor.*

➤ Não tem dúvida da existência da Sacra Ordem Espiritual composta pelos Espíritos Superiores que coordenam e norteiam, sob a batuta de Apolônio de Tiana, a implantação dos **Adventos Crísticos** na extensão planetária, com a finalidade divina de renovar o Cristianismo.

➤ Tem consciência da sacralidade do momento planetário, pois, se por um lado estamos vivendo a **Tempestade** — a crise mundial com dores e sofrimentos para a humanidade —, por outro nos alimentamos da esperança de alcançarmos a **Bonança**, ou seja, entrarmos na frequência que identifica o Cristo-Amor.

Dessa forma, mesmo com a corrupção moral de alguns brasileiros, o Brasil, com mais de 200 milhões de espíritos encarnados, tem plena condição para dar sentido benfeitor à sociedade planetária.

Falamos alhures sobre aqueles que já passaram, na Terra ou em outros mundos, por momentos de Transição Planetária. Eles

---

[6] *A Predestinação Espiritual do Brasil* é, também, título de um livro do mesmo autor, lançado pela **EDITORA DO CONHECIMENTO** em 2011.

sabem o quanto é desesperador para quem tem certeza de que a sua condição ético-moral não lhe permitirá continuar encarnado, nem reencarnando no magnífico planeta Terra, pelo menos nos próximos 6.666 anos terrenos. Quando nos conscientizarmos da sagrada oportunidade perdida considerando mais uma vida, mais uma encarnação sem dadivosos e sazonados frutos, poderemos ser tomados por avassalador sentimento de culpa e nos autopunirmos, além de permanecermos por longo tempo em estado agonizante, tombados pelo remorso.

Os que possuem maiores credenciais diante das Leis de Deus não devem se deter no lado sombrio da alma humana, pois tal conduta pode "atrofiar" a intuição. Portanto, não é saudável ficarmos preocupados com corruptores e corruptíveis, e sim considerarmos que tudo é passageiro e o Apocalipse já bate à nossa porta para separar os *lobos* dos *cordeiros*.

✾ ✾ ✾

No livro *Adventos Crísticos*[7], capítulo 75, 4ª edição em 2017, Editora do Conhecimento, consta a participação de Augustus, o *Olhos de Lince,* integrante das Sagradas Fileiras, que tem como tarefa acionar o nosso universo íntimo para, com o seu *torque despertador,* colocar para fora o que verdadeiramente somos: *lobos ou cordeiros.* Dado que o seu toque é direcionado à essência, não nos preocupemos com os corruptíveis nem com os corruptores, pois o momento histórico do planeta e de sua humanidade exige de todos nós transparência na condução da vida, considerando que, por ser momento de Transição Planetária, é também momento da *queda das máscaras* de quem as possui[8].

✾ ✾ ✾

Por estarmos na iminência de grandes transformações geofísicas, as quais aproximarão os homens dos homens e os homens de Deus, estejamos convictos de que o Brasil está passando por uma varredura, por uma limpeza apocalíptica sob os auspícios de Augustus, o *Olhos de Lince*[9], a fim de que possa começar a sua

[7] Livro do mesmo autor, **EDITORA DO CONHECIMENTO**.
[8] Para a renovação do Cristianismo, Augustus entrou oficialmente em ação no dia 1/5/1995.
[9] No livro *Adventos Crísticos*, do mesmo autor, consta o papel de Augustus, o *Olhos de Lince*, nesta fase de transição e implantação do Cristianismo Renovado.

trajetória moral com amplitude universal, tendo em vista que a sua predestinação espiritual obedece a um planejamento sideral voltado para a Terra.

O Brasil caminha a passos largos para consolidar o programa de confraternização espiritual planetária. No entanto, tenhamos em mente que o futuro da humanidade depende dos empreendimentos espirituais que amorosamente fizermos agora, exatamente neste momento apocalíptico de Transição Planetária, pois, se por um lado estamos vivendo a ameaçadora **Tempestade** de mais um **Fim de Ciclo** com desarmonias as mais variadas, não temos dúvida de que também estamos às vésperas de sentirmos a sagrada **Bonança**, ou seja, de entrarmos na dimensão-luz do Cristo-Amor, do Cristo-Vida, do Cristo-Bonança.

O momento planetário solicita a compreensão de todos nós neste necessário momento apocalíptico, pois ninguém consegue alcançar a **Bonança** antes de passar elegantemente pela **Tempestade**. Ninguém consegue valorizar a divina paz se não conviveu com a guerra; se não perdeu, algum dia, a sua harmonia interior.

Na Ilha de Patmos, João, o Evangelista, foi colocado num tacho contendo azeite fervendo e, no entanto, nada sofreu.

Fica evidente que, quando a intenção é nobre, a Natureza age positivamente a favor daqueles que se colocam para intermediar a Vontade do Céu e as necessidades da Terra.

João, o Evangelista, era humilde por natureza, e se propôs a representar a Divindade tendo Jesus como modelo e guia.

No momento em que os soldados, na Ilha de Patmos, apresentaram a João a ordem enviada por Roma para que fosse sucumbido no azeite fervendo:

> Ele continuou harmonizado e íntegro à causa evangélica que abraçara. Também, a sua tarefa ainda não estava completa, razão pela qual foi divinamente protegido por Deus para não ocorrer o desencarne antecipado, considerando que não só faltava receber as revelações apocalípticas como também deixar para a humanidade de todos os tempos o exemplo vivo da Onipresença de Deus.
> Interrompeu as suas pregações quando falava com os peixes, pássaros e animais de um modo geral, para atender às ordens

de Roma e à solicitação dos soldados.

> Terminada a leitura da sentença enviada por Roma, disse João: *Seja feita a vontade de Deus. Se é preciso que eu pereça para que o Cristo cresça nos corações dos homens, encontrarei a paz nesse ato e levarei comigo, por onde for, a alegria de ser útil*[10].

No referido livro de Miramez consta ainda:

> E João, como inflamável divino, incendiou-se de fluidos luminosos. Quando começaram a entornar o caldo maldito, como se fosse o corpo do apóstolo, o velho companheiro de Jesus ergueu-se do fundo do vasilhão negro, para espanto de todos, abençoando-os novamente... Parecia chegar de uma longa excursão. Estampou-se em sua feição um sorriso sobremaneira encantador, saudando todos em nome do Cristo, sem qualquer queimadura na pele!

Quão bom seria se conseguíssemos alcançar e reproduzir em nossas almas as encantadoras emoções que viveram aqueles soldados romanos durante o tempo que conviveram com João, o apóstolo do amor!

As almas dos soldados, pela força do amor, ficaram estigmatizadas para a Eternidade com a Luz do Cristo representado pelo Evangelista. A Ilha de Patmos tornou-se ambiente de sacralidade em que João e os soldados romanos vivenciaram a angelical vitória nas hostes de Jesus.

João, na Ilha de Patmos, verdadeiramente, vivenciou o amor de amplitude universal.

❋ ❋ ❋

Curar pela emoção – Ao juntarmos às emoções a alegria, a gratidão, o entusiasmo, a alma desperta suas forças latentes e beneficia seu cosmo orgânico por meio do trabalho harmônico do sistema chácrico.

Ao transportar a emoção para a transcendência, a pessoa portadora da fé, no sentido sagrado de fidelidade às Leis do Criador, torna-se um dínamo gerador de energias benfazejas, que fazem eclodir do seu universo íntimo a essência do seu Cristo Interno para ser absorvida por seu organismo, e surge assim o restabeleci-

---

[10] Extraído do livro *Francisco de Assis*, Miramez, psicografia de João Nunes Maia, 12ª edição, Editora Espírita Cristã Fonte Viva.

mento da saúde pela emoção.

Observemos a passagem bíblica a seguir:

> E, quando eles se reuniram ao povo, um homem aproximou-se deles e prostrou-se diante de Jesus, dizendo: "Senhor, tem piedade de meu filho, porque é lunático e sofre muito: ora cai no fogo, ora na água. Já o apresentei a teus discípulos, mas eles não o puderam curar." Disse Jesus: "Até quando estarei convosco? Trazei-mo." Jesus ameaçou o demônio, e este saiu do menino, que ficou curado na mesma hora. Então os discípulos lhe perguntaram em particular: "Por que não pudemos nós expulsar este demônio?" Jesus respondeu-lhes: "Por causa de vossa falta de fé. Em verdade vos digo: Se tiverdes fé como um grão de mostarda, direis a esta montanha: 'Transporta-te daqui para lá', e ela irá; e nada vos será impossível. Quanto a esta espécie de demônio, só se pode expulsar à força de oração e de jejum."

Assim é que a fé é um estado em que a alma humana entra em sintonia com a Alma Divina e, desse modo, a Essência Divina acelera a essência humana latente na criatura para o seu refazimento. O restabelecimento da saúde surge porque todo o organismo do ser é positivamente ativado pela força mental da alma. Pela fidelidade à Legislação Divina.

No homem, a fé acelera os seus chacras, aumenta a capacidade de absorver prana — o *Hálito Divino da Vida* — e revigora todos os seus corpos. Neste caso, *a fé remove as doenças*.

Capítulo 7
Sentir o Cristo

Pergunta: Em sendo Cristo sinônimo de Amor Universal, de que maneira deve o Cristo-criatura trabalhar-se intimamente a fim de ter condições de sentir o Cristo-Criador, manter a sua vitalidade ou se autocurar, quando for necessário?

Resposta: Somos todos portadores da Essência do Cristo-Amor — o Criador da Terra. Logicamente, em todo ato de amor que praticarmos estaremos acionando o nosso Cristo Interno. Para tal ação, e por ressonância, também estaremos em sintonia com o Cristo-Criador, pois Ele é Onipresente em todos os seres vivos do nosso orbe.

Assim é que para sentirmos o Cristo-Pai:

➢ Criemos as mais expressivas expectativas no sentido divino de despertarmos os Atributos de Deus, dos quais somos portadores.

➢ Almejemos dar sentido sagrado à nossa vida enquanto encarnados, para que tenhamos reais condições de praticar o bem aos nossos semelhantes, convictos de que quem se propõe a servir ao próximo desinteressadamente tem o Universo agindo positivamente a seu favor.

➢ Alimentemos os ideais enobrecedores, aqueles que transcendem à dimensão da existencialidade, para que, como contrapontos, consigamos trazer ao consciente as emanações sublimes que expressem docilidade, mansuetude, benevolência, paz, alegria, motivação íntima, sorriso e a sacrossanta vibração da misericórdia.

➢ Mantenhamo-nos na frequência da misericórdia para, por ressonância, desfrutarmos das benesses advindas do Universo Estelar.

➢ Coloquemo-nos receptivos às emanações da Suprema Corte formada pelos Criadores de Mundos e a serviço da Vida na Terra, a fim de nos tornarmos meritoriamente porta-vozes dos Anjos

Celestiais, tendo Jesus como Aquele que mais de perto nos toca o coração.

➤ Incorporemos à nossa vida os princípios ético-morais vividos e ensinados pelo Nazareno Mestre — o Arauto do Cristo-Pai a serviço de Deus na Terra — e, dessa forma, estaremos sob as superiores inspirações para as nossas realizações nobres e luminosas.

➤ Tomados por suave e sublime emoção, cantemos hinos de gratidão ao Supremo Artífice do Universo pela oportunidade de estarmos adquirindo novas experiências na escola-Terra — hinos com a musicalidade que exalte o Autor da Vida; hinos de glória e de beleza que nos propiciem sentir o Cristo, Senhor Nosso e Irmão Maior.

Fica evidente que, por ser o Cristo a fonte da vida planetária terráquea, quando a criatura entra na Sua frequência, há uma transfusão de energia vital recompondo a alma e restabelecendo magnificamente a vitalidade do corpo somático. Ora, uma vez que Cristo é sinônimo de Amor Incondicional, quanto mais exteriorizarmos Amor pelo Criador do Amor e pelas criaturas, mais estaremos ativando o nosso Cristo Interno, o nosso Cristo-Amor e recompondo, como natural consequência, a nossa saúde psicoemocional e corpórea.

Somente com a perfeita identificação do Cristo-criatura com o Cristo-Criador a alma se sente plenamente livre para alçar voos usando as asas da imaginação e, projetando-se em direção ao Infinito, desatrelar-se dos fortíssimos elos da sua infância espiritual. Dessa forma estará mantendo a sua vitalidade ou autocurando-se, quando necessário.

Pergunta: Que mecanismo a Natureza pode utilizar a favor da criatura humana por ser ela, simplesmente, portadora inata de mansuetude, ternura, brandura, misericórdia e da capacidade de amar de maneira incondicional?

Resposta: O Nazareno Mestre exaltou tais virtudes, conforme constam em Mateus 5:5-9: *Bem-aventurados os mansos, os misericordiosos, os pacificadores.* O mecanismo para que as Essências da Criação ajam positivamente a favor dos virtuosos é por processo natural obedecendo à Lei da Ressonância, pois é inexorável que *os afins se atraem.*

Por ser da Lei de Deus que *toda ação gera reação*, o indivíduo que gera bênçãos de ternura e de bondade não necessita de nenhum ritual externo para receber as benesses das Mansões Celestiais, pois, pela *Lei dos Afins*, já está naturalmente protegido e amparado pelo Criador. É importante relembrar que quem se coloca a serviço da Vida está protegido pelo Autor da Vida — DEUS. Não nos esqueçamos de que *não existe proteção superior à honestidade*, segundo Pietro Ubaldi, no livro *Princípios de Uma Nova Ética*, 2ª edição da Fundapu em 1983.

Pergunta: Por ser da Lei do Criador que as pessoas de boa índole são amparadas pelas forças da Natureza, qual a finalidade de tais criaturas orarem pedindo ajuda aos emissários celestes?

Resposta: A partir do momento em que o ser humano concebe verdadeiramente que *orar é abrir a boca*, o seu falar passa a ser uma oração. Com tal postura, em qualquer ambiente ou situação, se ele for honesto à sua graduação espiritual, embora limitado à atual evolução, considerando que a evolução da consciência é eterna, estará protegido pelas Forças da Natureza no nível de cada grau de evolução. E mais ainda, se for humilde será capaz de realizar maravilhas a favor dos seus semelhantes quando, valendo-se da sagrada oração, fizer a conexão mais abrangente com espíritos superiores.

O Nazareno Mestre, portador da voz misericordiosa, realizou prodígios onde foi solicitado. Mas periodicamente Se recolhia para orar, ou seja, para melhorar a Sua harmonia mental e, de maneira mais abrangente, sentir o Cristo-Pai, sintonizar-Se com a Fonte da Vida Planetária — o Cristo criador da Terra. É bom O termos como Modelo.

Nós, espíritos menores, exercitemos a **misericórdia do falar** e continuemos buscando lenitivos divinos fazendo uso da oração.

Pela lógica, deduzamos a Natureza reagindo às ações daquele que:

> ➢ Se desarma e entra em estado de êxtase para recepcionar as superiores inspirações dos planos luminosos.
> ➢ Na rotina da vida, mantém paisagens mentais pintadas com as cores dos jardins edênicos.
> ➢ Em oração, plasma a angelical figura do Anjo Planetário — Jesus de Nazaré — com todo o Seu cósmico esplendor.

Fica evidente que o ser humano que deseja curar-se para ter energia e condições naturais de curar os seus semelhantes deve:

> ➢ Sentir-se uma criatura livre do sentimento de culpa, aspirando ao eternamente novo, pois consciente do eterno vir a ser, em

condições para não se atrelar ao passado — e, assim, produzir bens imperecíveis para o espírito eterno e imortal, despertando em si, gradualmente, o Anjo da Benevolência.

➢ Empenhar-se silenciosamente em suas conquistas interiores para adquirir melhores condições de refletir para o mundo o pensamento da Divindade Suprema.

➢ Ter o garbo de ser um porta-voz terrestre para participar de um evento celeste, divulgando os **Adventos Crísticos** em nome do Arauto do Cristo-Pai — o Nazareno Mestre.

Observemos que, de maneiras diferentes, somos capazes de sentir o alimento sagrado da vida do planeta Terra — o Cristo. Na verdade, quem aceita espontaneamente participar desse atual banquete do Cristo-Amor — a divulgação do Cristianismo Renovado — é responsável pela gênese da sua saúde psicoemocional e também pela daqueles que ouvirem a sua convicta e motivadora pregação.

Pergunta: Como caracterizarmos uma pessoa que, na mesma proporção em que vai despertando o seu Cristo Interno, vai entrando em contato natural com o Cristo-Amor, o responsável pelas vidas terrenas?

Resposta: Cristo é sinônimo de Amor Universal, e, portanto, quem entra na Sua sintonia, por meio do ato sagrado de *amar a Deus sobre todas as coisas*, naturalmente passa a *amar ao próximo como a si mesmo*. Por ser uma Constante Universal, observando a maneira como cada criatura se relaciona com as diferenças, é possível avaliarmos a sua integração à Fonte da Vida Planetária — o Cristo —, considerando que para Ele todos são iguais.

Devido a Cristo ser a eterna manifestação do Amor, o Seu Amado filho — o Divino Mestre Jesus —, que naquele encarne vivia permanentemente sintonizado com Ele — com o Cristo —, em qualquer situação ou localidade, realizava magníficos discursos que curavam a alma e o corpo dos Seus ouvintes apenas com o som da sua suave, angelical, convicta e misericordiosa voz.

Assim também aconteceu e acontece com os fiéis porta-vozes de Jesus — o eterno médium do Cristo-Vida. Procuremos, dentro dos nossos limites, ser honestos à causa crística — intermediando a vontade de Jesus e as necessidades dos nossos semelhantes.

Portanto, quem deseja curar-se a fim de ter condição energética para curar outras criaturas de Deus, a exemplo dos representantes de Jesus de cada época, deve:

> Dulcificar a sua voz para que ela, naturalmente, transporte magnetismo com as emanações da Essência Vital advinda do Cristo-Bondade. Do Cristo-Vida.
> Deter-se no lado positivo da vida, pois somos todos Cristos-criaturas, filhos do Cristo-Criador.
> Na condição de porta-voz do meigo Jesus, o Anjo da ternura, da mansuetude, da brandura, da tolerância, da misericórdia, do amor, seguir os princípios ético-morais vividos e ensinados por Ele.

A voz de quem *ama ao próximo como a si mesmo* consegue irrigar os corações dos seus ouvintes com a Seiva da Vida Universal — o Amor.

O ser humano aureolado com a cor rosa do afeto, por transportar o magnetismo da tranquilidade e da harmonia íntima, é naturalmente apaziguador.

Quem pretende manter a sua saúde psicossomática deve ter o garbo de ser:

> Vencedor da sua agressividade íntima, aquela que muitos indivíduos conseguem disfarçar com o sorriso periférico, mas sem as cores que transportam a energia da ternura, da mansuetude, da afabilidade.
> Capaz de, ao reconhecer suas falhas, humildemente pedir desculpas aos seus semelhantes, tendo em vista que é da Lei do Criador que ninguém consegue entrar nos Céus enquanto portador do orgulho atrelador às faixas sombrias da Terra.
> Coparticipante da implantação da paz nos corações das criaturas, mas para tal é preciso que a sua voz carreie a vibração do acalanto, as cores da harmonia íntima e o perfume do imaculado lírio.

Já é possível, sem grandes elucubrações mentais, caracterizarmos uma pessoa que esteja despertando o seu Cristo Interno.

Fica evidente que a criatura harmonizada com as Leis da Vida:

> Ao reconhecer a magnificência do Cristo-Luz, dedica-se, por esforço pessoal, à sua autoiluminação, despertando mais luz do seu Cristo Interno.

> Ao graduar-se ao nível de conceber a sacralidade do amor, ama a vida e o Autor da Vida de maneira plena.
> Por estar sempre dilatando os seus sentimentos, mantém o seu coração revestido com a cor rosa do afeto e a mente com o verde da esperança.
> Sabedora de que *onde estiver o seu tesouro ali estará o seu coração*, se desprende emocionalmente dos objetos e dos valores sem valor para quem almeja alcançar os Céus.
> Quando assimila novos ensinamentos superiores, procura incorporá-los às suas ações na condução da vida e, se lhe for permitido, passá-los aos seus semelhantes.
> Ao conceber que os espíritos luminosos fazem parte das suas buscas ascensionais, esforça-se para tornar-se porta-voz das Potestades Celestiais.
> Sente-se impulsionada a orientar as demais criaturas induzindo-as a elaborar um roteiro luminoso para a sua trajetória evolutivo-ascensional.

Assim é que, com um pouco de acuidade visual, é possível caracterizar-se uma pessoa que, na mesma proporção em que vai despertando o seu Cristo Interno, vai iluminando as suas atitudes e ações, e, dessa forma, entrando em contato consciente com o Cristo-Amor, o responsável pelas vidas terrenas.

Não abracemos a autopunição por causa dos nossos erros cometidos no pretérito nem no agora, pois tal estado mental não nos permite a cura advinda de fora, e muito menos a autocura que vem de dentro, do âmago da alma doente.

Por ser inquestionável que *somos o que aspiramos a ser*, com as noções que já temos sobre a Lei de Causa e Efeito, aspiremos adquirir mais conhecimentos libertadores com ações renovadoras, e, pela lógica, estaremos paulatinamente diminuindo as ações que infringem as Leis de Deus.

Reflitamos sobre a passagem bíblica a seguir:

> Não julgueis, e não sereis julgados. Porque do mesmo modo que julgardes, sereis também vós julgados, e com a medida com que tiverdes medido, também vós sereis medidos. Por que olhas a palha que está no olho do teu

irmão e não vês a trave que está no teu? Como ousas dizer a teu irmão: "Deixa-me tirar a palha do teu olho", quando tens uma trave no teu? Tira primeiro a trave de teu olho e assim verás para tirar a palha do olho do teu irmão. (Mateus 7:1-5)

Gradualmente, vamos compreendendo as razões de, em muitos casos, quando das nossas súplicas, a Providência Divina não agir a nosso favor. É que a Lei de Causa e Efeito, por ser disciplinadora e motivadora de novas e eternas aquisições morais, não permitirá que galguemos novos patamares enquanto estivermos presos aos efeitos negativos de causas passadas. Primeiro precisaremos absorver, com dignidade e elegância, as reações das nossas ações menos evangélicas, para então adquirirmos, por mérito, a condição de atingirmos novos patamares evolutivos. Assim, podemos perceber a urgente necessidade de atentarmos para a assertiva do Sublime Peregrino: *Tira primeiro a trave de teu olho e assim verás para tirar a palha do olho do teu irmão.*

Concebemos a Infinita Bondade de Deus, mas, enquanto continuarmos julgando, criticando ou tendo atitudes e ações que vão contra a Lei da Harmonia Universal, imperará a Justiça Divina. Daí não recebermos a dádiva da cura do nosso corpo, porque dentro dele tem uma alma fora da Lei.

❧ ❧ ❧

A cegueira espiritual pode nos levar ao fanatismo. O fanatismo bloqueia o discernimento, o que pode nos conduzir, em muitos casos, a condutas agressivas. A agressividade humana denota falta de vivência dos conhecimentos libertadores adquiridos, aspecto comum àqueles sem conteúdo moral. Devido à falta de moral, ou seja, à falta de sintonia consciente com o Criador, o ser humano vale-se do seu exacerbado ego para impor as suas ideias, e, demonstrando que é um espírito *fraco e incapaz*, clama por ajuda, precisando ser *compreendido e amparado pelos fortes e capazes.*

Reflitamos sobre o item bíblico a seguir:

Depois disso, tendo chegado a festa dos judeus, Jesus foi a Jerusalém. Ora, havia em Jerusalém a piscina das ovelhas, que se chama em hebreu Betesda, a qual tinha cinco galerias onde, em grande número, se achavam deitados doentes, cegos, coxos e os que tinham ressecados os membros, todos à espera de que as águas fossem agitadas, porque o Anjo do Senhor, em certa época, descia àquela piscina e lhe movimentava a água, e aquele que fosse o primeiro a entrar nela, depois de ter sido movimentada a água, ficava curado, qualquer que fosse a sua doença. Ora, estava lá um homem que se achava doente havia 38 anos. Jesus, tendo-o visto deitado e sabendo-o doente desde longo tempo, perguntou-lhe: "Queres ficar curado?" O doente respondeu: "Senhor, não tenho ninguém que me lance na piscina depois que a água for movimentada; e, durante o tempo que levo para chegar lá, outro desce antes de mim." Disse-lhe Jesus: "Levanta-te, toma o teu leito e vai-te." No mesmo instante o homem se achou curado e, tomando de seu leito, pôs-se a andar. Ora, aquele dia era um sábado. Disseram então os judeus ao que fora curado: "Não te é permitido levares o teu leito." Respondeu o homem: "Aquele que me curou disse: 'Toma o teu leito e anda'." Perguntaram-lhe eles então: "Quem foi esse que te disse: 'Toma o teu leito e anda?'" Mas nem mesmo o que fora curado sabia quem o curara, porquanto Jesus se retirara do meio da multidão que lá estava. Depois, encontrando aquele homem no templo, Jesus lhe disse: "Vês que foste curado; não tornes de futuro a pecar, para que te não aconteça coisa pior." (João 5:1-14)

Por ser propósito sagrado destes apontamentos a autocura pela sublime emoção, nos dediquemos ao despertar da nossa Força Superior, do nosso Cristo Interno, para, com afinco, trabalharmos o nosso *religare*, a nossa religiosidade. Para tanto, tenhamos a certeza de que, se transformássemos as ondas mentais em distância a ser percorrida pelo religioso a caminho da sua religiosidade, diríamos que ele precisará "percorrer alguns anos-luz" para atingi-la. Mas, como só poderá ser meritória, a conquista é pessoal.

Em assim sendo, caracterizemos a criatura que já sinaliza estar no exercício da sua religiosidade:

> ➢ Como no Universo criado tudo evolui, a pessoa vai se desvinculando emocionalmente das suas verdades tidas como absolutas.
> ➢ Diante das dificuldades existenciais, demonstra ser portadora da compreensão dinâmica, pois sabe que na Obra de Deus não há acaso, o que lhe faculta exercitar a superconsciência proje-

tando-se para o eterno futuro a fim de entrar em sintonia com a Fonte da Vida Planetária — o Cristo-Pai.
> É portadora da voz firme, embora doce, pois já não tem dúvida quanto à Onisciência, Onipresença e Onipotência de Deus em si.

No episódio bíblico descrito por João, ficou caracterizada a infantilidade espiritual dos religiosos sem religiosidade. É atitude que denota o religioso sem convicção, sem alegria, sem bom humor, sem simpatia e, sobretudo, sem o magnetismo da gratidão ao Senhor da Vida, representado naquele momento da cura próximo à piscina pelo Nazareno Mestre.

Diante das magníficas curas realizadas por Jesus, os seres humanos portadores de **religiosidade** cantaram hinos de louvor à vida, agradecendo ao Autor da Vida pelas benesses que os seus semelhantes receberam através Dele. No entanto, os **religiosos**, escravos das suas milenares tradições, incriminaram o Terapeuta Divino pela Sua ação misericordiosa no dia de sábado.

Quando surgirem as necessidades alheias, façamos a ponte com a Divindade para que, de maneira consciente, possamos contribuir com a nossa cota de dadivosa motivação íntima e, assim, ajudarmos o agente em ação terapêutica, quando for o caso.

Quão bom seria se a nossa alma tivesse meios para reproduzir a emoção que sentiu aquele doente, após 38 anos aguardando que um Anjo "milagrosamente" lhe curasse. Só em imaginarmos a alegria que ele viveu, a comoção e o bem-estar que todos os presentes tiveram, ficamos irisados de luz rosa, a cor do afeto, e entramos em dimensões revestidas com a luz verde, a cor que alimentou a esperança no coração daquele moço doente.

> O pensamento, irradiando onda de simpatia afetuosa, estimula os neurônios à produção de enzimas saudáveis que respondem pela harmonia do sistema nervoso simpático e estímulo às glândulas de secreção endócrina, superando as toxinas de qualquer natureza, responsáveis pelos processos degenerativos e pela deficiência imunológica, que faculta a instalação das doenças. (Do livro *Amor, Imbatível Amor*, de Joanna de Ângelis, psicografia de Divaldo Pereira Franco, 2ª edição em 1998, Livraria Espírita Alvorada Editora.

❀ ❀ ❀

Sentir o Cristo – É entrar na frequência que identifica a plenitude do Amor Incondicional. É sentir a Consciência Criadora da Terra e a Fonte Inesgotável de Energias que mantêm a vida planetária.

Ao sentir o Cristo, a alma do ser humano entra em ação dinâmica para acelerar os seus vórtices, aumentando, dessa forma, a sua capacidade de recepcionar a essência vital do Arcanjo Criador da Terra.

Cura e Autocura à Luz do Evangelho, de maneira parcimoniosa, procura conduzir o leitor a harmonizar-se com as Leis do Supremo Arquiteto do Universo para que, conscientemente, entre em ressonância com o Cristo-Amor e traga à memória objetiva os valores reais da vida universal.

Esforcemo-nos para sentir o Cristo e, simultaneamente, a partir desse sagrado esforço, estaremos desenvolvendo o sentido divino para direcionarmos nossa luminosa trajetória evolucional. Estaremos exercitando a nossa superconsciência.

Cura e Autocura à Luz do Evangelho

Capítulo 8
A voz misericordiosa que cura

Pergunta: Jesus, o Sublime Porta-Voz do Cristo-Pai, ao falar, curava as pessoas. Qual o mecanismo para a voz humana restabelecer a saúde dos corpos doentes?

Resposta: Segundo Allan Kardec, todos nós somos médiuns. À medida que o ser humano evolui, a propagação das suas ondas mentais vai naturalmente aumentando.

Os que curaram ou curam usando da palavra, foram ou são médiuns psíquicos, aqueles que se mantiveram ou se mantêm sutilmente ligados vibratoriamente aos espíritos superiores, mas sem fenômenos exteriores. São ligações tênues entre as filigranas dos encarnados e dos desencarnados que vivem integrados ao Cristo — a Fonte da Vida Planetária.

Nesses casos, a ligação mediúnica não é restrita, necessariamente, a uma individualidade do Plano Espiritual, mas às correntes de pensamentos. A mente do espírito encarnado forma ondulações luminosas que, por ressonância, entram em contato com os campos energéticos habitados por espíritos desencarnados no nível evolutivo dos bem-aventurados.

A sustentação da luz mental da pessoa cuja voz é capaz de restabelecer a vitalidade psicoemocional e corpórea dos seus ouvintes é natural, clara e carregada de magnetismo aglutinador, pois não depende de artifícios externos por já ser aquisição da sua alma. Por isso, em qualquer ambiente ela poderá produzir efeitos especiais para auxiliar aos seus semelhantes.

Em sendo processo intrínseco à alma, a glândula pineal desempenha preponderante papel por manter a Centelha Divina esplendorosamente acesa nesses terapeutas e em condições para a conexão com as dimensões luminosas dos terapeutas espirituais.

Uma pessoa que possui o verde como cor fundamental tem

suas ondas mentais se expandindo, por evolução, de 540 trilhões a 580 trilhões de vibrações por segundo dentro do mesmo raio verde, embora mudando de nuances de acordo com o aumento da vibração mental. Tal criatura, ao falar, faz verter do âmago dos seus ouvintes a Chama da Esperança, e os Cristos Internos deles entram em sintonia com o Cristo-Amor, o Cristo-Esperança, o Cristo-Vida, o Cristo Terráqueo, o que neles provoca a vontade espontânea de exteriorizar sentimentos nobres, ensejando melhoras não somente nos seus mundos íntimos, mas também na vida mental e, por extensão, na relacional; outra pessoa que, por evolução espiritual, possui como cor fundamental o azul-celeste tem a sua frequência mental aumentada de 580 trilhões a 620 trilhões de vibrações por segundo[11]. Ao falar representando a Divindade, por exemplo, os seus ouvintes, sem saírem da Terra, sentem "saudade de Deus" e entram em devaneios luminosos, em que viajam com as asas da imaginação pelo Universo Estelar, em contato consciente com os Grandes Luminares Espirituais, daí surgindo como resultante as magníficas autocuras, pois o *homem é o que ele pensa*.

Quando alguém está falando de determinado assunto, se for convicto, entra na dimensão das ondas com a cor fundamental que identifica a faixa vibratória do assunto tratado. Por consequência, uma vez que o homem é o que ele pensa, falar sobre o lado positivo da vida e pensar nas paisagens com as cores da vida faz bem à saúde da alma e do corpo, além de motivá-lo para adquirir conhecimentos transcedentes e tornar-se um ser integral.

Justifica-se pela lógica o porquê de nos identificarmos, ou não, com determinada pessoa, mesmo sendo um filho, por exemplo, simplesmente ao ouvirmos a sua voz. Em muitos casos, em função da má convivência em outra encarnação, a voz no tempo atual faz aflorar da memória latente dos ouvintes lembranças desagradáveis. Em outros casos, a voz pode despertar lembranças magníficas, cheias de calor e de vida. Isso porque o efeito acompanha a causa. Daí a assertiva evangélica que diz: "Pela voz a ovelha reconhece o seu pastor." (João 10:4)

Pergunta: Por estarmos na Era do Mentalismo, será que as criaturas vão ser mais cuidadosas com o que pensam, tendo em vista que conhecerão melhor a força mental?
Resposta: Com o inquestionável avanço da ciência e da tecnolo-

---

[11] Sugerimos um estudo criterioso do capítulo XLVIII — "Série evolutiva das espécies dinâmicas" — de *A Grande Síntese*, PietroUbaldi, Fundapu.

gia, a glândula pineal ou epífise — "residência"da nossa alma — será progressivamente desvendada, não na sua totalidade, pois o espírito terráqueo, no seu atual nível de consciência, ainda não tem evolução para conhecer o seu verdadeiro poder. Mas é possível pensar sobre o poder mental dos espíritos superiores, dos Anjos, Arcanjos, para termos uma vaga ideia da força mental que está latente em nós. Os Arcanjos Planetários, por exemplo, foram espíritos *simples e ignorantes*, mas que já despertaram em Si o Poder Criador.

A humanidade ficou encantada com a força mental do Anjo Jesus, principalmente devido às magníficas curas que Ele realizou. Ora, se um Anjo realiza maravilhas, perguntemos a nós mesmos: Qual deve ser a força mental dos Arcanjos na condição de Cristos planetários, solares, constelatórios, galácticos, hemisféricos, cósmicos?

Por sermos portadores, em latência, dos Atributos de Deus, empenhemo-nos com afinco no acionar do nosso Cristo Interno — a potente força da nossa alma — a fim de que a nossa voz transporte magnetismo com a vibração misericordiosa que cura. O magnetismo acalentador que vivifica. A voz na vibração da mansuetude que transporta paz.

Pergunta: A pessoa quando portadora de grande força mental fica isolada na sua individualidade ou interage com outras consciências encarnadas e desencarnadas para a realização das suas tarefas?

Resposta: No Universo de Deus não há possibilidade de ninguém se isolar, pois a Criação está mergulhada no Criador, e Ele é Onipresente. O máximo que pode acontecer é o ser humano, quando prepotente, vaidoso ou soberbo, sentir-se todo-poderoso e imaginar-se isolado de todos e do Todo. Mas, mesmo assim, ele não conseguirá isolar-se, considerando que, pela *Lei dos Afins*, estará conectado aos seus iguais, luminosos ou sombrios.

No caso específico dos considerados médiuns de cura, há necessidade de *orar e vigiar* com muito mais assiduidade, pois, com as quedas de frequências, as suas mentes podem entrar em faixas vibracionais inferiores, o que os tornaria alvos de espíritos mistificadores a se passar por terapeutas e a se apresentar como seus guias. Nessas oportunidades, deve-se observar o tom da voz articulada através do médium, pois, por mais habilidoso que seja o espírito pseudoterapeuta, é possível perceber que a sua voz não é capaz de transportar o magnetismo divino para curar ou refazer as criaturas.

Pergunta: André Luiz, no livro **Missionários da Luz,** *9ª edição, psicografia de Chico Xavier, publicado pela FEB, escreveu: "É na epífise que reside o sentido novo dos homens; entretanto, na grande maioria deles, a potência divina dorme embrionária." No momento da comunicação mediúnica, o que acontece com a epífise, ou glândula pineal, do médium?*

Resposta: Sobre o funcionamento da epífise, no citado livro, também consta:

> A epífise é a glândula da vida mental. Enquanto no período do desenvolvimento infantil, fase de reajustamento desse centro importante do corpo periespiritual preexistente, a epífise parece constituir o freio às manifestações do sexo; após, durante a puberdade, ela desencadeia no organismo do homem as forças criadoras e, em seguida, continua a funcionar, como o mais avançado laboratório de elementos psíquicos da criatura humana...
>
> Assim é que, aos quatorze anos, aproximadamente, de posição estacionária, quanto às suas atribuições essenciais, recomeça a funcionar. A glândula pineal reajusta-se ao concerto orgânico e reabre seus mundos maravilhosos de sensações e impressões na esfera emocional. Entrega-se a criatura à recapitulação da sexualidade, examina o inventário de suas paixões vividas noutra época, que reaparecem sob fortes impulsos.
>
> A epífise preside aos fenômenos nervosos da emotividade, como órgão de elevada expressão no corpo etéreo. Desata, de certo modo, os laços divinos da Natureza, os quais ligam as existências umas às outras, na sequência de lutas, pelo aprimoramento da alma, e deixa entrever a grandeza das faculdades criadoras de que a criatura se acha investida.

Para os conceitos científicos terrenos, a glândula pineal, ou epífise, ainda é um "mistério", mas, à proporção que evoluirmos, desvendaremos as sacratíssimas funções da pineal, por ser ela responsável pela vida espiritual do ser humano.

Nas comunicações mediúnicas de nível superior, a pineal desempenha sacratíssimo papel, tendo em vista o descrito por André Luiz no livro citado. É relevante atentarmos para a sutileza que a comunicação mediúnica vai assumindo em razão da educação mental adquirida pelo ser humano. Certo é que a mediunidade torna-se progressivamente psíquica, em substituição à sensória.

Cura e Autocura à Luz do Evangelho

Pergunta: Existe alguma relação entre a pineal e a alma da criatura? E por que quando o ser humano é portador da voz misericordiosa consegue curar seus semelhantes?

Resposta: Sabemos que o homem-espécie que já despertou o seu Cristo Interno com mais abrangência é, naturalmente, consciente da grandeza dos seus *divinos sentidos*, razão pela qual consegue *ver, ouvir e falar com misericórdia*.

Por ser a glândula pineal a "residência" da alma, não há como dissociá-las. Certo é que, quando misericordioso, o indivíduo não precisa de nenhum artifício mental ou verbal que descaracterize a sua natural maneira de ser, pois, logicamente, a sua voz transporta a essência alimentadora da vida — o prana. É notório, observando os convictos, que aqueles que falam as suas verdades têm semblantes agradáveis, pois sem rictus. Desse modo, procuremos repassar as mensagens mediúnicas da maneira mais natural possível. O mais importante é o teor da orientação, e não os movimentos corpóreos incrementados, em especial, pelo animismo dos medianeiros.

Para curar seus semelhantes, o ser humano ao falar precisa:

➢ Entregar-se espontaneamente ao Divino Tropismo causado pelo que é atribuído à sacralidade, tendo então a sua voz carreando as emoções dos espíritos convictos da presença de Deus em si. Sua voz assim poderá acionar o mundo íntimo dos seus ouvintes, bem como fazê-los entrar em planos energéticos superiores e sentir centuplicar a propagação das suas ondas mentais, razão pela qual o que procede do seu interior transporta as vibrações despertadoras das consciências que ouvem a sua voz.

➢ Apresentar-se naturalmente, sem elucubrações mentais, norteado por conduta ético-moral evangélica, pois é sabedor de que Deus fala aos homens através dos homens. Assim é que os encarnados porta-vozes do Criador representado pelos Seus emissários celestes devem estar intimamente harmonizados para que a pineal produza, de maneira equilibrada e serena, entre outros hormônios, a *serotonina*, neurotransmissor responsável, sobretudo pelo afeto e pelas emoções.

➢ Adicionar, na condição de porta-voz convicto do seu Deus imanente, à vontade de auxiliar no acionar dos Atributos Divinos dos seus semelhantes. Ser a sua voz positiva e misericordiosa capaz de sensibilizar magnificamente os Cristos Internos dos seus ouvintes.

Fica explícito o porquê de o ser humano, quando portador da voz misericordiosa, conseguir curar seus semelhantes.

❀ ❀ ❀

No livro *Missionários da Luz*, de André Luiz, 9ª edição, psicografia de Chico Xavier, publicado pela FEB, consta também:

> Segregando delicadas energias psíquicas, a glândula pineal conserva ascendência em todo o sistema endócrino. Ligada à mente, através de princípios eletromagnéticos do campo vital, que a ciência comum ainda não pode identificar, comanda as forças subconscientes sob a determinação direta da vontade.

❀ ❀ ❀

Devido ao parágrafo da Lei do Criador que afirma *pelos frutos se conhece a árvore que os gerou* (Mateus 12:33), muitas das nossas doenças são geradas gratuitamente, pois, ao conhecermos a Lei de Ação e Reação, sabemos que *se plantarmos vento colheremos tempestade*. E, no entanto, mesmo sabendo que as nossas atitudes e ações estão incompatíveis para com a Legislação Divina, considerando o nosso atual grau evolutivo, continuamos desafiando as Leis do Supremo Legislador.

> Guardai-vos dos falsos profetas. Eles vêm a vós disfarçados de ovelhas, mas por dentro são lobos arrebatadores. Pelos seus frutos os conhecereis. Colhem-se, porventura, uvas dos espinhos e figos dos abrolhos[12]? Toda árvore boa dá bons frutos; toda árvore má dá maus frutos. Uma árvore boa não pode dar maus frutos; nem uma árvore má, bons frutos. Toda árvore que não der bons frutos será cortada e lançada ao fogo. Pelos seus frutos os conhecereis. (Mateus 7:15-20)

Em muitas situações, saímos do rumo e perdemos o prumo por darmos vazão às influências externas. Pela *Lei dos Afins*, quem segue os *falsos profetas* obedece à Lei do Criador que diz: *Os afins se atraem*. No entanto, caso na mesma vida o indivíduo se esclareça e conclua que perdeu tempo, pois era um *cego seguindo outro cego*, não deve se autopunir, mas empenhar-se para, corajosamente, seguir uma nova rota lógica e sensata, sem ficar remoendo sobre

---

[12] Espinho, estrepe.

o tempo perdido.

Quando surgem as dores e os sofrimentos, dependendo da carga tóxica do nosso perispírito ou do nível de desequilíbrio mental em que estamos vivendo, a espiritualidade superior, em condições normais, não drenará, de maneira mágica, a "massa de energia" mórbida, pois é preciso que o doente, na dor, se conscientize das Leis da Criação. Sabedores que somos desse item da Lei de Deus, caso não consigamos a cura que almejamos dentro do tempo que estabelecemos, não nos decepcionemos, pois *a Natureza não dá saltos*. Preparemo-nos para, mesmo no momento da morte, não perdermos a nossa elegância, convictos de que a vida continua.

Muitos de nós, quando ainda no plano espiritual, assumimos compromissos com a Divindade representada pelos nossos Guias Espirituais, para realizarmos tarefas vitais diante da sociedade. No entanto, para a maioria dos encarnados, os valores terrestres sufocam os celestes, e, em muitos casos, eles não conseguem realizar o empreendimento que foi combinado para aquela existência. Dependendo das circunstâncias, os Senhores do Carma preferem que esses desatentos ao seu programa reencarnatório retornem à pátria dos desencarnados antes do tempo previsto, pois *o machado já está posto à raiz das árvores. E toda árvore que não der bons frutos será cortada e lançada ao fogo.* (Lucas 3:9)

❋❋❋

Apareceram algumas pessoas trazendo num leito um homem paralítico; e procuravam introduzi-lo na casa e pô-lo diante Dele. Mas não achando por onde o introduzir, por causa da multidão, subiram ao telhado e por entre as telhas o arriaram com o leito ao meio da assembleia, diante de Jesus. Vendo a fé que tinham, disse Jesus: "Meu amigo, os teus pecados te são perdoados." Então os escribas e os fariseus começaram a pensar e a dizer consigo mesmos: "Quem é esse homem que profere blasfêmias? Quem pode perdoar pecados senão unicamente Deus?" Jesus, porém, penetrando nos seus pensamentos, replicou-lhes: "Que pensais nos vossos corações? Que é mais fácil dizer: 'Perdoados te são os pecados'; ou dizer: 'Levanta-te e anda?' Ora, para que saibais que o Filho do Homem tem na terra poder de perdoar pecados [disse ele ao paralítico], eu te ordeno: 'Levanta-te, toma o teu leito e vai para tua casa.' No mesmo instante, levantou-se ele à vista deles, tomou o leito e partiu para casa, glorificando a Deus. Todos ficaram transportados de entusiasmo e glorificavam a Deus; e tomados de temor, diziam: "Hoje vimos coisas maravilhosas." (Lucas 5:18-26)

O Divino Médico — Jesus de Nazaré — não economizou exemplos para gravar na nossa alma a Onisciência, a Onipresença e a Onipotência de Deus.

Para nós, espíritos de pouca evolução, por mais que nos esforcemos tentando conceituar a palavra AMOR, não conseguiremos formatar uma ideia satisfatória para explicarmos, cientificamente, as "milagrosas" curas realizadas pelo Nazareno Mestre quando usou apenas da voz.

No entanto, podemos deduzir pela lógica:

> ➢ Em sendo o Cristo Planetário Terráqueo a Fonte Alimentadora das vidas de todos os reinos,
> ➢ e também uma vez que Cristo é sinônimo de Amor Universal e toda a criação do nosso orbe está contida na Esfera Dele, do Cristo-Amor,
> ➢ fica evidente que Jesus, naquele encarne, na condição sagrada de médium do Criador da Terra, intermediava a vontade do Cristo-Vida e as necessidades dos homens.

Dessa forma, o Nazareno Mestre, com o Seu pensamento associado à Sua vontade e à Sua voz, movimentava as essências do Cristo-Criador em benefício dos Cristos-criaturas.

Para a nossa reflexão:

> Certa ocasião caminhava Francisco conversando com Frei Leão, seu discípulo, e disse-lhe: "Frei Leão, o que mais Deus quer de nós é aquilo que nós não queremos. Eu, por exemplo, ainda não consigo conviver com os leprosos."
> Continuaram caminhando e conversando quando, em dado instante, Francisco ouviu uma angelical voz que lhe disse: "Francisco, o primeiro leproso que encontrares no teu caminho, corra em direção a ele... Abrace-o! Afague-o! Beije-o!"

Caminharam mais um pouco e ouviram o som do guizo que identificava a presença de algum leproso. De imediato *surgiu o leproso, segurando um cajado cheio de guizos que sacudia. Francisco correu de braços abertos*, afagou-o ternamente ao peito, o abraçou e o beijou. *Depois o pegou no colo, cobrindo-o com o hábito, e se pôs a caminhar lentamente em direção à cidade.* Em seguida, falou para Frei Leão: *"Vamos levá-lo para uma estalagem, onde cuidaremos dele."*
Caminhavam tranquilos quando *Francisco parou bruscamente. Curvou-se, abriu o hábito que cobria o leproso e soltou um grito de espanto: tinha os braços vazios! Não havia sido um leproso verdadeiro, mas o próprio Jesus, que descera do Céu para experimentar Francisco!*

Reproduzamos mentalmente, imaginando o quadro do episódio:

No percurso, Francisco falou para Frei Leão: "Estou cansado. Vamos descansar um pouco." Ao arriar o leproso coberto com o hábito, este murchou e ficou reto, estendido no chão, pois não existia corpo material. Extático, Francisco falou em voz alta e com a vibração da convicção: "Viu, Frei Leão? Viu?! Foi Ele! Foi Ele! Foi Jesus que Se materializou na roupagem de um leproso para testar a minha fé!"[13]

Deduzamos o impulso íntimo que Francisco e Frei Leão tiveram, os Divinos Atributos de Deus que despertaram da latência dos dois ao vivenciarem aquele sublime e inusitado momento!

Podemos concluir que, só em imaginarmos os grandes eventos que identificam de maneira sensória e inquestionável a presença dos Emissários de Deus, estamos alimentando a vitalidade da nossa alma, a qual reflete magnificamente em nosso corpo biológico.

❋❋❋

A voz misericordiosa que cura – Partindo do princípio de que *a semeadura é livre, mas a colheita é obrigatória*, deveríamos educar a nossa voz de modo que, ao falarmos, sejamos por-

---

[13] Reproduzi apenas a ideia do que consta no livro *O Pobre de Deus*, de Nikos Kazantzákis, Editora Nova Fronteira. O objetivo é tão somente mexer com as nossas sagradas emoções. (N.A.)

ta-vozes das consciências espirituais que já alcançaram patamares evolutivos mais amplos. E, na divina condição de médiuns dos espíritos superiores, nossas vozes bombardeiem as auras dos nossos ouvintes com fluidos revitalizadores.

A voz das pessoas amorosas, mansas, ternas e que possuem certa dieta na sua vida mental é medicamentosa, não só pela qualidade das ondas sonoras como também pela condição de penetrar na consciência dos seus ouvintes, levando-os à reflexão sobre a máxima evangélica que diz: *A cada um será dado segundo as suas obras.* (Mateus 16:27)

Quando a semeadura não é boa, surge a dor notificando a desarmonia psicossomática do semeador, como economia no equilíbrio do Universo. Por isso, a dor é a maior economia universal na Criação. Sejamos criteriosos, portanto, durante o nosso plantio, tendo sempre em mente que *pelo fruto se conhece a árvore.* (Mateus 12:33)

❀ ❀ ❀

"Se a dor faz a evolução, a evolução anula progressivamente a dor." (Pietro Ubaldi, em *A Grande Síntese*, 11ª edição em 1979, capítulo LXXXI, publicação da Fundapu)

❀ ❀ ❀

Embora a letra da mensagem apresentada pelos **Adventos Crísticos** seja a mesma para todas as criaturas, a sua assimilação dependerá da evolução espiritual das individualidades para captar o magnetismo divino, e do mesmo modo da condição psicológia estruturada em função das suas experiências com Deus por meio das sucessivas vidas. Vale ressaltar que a integração consciente com o Criador depende, também, das aspirações em que a pessoa focar em cada existência.

Visto que a Proposta Adventista é dirigida ao homem-espécie, engloba a sua preferência devocional atual, independentemente do pilar que, temporariamente, tenha abraçado por inclinação natural ou por escolha da sua conveniência. No entanto, poderá alterar o foco nas próximas vidas, considerando o exíguo tempo que dura cada encarnação, não facultando grandes mudanças na mesma existência.

Cura e Autocura à Luz do Evangelho

Capítulo 9
O dom sagrado de amar

Pergunta: Todas as pessoas curadas pelos espíritos ficarão curadas para sempre naquele encarne, ou apenas por determinado tempo, numa tentativa de elas trazerem ao consciente o dom sagrado de amarem-se para terem condições, verdadeiramente, de amar a outrem?

Resposta: Drenar fluidos tóxicos aderidos à contextura perispiritual, de um modo geral, demanda tempo e, dependendo do caso, de muitas encarnações, em especial quando a pessoa é reincidente e recalcitrante. Os benfeitores espirituais, quando observam que os pacientes têm condições interiores para renovarem-se, podem acelerar o dreno dos fluidos deletérios, aumentando a descarga e diminuindo, assim, o tempo, embora, em muitos casos, para tal, a dor seja intensificada durante a drenagem. Mas isso só acontecerá após decisões tomadas pelos espíritos superiores e responsáveis pelo encarne daquele indivíduo.

Assim, os espíritos evoluídos, ao sentirem que a pessoa vai aproveitar o seu tempo trabalhando conscientemente para sua própria evolução e ajudando aos semelhantes desinteressadamente, podem praticar a "cura paliativa", ficando exclusivamente por conta dela a cura definitiva, pois a Lei do Criador impõe a autocura, tendo em vista que já temos evolução para tal. Ressaltemos que, nessas situações, a criatura aproveita o tempo se esclarecendo quanto à vida após a vida, servindo ao próximo, estudando para adquirir conhecimentos transcendentes, se autoiluminando, evitando, assim, ficar agonizada pela dor ou pelo sofrimento, olhando para o vazio existencial, acompanhando o tempo passar e aguardando, ansiosa e melancolicamente, a morte chegar.

Há casos em que a espiritualidade apenas reduz o descenso dos fluidos mórbidos dando ao doente a oportunidade de refletir sobre as **causas** que geraram as suas doenças, porque elas são **efeitos**. Mas se o paciente continuar sem mudanças de valores, ou acometido pelas suas explosões emocionais, a mesma energia que gerou determinada doença, mas que foi inibida por mecanismos externos, poderá aflorar do seu mundo íntimo, ainda que recebendo nomes diferentes na classificação médico-científica.

Disse o Divino Médico de nossas almas: *Bem-aventurados os pacificadores, porque eles serão chamados filhos de Deus.* (Mateus 5:9). Para a criatura tornar-se pacificadora, evidentemente já adquiriu a sua paz interior. E, conforme sabemos, a paz é excelente medicamento para a alma e para o corpo.

As explosões emocionais servirão de detonadores psíquicos, propiciando a que energias desarmonizadas convirjam para determinados órgãos ou regiões do corpo, afins às suas ondulações vibracionais, coagulando novamente[14] os fluidos mórbidos, os quais serão expurgados passando pelo corpo biológico em forma de doenças. Nesse caso, só a dor e o tempo poderão norteá-la para, na condição sagrada de Cristo-criatura, esforçar-se para criar um novo foco, visando sentir a Fonte da Vida e vivenciar os postulados do Cristo-Criador trazidos ao nosso mundo, em especial, pelo Nazareno Mestre.

❦ ❦ ❦

Ninguém deve reclamar que queimou as mãos ao atirar brasas aos seus semelhantes.
(Ramatís, no livro *Mensagens do Astral*, 17ª edição, psicografia de Hercílio Maes, Editora do Conhecimento.)

Pergunta: Duas pessoas que cometem o mesmo tipo de infração diante da Lei da Evolução passarão pelas mesmas provas, ou terão as mesmas doenças?

Resposta: Dependerá do *quantum* de energias inferiores usadas quando cometeram a infração, e também do estado de consciência de cada infrator, *porque a quem muito se deu, muito se exigirá. Quanto mais se confiar a alguém, dele mais se há de exigir.* (Lucas 12:48)

O homem, para cometer de maneira proposital algum erro, cria pensamento antivital e polariza energia de baixo teor. Sabe-

---

[14] Justifica-se o porquê de a pessoa ser "curada" e voltar a ter as mesmas doenças ou outras com nomes diferentes, embora a energia geradora do mal seja a mesma.

Cura e Autocura à Luz do Evangelho

mos que as energias manipuladas para a prática da calúnia, da crueldade, do ódio, do prejuízo ao próximo serão expurgadas na vida atual ou nas futuras sob a forma dolorosa de câncer, segundo Ramatís através de Hercílio Maes, no livro *Mediunidade de Cura*, Editora do Conhecimento.

Por ser da Lei de Deus que *a quem mais é dado, mais é cobrado* (Mateus 25:29), as pessoas mais evoluídas, diante da *Lei de Ação e Reação*, têm maiores responsabilidades. Quem conhece o que é certo e pratica o errado, além da reação natural, fica com o *sentimento de culpa*, o qual é avassalador na sua capacidade incomum de deteriorar o corpo somático por causa do péssimo estado psíquico da autopunição. Na verdade, dependendo da evolução e do conhecimento que a pessoa possua, o *sentimento de culpa* faz mais mal do que o erro praticado. Por assim ser, o *sentimento de culpa* é o estado mental mais mórbido que existe no Universo.

Podemos deduzir que um espírito de evolução 100 unidades-luz não terá condições mentais para polarizar energias no mesmo grau que tem outro, de evolução 1.000 unidades-luz. Não nos esqueçamos de que quanto mais evoluído, maior a responsabilidade diante da Lei do Criador. Em assim sendo, o ato externo poderá ser o mesmo para os olhos humanos, mas a movimentação das energias será de conformidade com a evolução do praticante. Assim, fica evidente que uma pessoa de evolução espiritual de apenas 100 unidades-luz será bem diferente de outra com 1.000 unidades-luz.

Pergunta: Há casos de pessoas ficarem curadas de determinado mal e imediatamente passarem a sofrer de outro. Como se explica?

Resposta: Existem indivíduos que são parcialmente curados do mal sem serem curados da causa geradora da doença. Se formos curados do nosso mal sem, no entanto, melhorarmos a nossa conduta diante das Leis da Evolução, os fluidos mórbidos que foram inibidos da sua propagação, ou os vírus, da sua proliferação, por intermédio dos benfeitores espirituais, ou mesmo com as vacinas ou outros remédios acadêmicos do plano material, ficarão circulando pelos corpos sutis e, quando encontrarem região enfraquecida e afim àquela vibração, ali se instalarão, muitas vezes com muito mais vigor, dependento do estado mental do doente. É o mesmo material deletério recebendo nome de outra doença. Vamos repetir ressaltando que as desarmonias íntimas e as explosões emocionais são excelentes para o descenso de energias do perispírito para o corpo físico em forma de doenças, além de poder causar acidente vascular cerebral[15] (AVC) e/ou problemas no sistema cardiovascular.

Assim, podemos "fechar uma válvula de escape" impedindo o dreno da massa energética que causa doenças, mas, se não houver mudança íntima, forçosamente outro canal será aberto para realizar a drenagem, pois é da natureza do perispírito expurgar de si qualquer tipo de resíduo incompatível à sua tessitura.

A dor e o sofrimento não são os únicos meios para eliminar "matérias" aderidas aos nossos perispíritos. A prática silenciosa da caridade, conforme solicitação do Nazareno Mestre, é medicamento de altíssima dinamização para eliminar impurezas perispirituais. Também é excelente atenuante das reações às nossas ações antievangélicas.

Pergunta: Devemos entender que quando as doenças se manifestam no corpo físico houve uma causa oculta no perispírito?

Resposta: É evidente que, dependendo do tipo subvertido do pensamento, estaremos alimentando determinados vírus, os quais, após densificados, receberão nomes específicos na classificação da ciência oficial. Os Mestres Siderais notificam, a todo instante, as causas ocultas das doenças caracterizadas.

Consta no livro *Mediunidade de Cura*, de Ramatís, 12ª edição, psicografia de Hercílio, Editora do Conhecimento:

> A cólera e a violência densificam as energias animais latentes em nosso corpo, propiciando as afecções cutâneas ou eczemáticas; aquele que causa prejuízo ao próximo através da calúnia, da maledicência, da má palavra alimenta também o vírus do câncer; da mesma forma, a indiferença, a egolatria e o egoísmo manipulam energias de baixo teor, que darão origem às doenças contagiosas.

Pergunta: Mesmo quando os filhos de um mesmo casal são biologicamente iguais, por que sofrem de males tão diferentes?

Resposta: Por causa das individualidades dos espíritos. No citado livro, Ramatís esclarece que:

---

[15] O acidente vascular cerebral decorre da alteração do fluxo de sangue ao cérebro. Responsável pela morte de células nervosas da região cerebral atingida, o AVC pode se originar de uma obstrução de vasos sanguíneos, o chamado **acidente vascular isquêmico**, ou de uma ruptura do vaso, conhecido por **acidente vascular hemorrágico**.

Cura e Autocura à Luz do Evangelho

Apesar da ancestralidade biológica, o estado de consciência de cada um é diferente. O comportamento mental depende da evolução. Daí os espíritos só conseguirem curar alguém com tuberculose renal se eles conseguirem pelo menos diminuir o egoísmo e a egolatria do paciente. Da mesma forma, para curar o câncer renal precisará curar o doente da maledicência, da calúnia ou do prejuízo ao próximo; para curar o portador de nefropiose (supuração dos rins) só se conseguir, antes, curar o doente da ira, da cólera, da violência. Informa-nos Ramatís, ainda, que o ódio nos leva à hemorragia renal (nefrorragia); o sarcasmo ou o deboche, à amebiana renal (nefrocistose); a inveja ao amolecimento dos rins (nefromalacia); a luxúria à paralisia dos rins (nefroplegia); o ciúme, ao endurecimento dos rins (nefroesclerose).

Evidentemente, o cientista terreno, quando estiver de mãos dadas com os mestres da espiritualidade superior, poderá fazer melhor uso destas informações.

Pergunta: A nossa ignorância milenar não nos permite entender o pensamento real dos Senhores do Carma quando, compulsoriamente, determinam encarnar um espírito totalmente travado das suas emoções conscientes. O que pode aproveitar para a sua evolução e ascensão um espírito que encarna imbecilizado?

Resposta: O imbecil tem travada apenas a sua memória objetiva, e não a subjetiva, pois essa é para a eternidade. Tanto o é que, numa regressão de memória ou num êxtase espiritual, a subjetiva poderá expressar a sua nítida consciência, trazendo à tona as suas milenares experiências. Apenas o cérebro físico dele não responde prontamente aos impulsos, tendo em vista que em outras encarnações desordenadas ele causou "atrofia nervosa" ao perispírito.

A glândula pineal, delicadíssima antena do sistema psiconervoso, "residência" da alma humana, num sistema nervoso letárgico é reduzida na sua emissão e captação de informações, funcionando, nesse caso, com dificuldade para transmitir ou receber com clareza a mensagem racional ou emocional, por falta adequada de neurotransmissores[16].

---

[16] Substâncias químicas produzidas pelos neurônios (as células nervosas), com a função de biossinalização. Por meio delas, podem enviar informações a outras células. Podem também estimular a continuidade de um impulso ou efetuar a reação

***

Aconselhamos um criterioso estudo do livro *Mediunidade de Cura*, de Ramatís. Na referida obra constam ensinamentos altamente esclarecedores sobre os encarnes em que os espíritos ficam tolhidos do vigor corpóreo, mas poderão aproveitar magnificamente a lição, considerando a Perfeição da Lei de Deus.

Acompanhemos o que diz Ramatís:

> A descompensação do ritmo da consciência espiritual, ao ser freada vigorosamente pela má constituição biológica do cérebro físico do imbecilizado, reduz a superexcitação trepidante e perniciosa do perispírito, vítima dos seus próprios descalabros pretéritos. Com tal "deficiência", o espírito vai se habituando aos poucos à pulsação normal, o que o leva às correções vibratórias e o torna acessível ao controle da consciência para, nas próximas vidas, ter melhores condições para se expressar usando da razão e das suas emoções corpóreas.
>
> O imbecil, que foi excessivamente desenfreado pelas forças do instinto inferior em vidas pretéritas, quando compulsoriamente reprimido no corpo biológico deficiente, apesar da submissão a um freio carnal com atrofia do sistema endocrínico, terá, em sua alma, um aproveitamento para a sua evolução, pois cada encarnação, por mais difícil que seja para o corpo, deixa sempre a sua marca corretiva na contextura perispiritual e na consciência do espírito eterno.

Embora não alcancemos as transformações íntimas de um espírito quando se encontra num corpo em que ele não consegue se expressar com clareza nem se movimentar com naturalidade, certo é que a deficiência é provisória, pois durará apenas o tempo que o próprio espírito estabelecer. Assimilada a lição disciplinadora, estará livre para reencarnar com lucidez mental e transitar no mundo com graciosos movimentos.

Pode parecer falta de amor, mas é por amor que o Criador utiliza o organismo físico como filtro para o espírito decantar o *quantum* de massa morbosa aderida ao seu perispírito, e que di-

---

final no órgão ou músculo alvo. Os neurotransmissores agem nas sinapses, que são o ponto de junção do neurônio com outra célula. Fonte: Wikipédia.

Cura e Autocura à Luz do Evangelho

ficulta a sua volição no espaço sideral. Drenadas tais energias, o peso específico fica sutilíssimo, e o espírito é, por correspondência vibratória, atraído para planos superiores, onde é envolvido pelas chamas da Luz Crística. Assim sendo, não devemos reclamar, pois se por um lado a Lei de Deus nos imprime a dolorosa correção de conduta mental, por outro, a mesma Lei promove a nossa iluminação interior através das dores e dos sofrimentos.

❀ ❀ ❀

"Duro é para ti recalcitrar contra o aguilhão." (Atos 9:5)

❀ ❀ ❀

Uma vez que é nosso objetivo neste divino evento comentarmos sobre *Cura e Autocura à Luz do Evangelho*, atentemos para o valor divino da misericórdia:

- ➢ Somos todos portadores do dom sagrado de amar. Para que exteriorizemos amor envolvendo os nossos semelhantes de maneira incondicional e misericordiosa, é necessário que primeiro nos amemos, pois o autoamor permite que vivamos honestamente as emoções terrestres sem nos desvincularmos das nossas aspirações celestes.
- ➢ Pela lógica da Lei do Criador, não devemos abdicar da misericórdia em nenhuma situação no trajeto da nossa caminhada evolutiva, para que consigamos abolir da nossa vida psicoemocional a antivital rigidez, tendo em vista que tal conduta algema a criatura aos valores sem valor para quem aspira alcançar a Bonança, ou seja, sentir o Cristo-Amor, o Cristo-Bonança.
- ➢ O ser misericordioso é emocionalmente mais saudável porque não se prende ao magnetismo gerado por ofensa, maledicência, inveja, ciúme, tão próprias dos infantes espirituais.

Façamos uma autoavaliação para sabermos como anda a nossa saúde emocional e se já estamos no exercício da misericórdia. Interroguemo-nos:

- ➢ Eu já consigo alegrar-me com o bem-estar dos meus semelhantes?
- ➢ Eu já consigo viver em paz sem isolar-me da convivência familiar ou social?

➢ Eu já consigo conviver com as diferenças sem abater-me nem criticar as imperfeições alheias?

Fica claro e objetivo que os nossos estados mentais são responsáveis pelas nossas doenças, mesmo quando existem agentes externos. No entanto, tenhamos em mente que os agentes só nos afetarão quando a nossa aura não estiver resplandecente, em condições para repelir os dardos energéticos gerados pelos desprovidos da eterna fé. Em assim sendo, para exercitarmos a ampliação da nossa visão cósmica e não ficarmos doentes, despertemos da nossa latência mais luz, mais verdade, mais perfume, mais música, mais vida, mais amor, mais Deus.

❈ ❈ ❈

Não vamos entrar em elucubrações intelectivas apoiados na razão analítica e questionadora para entendermos os ensinamentos que constam na passagem bíblica a seguir. Permitamos apenas que a emoção nos invada o coração.

> Partindo Jesus dali, dois cegos o seguiram, gritando: "Filho de Davi, tem piedade de nós!" Jesus entrou numa casa, e os cegos aproximaram-se Dele. Disse-lhes: "Credes que eu posso fazer isso?" "Sim, Senhor", responderam eles. Então ele tocou-lhes nos olhos, dizendo: **"Seja-vos feito segundo vossa fé."** No mesmo instante, os seus olhos se abriram. Recomendou-lhes Jesus em tom severo: "Vede que ninguém o saiba." Logo que se foram, apresentaram-lhe um mudo, possuído do demônio[17]. O demônio foi expulso, o mudo falou e a multidão exclamava com admiração: "Jamais se viu algo semelhante em Israel." Os fariseus, porém, diziam: "É pelo príncipe dos demônios que ele expulsa os demônios." (Mateus 9:27-34)

Perguntemos a nós mesmos:

➢ Nas minhas agruras, sem titubear, consigo acionar o meu Cristo Interno e, convictamente, pedir ajuda aos representantes de Deus?

➢ Eu consigo ter a certeza de que, se a minha intenção for nobre,

[17] É evidente que os espíritos de pouca luz, considerados "demônios" naquela época, atualmente são chamados de obsessores ou espíritos de pouca evolução.

Cura e Autocura à Luz do Evangelho

o Universo terá ação magnífica a meu favor?

➢ Caso eu estivesse no lugar dos cegos em foco, conforme citado por Mateus, que tipo de emoção eu sentiria ao ouvir a misericordiosa voz do Nazareno dizendo-me: *Seja-vos feito segundo vossa fé?*

Não há como imaginar o aumento de propagação das ondas mentais dos cegos em questão. Os saltos quânticos que aquelas duas almas sofreram ao se verem curadas.

Certo é que precisamos de indivíduos ou de situações que aguçem as nossas emoções, que nos tirem da rotineira vida mental — aquelas em que a nossa glândula pineal não produz *serotonina* em quantidade adequada que alimente em nós as emoções e os sublimes afetos; nem estimule a suprarrenal para produzir *adrenalina* em dosagem harmônica para manter o calor da carícia e a saudável vida relacional.

❀ ❀ ❀

Ali havia o poço de Jacó. E Jesus, fatigado da viagem, sentou-se à beira do poço. Era por volta do meio-dia. Veio uma mulher da Samaria tirar água. Pediu-lhe Jesus: "Dá-me de beber." (Pois os discípulos tinham ido à cidade comprar mantimentos.) Aquela samaritana lhe disse: "Sendo tu judeu, como pedes de beber a mim, que sou samaritana!" (Pois os judeus não se comunicavam com os samaritanos.) Respondeu-lhe Jesus: "Se conhecesses o dom de Deus, e quem é que te diz: 'Dá-me de beber', certamente lhe pedirias tu mesma e ele te daria uma água viva." A mulher lhe replicou: "Senhor, não tens com que tirá-la, e o poço é fundo. Donde tens, pois, essa água viva? És, porventura, maior do que o nosso Pai Jacó, que nos deu este poço, do qual ele mesmo bebeu e também os seus filhos e os seus rebanhos?" Respondeu-lhe Jesus: "Todo aquele que beber desta água tornará a ter sede, mas o que beber da água que eu lhe der jamais terá sede. Mas a água que eu lhe der virá a ser nele fonte de água, que jorrará até a vida eterna." A mulher suplicou: "Senhor, dá-me desta água, para eu já não ter sede nem vir aqui tirá-la!" Disse-lhe Jesus: "Vai, chama teu marido e volta cá." A mulher respondeu: "Não tenho marido." Disse Jesus: "Tens razão em dizer que não tens marido. Tiveste cinco maridos, e o que agora tens não é teu. Nisto disseste a verdade." "Senhor", disse-lhe a mulher, "vejo que és profeta! Nossos pais adoraram neste monte, mas vós dizeis que é em Jerusalém que se deve adorar." Jesus respondeu: "Mulher, acredita-me, vem a hora em que não adorareis o Pai, nem neste monte nem em Jerusalém. Vós adorais o que não conheceis, nós adoramos o que conhecemos, porque a salvação vem dos judeus. Mas vem a hora, e já chegou, em que os verdadeiros adoradores hão de adorar o Pai em espírito e verdade, e são esses adoradores que o Pai deseja. Deus é espírito, e os seus adoradores devem adorá-lo em espírito e verdade." Respondeu a mulher: "Sei que deve vir o Messias (que se chama Cristo); quando, pois, vier, ele nos fará conhecer todas as coisas." Disse-lhe Jesus: "Sou eu, quem fala contigo." Nisso seus discípulos chegaram e maravilharam-se de que estivesse falando com uma mulher. Ninguém, todavia, perguntou: "Que perguntas?", ou "Que falas com ela?". A mulher deixou o seu cântaro, foi à cidade e disse àqueles homens: "Vinde e vede um homem que me contou tudo o que tenho feito. Não seria ele, porventura, o Cristo?" (João, 4:6-29)

Após aquele salutar encontro da "samaritana" com o Sublime Andarilho — Jesus de Nazaré —, podemos deduzir a motivação íntima que ela adquiriu para completar aquela encarnação, e como devem ter sido emocionantes as suas existências na sequência do tempo, logicamente cheias de entusiasmo pela mesma causa — exaltar a presença de Deus tendo o Nazareno Mestre como modelo e Guia.

❄ ❄ ❄

O dom sagrado de amar – Amar é ação benfeitora que indica o caminho certo ao viajante na caminhada reencarnatória para que ele, iluminado pela própria consciência, não gere carma negativo sem uma finalidade útil para a sua vida e a dos seus semelhantes, tendo sempre em mente o que consta em Mateus 18:6-10: *que o escândalo é necessário, mas ai daquele que o faça.*

Visto que a Criação é Perferita, o carma negativo também é uma dádiva, pois, além de ajudar-nos a desenvolver o sentido direcional da nossa consciência, contribui para que nos livremos definitivamente das algemas comuns às reencarnações de reparação de nossas desarmonias psíquicas e orgânicas. É sempre de bom alvitre relembrar que o carma negativo é para ser vencido, e não para ser contemplado, pois a resignação é atitude dos *fracos e incapazes*, enquanto a compreensão é lucidez dos *fortes e capazes*.

O terapeuta pode acabar com o mal, mas se o paciente não alterar a conduta geradora de desarmonias diante das Leis do Criador permanecerá doente, mudando apenas a rotulagem da doença. De que adianta acabar com o mal se o seu agente não se evangelizar a fim de não contrair outros males?

Quem se propuser a ser um terapeuta há de ser, também, um pedagogo, integrando o homem-espécie às leis imutáveis da Criação Divina.

É sempre bom não esquecer que a dor tem o seu valor real na economia da vida cósmica. Estejamos certos de que o sofrimento de hoje deve ser considerado como a *dor-redenção* que serve para a nossa transformação pessoal e, também, de instrumento construtivo da nossa conquista moral.

A dor, na vastidão da visão universal dos seres superiores, é uma forma cristicamente didática para delinear a meta do super-homem, conduzindo-o ao Alto, de onde ele, vendo o farol luminoso do espírito do Evangelho, viva em harmonia com as Leis do Criador, compreendendo que a mensagem de Jesus é a mais alta expressão da Lei da Criação Divina dentro do nosso concebível.

❀❀❀

"A dor tem sido a moldura viva das mais grandiosas interpretações e conquistas espirituais na Terra[18]."

---

[18] Ramatís, no livro **Mensagens do Astral**, psicografia de Hercílio Maes, Editora do Conhecimento.

Capítulo 10
A sacralidade da mediunidade

Pergunta: O médium, para ser de cura, precisa ter qualidades especiais ou pode ser uma pessoa comum?
Resposta: A Providência Divina não mede esforços para prover as necessidades dos seres encarnados em todas as latitudes[19] cósmicas. No entanto, quando o médium é desleixado, mal asseado, dogmático, ele dificulta os trabalhos dos benfeitores espirituais, os quais, por certo, produzem muito mais quando usando a mente de um medianeiro harmonizado com as leis da vida, sem vícios deprimentes, além de liberto de paixões violentas. E sobretudo quando do ele, por confiar na Divindade, não precisar de apetrechos, rituais vazios de sacralidade, nem dogmas escravizantes. O médium quando convicto, apenas diz: *Pai! Que seja feita a tua vontade!*

Os médiuns de cura, na sua maioria, são espíritos comprometidos com a Lei do Carma. Porém, antes de reencarnar, eles assumiram compromisso com os Representantes de Deus para resgatar os seus débitos diante da Lei da Evolução servindo de receptores ao Mundo Maior, para que os seus guias pudessem servir aos encarnados, transformando a essência da vida gerada pela Usina Divina em outras modalidades de energias adequadas para proverem as necessidades dos que os procurassem. Na maioria dos casos, são pessoas comuns, ou seja, sem notoriedade social nem intelectual-científica, que precisam apenas zelar pela vida mental e corpórea para não sair da faixa vibratória que lhes propicia a ligação interplanos. Mas também existem os médiuns compromissados, aque-

[19] Coordenadas geográficas ou geodésicas definidas na esfera, no elipsoide de referência ou na superfície terrestre, que é o ângulo entre o plano do Equador e a normal à superfície de referência. Começam a ser medidas a partir do Equador, variando entre 90° sul, no Polo Sul (ou polo antártico) (negativa), e 90° norte, no Polo Norte (ou polo ártico) (positiva). A latitude no Equador é 0°. Fonte: Wikipédia. [No texto tem o sentido de uma Constante Universal.]

les que, retornando à vida corpórea, dão sequência às suas tarefas assistenciais, cuidando da saúde dos seus semelhantes.

Ramatís, no livro *Mediunidade de Cura*, 12ª edição, psicografia de Hercílio Maes, Editora do Conhecimento, escreveu:

> A fé que, em certos casos, os enfermos depositam sinceramente nos seus curandeiros serve de detonador psíquico que lhes desata as próprias forças vitais latentes, desentorpecendo-lhes os músculos atrofiados ou renovando-lhes os tecidos enfermos.

Pergunta: Já que os trabalhos de cura exigem maior equilíbrio dos médiuns, considerando que, de um modo geral, os doentes depositam toda a sua fé neles, perguntamos: É difícil preparar médiuns para os trabalhos de cura?

Resposta: Embora os orientadores espirituais procurem cercar de carinho toda virtude iniciante daqueles que abraçam a causa cristã de representar a Divindade Suprema, mesmo para quem tem Jesus como modelo e guia torna-se muitas vezes impossível evitar determinados incidentes no exercício da mediunidade, considerando a sacralidade do livre-arbítrio. Em assim sendo, o médium pode arbitrar por dar vazão à vaidade e à sua irmã gêmea, a soberba, quando deveria exercitar permanentemente a humildade, evangelizar-se e ter o garbo de ser intermediário entre a Vontade de Deus e as necessidades do seu próximo.

Ainda é comum ao médium iniciante empolgar-se excessivamente quando, através dele, a espiritualidade superior consegue curar alguém. O seu ego vai se inflando e, na maioria das situações, saindo da faixa vibratória de conexão com a equipe dos espíritos que se propuseram a assessorá-lo. Nesse caso, há possibilidade de o animismo do médium assumir a dianteira, pois ele, por ter se sentido "o todo-poderoso", não tem coragem para anunciar que se desconectou daqueles que eram os responsáveis pelas curas realizadas. Nessas circunstâncias, há grandes possibilidades de os espíritos mistificadores tomarem conta da sua mente.

É sempre importante, para todos os casos, a nossa evangelização, a fim de garantirmos a nossa harmonia íntima e não sermos desonestos para com a nossa consciência nem perante as Leis do Criador, e, assim, mantermos a sacralidade da mediunidade. Evangelizada, surge na criatura o sublimado desejo de servir ao próximo desinteressadamente, além de ter entusiasmo e alegria para intermediar as ideias dos benfeitores espirituais.

Portanto, é difícil preparar médiuns para os trabalhos de cura quando eles ainda não vivenciam a mensagem evangélica do Sublime Anjo Planetário — o Nazareno Mestre.

Pergunta: Os médiuns de cura que perdem os elos da conexão com os seus guias poderão se restabelecer?

Resposta: Não há resposta padrão, tendo em vista que existem médiuns altamente onerados diante das Leis da Vida, e outros não tão devedores, mas que receberam a oportunidade de, por meio da mediunidade, ressarcir suas dívidas, servindo com alegria e determinação a quem os procurar.

Existem casos em que o médium, que tem a função vital de assistir espiritualmente à sociedade, sai do propósito conforme o combinado com os seus guias. Os Senhores do Carma, então, determinam que ele desencarne antes do tempo previsto, para não incorrer em novos delitos ou fazer uso da pseudomediunidade de cura para mistificar em nome dos Espíritos Superiores.

Também há possibilidade de querer se locupletar com valores pecuniários em nome da Divindade, além de poder almejar projeção social, política ou de outra natureza. Assim, o médium, saindo da sintonia com os seus mentores, e sem possibilidade de se restabelecer a tempo, por decisão do Comando Superior, retorna à pátria espiritual, para refletir sobre a oportunidade perdida e ver se num próximo encarne obterá melhor sucesso.

O médium que entrar no exercício da autoevangelização para trabalhar em si a aquisição da humildade poderá, aos poucos, ir inspirando confiança aos seus mentores e à sociedade. Naturalmente não ostentará os seus "fabulosos" poderes de cura, deixando por conta da sociedade reconhecer o seu evangélico e sagrado dom de curar, *porque é pelo fruto que se conhece a árvore.* (Mateus 12:22-33)

Todo orientador espiritual deve encorajar os médiuns iniciantes portadores de boa vontade, advertindo-os quanto à necessidade de adquirirem paciência e perseverança, pois as realizações que transcendam ao plano da objetividade resultam de esforço contínuo no exercício da reforma íntima, visando a que assimilemos e vivenciemos a mensagem evangélica do Nazareno Mestre.

É indubitável que a aquisição das virtudes não pode ser improvisada. Por conseguinte, fortaleçamo-noss meditando, orando e

Cura e Autocura à Luz do Evangelho

vigiando, convictos de que o Universo sempre agirá magnificamente a favor dos portadores de intenções nobres.

Para os que saíram da sintonia que lhes permitia o divino amparo de espíritos superiores no trabalho terapêutico, tenham sempre em mente que, por não existirem privilégios celestes nem terrestres, tendo em vista que a Lei do Criador determina que as conquistas sejam meritórias, amem o ideal sagrado de servir ao próximo sem querer tirar proveito, e, assim, estarão restabelecendo a sintonia mediúnica com as dimensões dos espíritos luminosos.

Pergunta: Existe alguma orientação dada pelos benfeitores espirituais no sentido de disciplinarmos as nossas mentes, ou mesmo alguma postura que possa facilitar a abertura das nossas faculdades mediúnicas?

Resposta: Certamente as disciplinas mental e física são fatores de primordial importância na conquista de um estado vibratório harmonioso. A alma que se submete a esses exercícios adestra-se para realizações sublimes, mas não nos esqueçamos da nossa perseverante preparação psicoemocional e, também, da intelectiva, antes de nos colocarmos nas vias públicas para representarmos o Deus Supremo.

Para disciplinar a mente:

- O médium deve meditar no sentido de treinar o silêncio interior para ter condições de ouvir a voz sem som de Deus e motivar-se pela causa divina da mediunidade com Jesus.
- O paranormal que ainda estiver ligado aos trabalhos de cura, "queimando" carma negativo gerado em vidas pretéritas, sabe que tem tarefa espiritual espinhosa a cumprir junto aos seus semelhantes como parte integrante de sua libertação cármica. Em assim sendo, precisa procurar fortalecer-se pela oração para adquirir força interior e não oscilar.
- Deve-se estudar os fenômenos mediúnicos para que se obtenham conhecimentos que possam auxiliar na condução da vida, seguindo os princípios ético-morais evangélicos.

Pergunta: Existe algum mecanismo mental que permita aumentar a sensibilidade do médium?

Resposta: Comentamos o pensamento de André Luiz quando descreveu o funcionamento da glândula pineal, no livro *Missionários da Luz*. Também Ramatís, elucidando nossa alma sobre o assunto, fala que a glândula pineal se desenvolve através dos exercícios espirituais, em obediência à realidade de que a *função faz o órgão.*

Os espíritos que vão reencarnar com tarefa mediúnica, além da pineal, em muitos casos, também têm os seus chacras estimulados magneticamente quando ainda no plano dos desencarnados para que obtenham melhor sucesso.

Muitos, por falta de evangelização, perdem o bom humor e a alegria de servir ao próximo em nome de Deus. Outros tantos não conseguem desenvolver a docilidade como forma de gratidão aos benfeitores que lhes dão suporte e proteção para o cumprimento do dever cristão. Também existem aqueles que se dão por satisfeitos com a pequena área que dominam, não se preocupando em expandir a consciência na eterna busca de novos conhecimentos libertadores.

Como na Obra de Deus não há milagres, o mais sagrado e eficaz mecanismo para aumentar a sensibilidade mediúnica é a autoevangelização. Evangelizados, temos a nossa capacidade de sintonia com a luz do Cristo aumentada substancialmente, o que facilita a captação dos pensamentos superiores emitidos pelos espíritos das mansões celestiais.

Ressaltemos que a ligação do Cristo-criatura com o Cristo--Criador obedece à Lei da Ressonância, razão pela qual vai depender do grau de sensibilidade que o médium já possua e que continue investindo em novas e eternas conquistas.

❀ ❀ ❀

Pergunta: De que maneira orientar o médium quando a sua condição anímica é muito acentuada e se sobrepõe à mediúnica?

Resposta: Reeducar é sempre mais difícil do que educar. Muitos médiuns não têm culpa, pois foram iniciados à vida espiritual por orientadores que não frequentaram as Escolas de Educação Mediúnica. Daí darem vazão muito mais aos movimentos corpóreos e aos rituais sem ritmo que elevem a propagação das ondas mentais do que à mensagem evangélica de renovação, e produzirem ruídos estridentes sem nenhuma explicação lógica nem sentido doutrinário; outros tantos se apresentarem ofegantes, como se o espírito comunicante tivesse sérios problemas respiratórios, quando, na verdade, é o animismo se sobrepondo ao sagrado fenômeno da mediunidade com Jesus. O remédio para esse tipo de médium são doses maciças de evangelhoterapia aplicadas na veia.

Necessário é que:

> Ele estude a mediunidade com seriedade para entender o processo das ligações interplanos e, assim, não interferir tanto nas comunicações, além de substituir determinados movimentos corpóreos, sem sentido e sem utilidade, por mensagens que possam fortalecer e orientar as criaturas.
> O orientador invoque entidades especializadas para fazer uma higienização vibratória na aura do médium acentuadamente anímico, visando restabelecer o seu equilíbrio psíquico, desfazendo o automatismo herdado da sua iniciação sem orientação adequada.
> Quando o médium se caracterizar com as manifestações hiperbólicas, aquelas desprovidas do bom senso, seja carinhosamente amparado pelos mais experientes, pois ou ele está mediunicamente doente, ou é um espírito em provas duras, que necessita do amparo direto dos encarnados e das entidades que se comprometeram em colaborar com ele. Assim, *orar e vigiar* deve ser o seu e o nosso mister.

Para os médiuns excessivamente anímicos e que não possuem conhecimentos doutrinários, é preferível suspender temporariamente a prática mediúnica, estudar o fenômeno e apoiar-se no Evangelho do Nazareno Mestre para, então, tornar-se útil à causa salutar e divina da mediunidade seguindo os princípios ético-morais ensinados e vividos por Jesus.

É possível deduzir sobre o porquê de muitos médiuns adoecerem por falta do cumprimento do dever cristão-mediúnico, de acordo com o combinado antes do encarne. Isso porque o médium sabe que o seu animismo está impedindo que os seus guias realizem o que são capazes. Com tal conduta ele é tombado pelo sentimento de culpa. Também, conforme falamos, existem os casos mais graves dos desencarnes antecipados dos médiuns que se desvinculam do seu programa espiritual.

Pergunta: Comentam os escritores espiritualistas que os médiuns, de um modo geral, duvidam do próprio trabalho mediúnico que realizam. Que sucederá a eles com tal conduta?
Resposta: Os médiuns que, quando ainda inseguros quanto

à divina inspiração, trabalham num clima de incredulidade e menosprezam a proteção de que são alvo têm grande possibilidade de saírem da sintonia dos seus guias. Os amigos espirituais que procuram envolvê-los em sugestões positivas de confiança e impulsos luminosos, nessas situações, veem-se forçados a entregá-los às experiências fortes, a fim de que venham a valorizar o amparo que recebem dos seus benfeitores, e, assim, aproveitar melhor a encarnação, conforme nos esclarece Ramatís através de Hercílio Maes.

Existem médiuns recalcitrantes — aqueles que preferem ficar rodopiando em torno do vazio, à procura do nada, em vez de abraçarem a causa evangélica e praticarem a caridade com sorriso, entusiasmo e gratidão.

É sabido também que muitos anunciam a sua descrença como forma de defesa, uma vez que lhes falta humildade para abraçar a causa evangélica. Outros, mesmo sabendo que servindo ao próximo estarão resgatando as suas dívidas cármicas sob a batuta dos espíritos luminosos, preferem abraçar o ócio espiritual, dedicar-se às tarefas fúteis e desencarnar com o cognome de inúteis. Também existem aqueles que anunciam as suas pseudodúvidas apenas por quererem aparecer, chamar a atenção, demonstrando uma falsa humildade. São pessoas que não valorizam externamente o que fazem, embora não seja real no seu mundo íntimo, para passarem uma imagem de desprendimento, quando na verdade estão querendo aplausos pelo que realizam. São médiuns carentes de afeto e de Evangelho.

Então, o que sucederá a eles com tal conduta será voltar à pátria espiritual "piores" do que chegaram ao plano físico. Isso porque, mesmo não havendo retrocesso na evolução espiritual, eles ficarão aturdidos do outro lado da vida por causa do avassalador sentimento de culpa pela oportunidade negligenciada. Neste caso, a omissão é "sinônimo" de lesa evolução. O médium veio para o plano material de cabeça erguida e voltou ao espiritual de cabeça baixa, pois tombado pelo remorso gerado pelo descaso.

Pergunta: O que os médiuns que se sentem subjugados pela dúvida devem fazer para se libertar da incerteza?

Resposta: Consta em João 8:32: *Conhecereis a verdade e a verdade vos libertará.* Nesses casos, há necessidade de uma transformação radical feita geralmente por meio do choque emocional causado pela própria invigilância. Assim, os médiuns entram em contato com baixas correntes vibratórias por duvidarem do apoio das esferas mais altas, e, com isso, sofrem as consequências de um convívio espiritual de inadequado teor energético para quem pretende servir ao próximo em nome de Jesus, o que pode, inclusive, levá-los à alienação. Para milhões de pessoas psiquicamente doentes na Terra, a causa mais comum é a alienação provocada por espíritos doentes que as obsediam, ou por aqueles que se acoplam à sua consciência por afinidade, tendo em vista que *os afins se atraem*.

Ao modificar a atitude mental, poderão, ainda no atual encarne, libertar-se dos registros menos luminosos, apesar do exíguo tempo que nos resta para as contundentes transformações geofísicas da massa planetária terrena.

Assim é que, para o médium portador de dúvidas, é aconselhável que procure um psicoterapeuta gabaritado pelo conhecimento psicológico e de bom nível evolutivo-espiritual para lhe orientar e encaminhá-lo a fazer uma urgente catarse, considerando que, enquanto ele não compreender os seculares ou milenares registros negativos gerados quando da sua infância espiritual, continuará duvidando da infinita misericórdia de Deus, que sempre nos oportuniza novos empreendimentos reencarnatórios. Dessa forma, evitará continuar se arrastando pelo solo sem expectativa para adquirir asas e singrar os espaços siderais.

Após a catarse, num ato de fé inabalável, ele deve dar um mergulho introspectivo e trazer do inconsciente ao consciente os compromissos assumidos quando ainda estava do outro lado da vida.

Por não termos dúvida a respeito da sacralidade causada pelas superiores emoções para manter a nossa saúde psicossomática, e mais ainda por sabermos que é Constante Universal o espírito emocionar-se progressivamente à medida que aumenta a sua percepção da Onipresença de Deus, vamos imaginar a emoção que teve o doente do exemplo a seguir, ao ser curado.

> Eis que um leproso se aproximou e prostrou-se diante Dele, dizendo: "Senhor, se queres, podes curar-me." Jesus estendeu a mão, tocou-o e disse: "Eu quero, sê curado." No mesmo instante, a lepra desapareceu. Jesus então lhe disse: "Vê que não o digas a ninguém. Vai, porém, mostrar-te ao sacerdote e oferece o dom prescrito por Moisés em testemunho de tua cura." (Mateus 8:2-4)

Atentemos para a grandeza da confiança que Jesus inspirava a ponto de o doente dizer com convicção: *Senhor, se queres, podes curar-me.* É evidente que, só em ele, o doente, ter alimentado em seu íntimo a certeza de que Jesus, *se quisesse,* poderia curá-lo, já acionara o seu Cristo Interno e, ao entrar em contato mais direto com a esfera áurica do Divino Magnetizador Cósmico — Jesus de Nazaré —, aconteceu o seu refazimento psicossomático.

Por fazer parte do cientificismo cósmico o espírito eterno e imortal, à medida que vai evoluindo, ir paulatinamente se comovendo com a vida e com tudo inerente ao Autor da Vida — Deus —, *Cura e Autocura à Luz do Evangelho* aspira também integrar o ser humano às pulsações universais por meio das superiores e sublimes emoções auditivas, visuais, sonoras e as imaginárias.

Consta na história de Agostinho, *o santificado,* que ele, a princípio, querendo exteriorizar o seu amor pelo Criador e pelas criaturas, mas não sabendo ainda como desempenhar tal sagrada tarefa, levou uma vida comum até, aproximadamente, os seus trinta anos.

Certa ocasião chegou ao seu conhecimento que um convicto sacerdote fazia a sua costumeira pregação numa igrejinha, quando os soldados romanos chegaram e deram ordem para todos saírem, pois eles iriam destruir a igreja cristã. Apesar da ordem dos soldados para que saíssem, no entanto, o convicto cristão continuou com o seu sermão, e os fiéis ouvintes — os adeptos do sacerdote, que confiavam piamente no representante de Jesus e seguiam fielmente a sua orientação — não arredaram pé. A certa altura, o pregador parou e convidou a todos para cantar, louvando o Senhor. Depois de certo tempo, solicitou que todos fossem ver o que estava acontecendo lá fora, e eles depararam com os soldados ajoelhados e suas armas depostas no chão.

Agostinho soube do acontecimento e, a partir daquele episódio, foi tomado por superiores e sublimes emoções, o que despertou o seu Cristo Interno.

Ao considerarmos que aqueles fiéis, seguidores do Sublime Peregrino, já eram motivados pela causa evangélica, deduzamos como ficaram após presenciar os *soldados ajoelhados*! Logicamente estigmatizados pela Luz do Cristo através de Jesus, representado naquele momento pelo sacerdote da luz.

Quando Agostinho refletiu sobre tal episódio, sua Centelha Espiritual ficou mais luminescente, e ele tornou-se *também Caminho, também Verdade e também Vida* para representar Jesus — o Nazareno Mestre[20].

❋❋❋

Reativando, da nossa memória latente, as passagens da vida messiânica de Jesus, suavemente vamos esculpindo em nós, pela divinal emoção, um *homem novo*. Um homem que consiga abrir mão da racionalidade fria e se permitir ser tomado pelo fogo sagrado do entusiasmo para viver e servir; se motivar pelo "acordar" do seu Deus Interior para ter condições de interagir conscientemente com a Divindade.

> Caía a tarde. Agrupados em volta Dele, os discípulos disseram-lhe: "Este lugar é deserto e a hora é avançada. Despede esta gente para que vá comprar víveres na aldeia." Jesus, porém, respondeu: "Não é necessário: dai-lhe vós mesmos de comer." "Mas", disseram eles, "nós não temos aqui mais que cinco pães e dois peixes." "Trazei-mos", disse-lhes ele. Mandou, então, a multidão assentar-se na relva, tomou os cinco pães e os dois peixes e, elevando os olhos ao céu, abençoou-os. **Partindo em seguida os pães**[21], deu-os aos seus discípulos, que os distribuíram ao povo. Todos comeram e ficaram fartos, e, dos pedaços que sobraram, recolheram 12 cestos cheios. Ora, os convivas foram aproximadamente 5 mil homens, sem contar as mulheres e crianças. (Mateus, 14:15-21)

Deduzamos os sagrados estigmas que ficaram impressos naquelas almas ao ver Jesus produzindo efeitos especiais de maneira tão íntima com o Criador da Terra — o Cristo.

Quantas doenças da alma foram curadas durante aqueles salutares encontros? Quantos ficaram impregnados para sempre e, a partir daquela época, nunca mais conseguiram reencarnar sem aspirar à oportunidade de representar o Nazareno Mestre e divulgar a Sua angelical mensagem?!

---

[20] Maiores e melhores detalhes no livro *Os Santos que Abalaram o Mundo*, de René Fullor Miller, Livraria José Olímpio Editora (1968), volume número 72, da Coleção Sagarana.
[21] Observemos, na citação, que só os pães foram multiplicados e repartidos.

Por mais racionais que sejam certas criaturas, há determinadas situações em que elas são levadas a se desarmar e entrar, mentalmente, nas dimensões em que predominam as emoções transcendentes.

O ser humano que presenciou a *multiplicação dos pães* (**e não dos peixes**) realizada pelo Nazareno Mestre ficou positivamente estigmatizado para a eternidade. É possível deduzirmos como foram as suas reencarnações a partir daquele evento. Certo é que, pela logicidade da Lei da Evolução Espiritual, ao sermos tocados pela essência do Cristo, nunca mais nos desvincularemos Dele.

Sabedores que somos de que é como se a vida ficasse sem Vida — Deus — a fase evolutiva em que a pessoa ainda não é grata ao Autor da Vida, deduzamos, pela lógica, como passaram a ser as motivadoras vidas daqueles que contemplaram o sublime espetáculo da multiplicação dos pães. O sentimento de gratidão eterna a Deus ao ver o Nazareno Mestre na Sua sacrossanta condição de transformar o "nada" em sagrado alimento para a alma e para o corpo.

Que nível de sacratíssima emoção aquele povo foi tomado?! Imaginemos!

❀ ❀ ❀

A sacralidade da mediunidade – Sabemos que toda a Criação é dinâmica e obedece ao eterno transformismo. Também a mediunidade, por ser Constante Universal, evolui com a evolução do espírito, estando ele encarnado ou desencarnado.

O médium, em Aquário, mais consciente da sua tarefa, servindo de ponte entre os planos material e espiritual, adotará o Evangelho do Nazareno Mestre como código moral, a fim de ter condições para eticamente representar Jesus — o médium do Cristo Planetário —, sacralizando a sua mediunidade.

Na Era de Aquário, o médium, quando curado das suas mazelas, exaltará com gratidão o Deus Supremo pelo dom sagrado de honestamente comunicar-se com os espíritos superiores que estão do outro lado da vida. Ele sentirá ecoar do seu mundo íntimo o pensamento do mais fiel médium do Cristo — Jesus de Nazaré —, quando disse: *Exemplo vos dei para que façais o que eu fiz.*

Podemos imaginar a frequência mental das pessoas honestas, éticas, moralmente superiores, sem o sentimento de culpa, que não se alimentam da mentira, que não vivem da fantasia e são portadoras de autoestima.

Capítulo 11
Equilíbrio psicofísico

Pergunta: Por que pessoas fisicamente sãs têm comporta-mentos estranhos, embora a medicina oficial não consiga detec-tar o mal? E, nesse caso, como curá-las espiritualmente?

Resposta: A causa primordial é o sentimento de culpa gerado na atual vida, ou em vidas pretéritas, sendo que tais criaturas continuam, mesmo que inconscientemente, presas ao passado, e com isso sofrendo por causa dos reflexos condicionados freudianos.

Com certas condutas ou determinadas situações na atual vida, pode acontecer de o ser humano trazer à memória objetiva do subconsciente, ou do inconsciente profundo, registros negativos seculares ou milenares. E ele, se for fraco e incapaz de enfrentar os obstáculos comuns à vida existencial, responderá muito mais às vigorosas forças que o atraem ao passado, ao qual se encontra atrelado pelo remorso, do que se permitirá o Tropismo Divino. Isso justifica não ter vida normal e, também, a máxima que consta na Lei de Causa e Efeito: *O efeito acompanha a causa.*

Caso estejamos fortemente ligados a vidas anteriores, é preciso nos projetarmos para o eternamente novo, trabalharmos a nossa superconsciência e, como consequência, nos desvincularmos emocionalmente do passado malbaratado.

Uma específica situação atual pode manifestar do nosso âmago registros dantescos, e isso fará com que não tenhamos vida harmonizada dentro dos padrões estabelecidos pela sociedade — o que significa dizer que a nossa história não pode ser apagada, seja ela luminosa ou sombria; que a morte não interrompe a vida. Então, se os registros do passado são negativos, os seres, encarnados ou desencarnados, com a iluminação interior, se desvinculam emocionalmente deles, pois passam a compreendê-los e amá-los.

150

Na verdade, os espíritos mais conscientes são gratos à sua própria história de acertos e erros, por reconhecerem que ambos fizeram parte da sua iluminativa trajetória reencarnatória. Certo é que o mal só causa mal àquele que não compreende o seu papel, tendo em vista que ele alavanca o espírito para o seu autoencontro e a sua autoiluminação. O ser humano, para livrar-se da dor ou do sofrimento, precisa fazer aflorar do íntimo o seu Deus interior por meio do conhecimento libertador.

Associado ao tratamento, o indivíduo deve procurar inserir novos registros na memória objetiva, os quais devem ser transformados em vivência evangélica para adquirir a sabedoria. Também é aconselhável um repouso periódico em ambientes mais ligados às florestas, às flores fragrantes, aos rios, ao mar, ao sol, tudo isso acompanhado por músicas que expressem sacralidade e projetem a alma rumo ao Infinito. Afinal, enquanto o passado negativo estiver presente anulando as luminosas aspirações, além de não ter vida equilibrada por falta de saúde psicológica, o indivíduo não estará plasmando um futuro luminoso, logicamente sem doenças, pois sem doentes.

Pergunta: É possível explicar o porquê de determinados espíritos preferirem receitar a homeopatia, quando se sabe que a alopatia é mais aceita pelos pacientes?

Resposta: Evidentemente, a maioria da sociedade terrena, por falta de experiência com Deus, e em muitos casos com tessitura perispiritual carregada de alta dose de toxinas, responde mais rápido à alopatia. No entanto, a homeopatia será o medicamento do futuro próximo e que irá substituindo gradativamente a alopatia. Nos dias atuais, nem todos já estão com os corpos sutis sensíveis a um tratamento energético, como é o caso da homeopatia[22]. Com o exílio dos espíritos não qualificados para a Era do Mentalismo e que não continuarão reencarnando na Terra pelo menos durante os próximos 6.666 anos terrenos, a homeopatia, a cromoterapia e a musicoterapia serão utilizadas pela sociedade, em grande escala, o que resultará em equilíbrio psicofísico, já que o medicamento alopata, em muitos casos, cura determinada doença, mas desarmoniza outras regiões do corpo.

Analisemos, pela lógica, alguns itens elucidativos:

---

[22] Aconselhamos um estudo criterioso do livro *O Homem e seus Corpos,* de Annie Besant, editado pela Fundação Cultural Avatar, no qual ela elucida a sutileza dos corpos humanos.

➢ A homeopatia é mais "energia" e menos "matéria". daí a sua condição sutil de penetrar nos interstícios, nos intervalos atômicos do perispírito com maior facilidade e remover os resíduos mórbidos de dentro para fora.
➢ Com os corpos sutis menos sobrecarregados de toxinas, o espírito encontra maiores recursos para prover a vitalidade do seu corpo somático. Isso porque o períspirito com menor cota de resíduos tóxicos faculta aos chacras desempenharem as suas funções com mais mobilidade, propiciando a revitalização da tessitura perispiritual e, por conseguinte, dos demais corpos.
➢ Portanto, não é o espírito que prefere receitar a alopatia ou a homeopatia, mas a condição do perispírito do doente é que assim o determina.

O medicamento da homeopatia, por agir de dentro para fora, aproveita também a condição psíquica do paciente quando se trata de pessoa mais harmonizada com as Leis da Criação. Por isso, quanto mais o espírito é evoluído, melhor a ação da energia medicamentosa da homeopatia.

Pergunta: Ocorre de alguns espíritos recomendarem apenas a água fluidificada. A água tem alguma propriedade específica para curar? E a prece, qual o valor terapêutico da oração?

Resposta: A água é excelente condutor energético. Os espíritos superiores conseguem fixar nesse sagrado e vital líquido essências medicamentosas retiradas da Natureza, também recebidas do sol e do Cosmo. Nesta Nova Era que está começando, os terráqueos cientificamente mais esclarecidos vão ingerir muito mais água e, dessa forma, terão melhor saúde e envelhecerão com a pele menos desgastada.

A água tem altíssimo poder de captação do magnetismo divino. Daí o cuidado que devemos ter para não a impregnarmos com energias negativas usando da nossa voz e dos nossos pensamentos, sobretudo quando estivermos em desequilíbrio emocional. Para magnetizarmos positivamente a água e torná-la medicamento para a alma e para o corpo, devemos estar intimamente harmonizados, e evidentemente sem o corpo biológico sobrecarregado de toxinas densas.

Sobre a grandeza da oração, dispensa comentários, tendo em vista os esplendorosos exemplos deixados pelos instrutores espirituais de todas as épocas, em especial pelo Nazareno Mestre.

Ao considerar que *orar é abrir a boca*, observemos que,

quando Jesus falava, a Sua voz tinha a vibração sonora da sacralidade. Irradiava o magnetismo da misericórdia. Ele, usando do dom sagrado de falar, canalizava a Linfa Vivificadora e curava a alma e o corpo dos Seus ouvintes.

Assim, quando o ser humano, pela força da fé e da convicção, concebe a Onipotência de Deus em si e verbaliza uma oração, ele acelera do seu âmago a essência do seu Cristo Interno, a qual transporta o *Hálito da Vida* beneficiando a si e aos demais que forem alcançados pela sua voz e pelo seu luminoso pensamento.

Diante das nossas necessidades e das necessidades dos nossos semelhantes, supliquemos aos Céus essências benfazejas para o restabelecimento das nossas forças físico-psíquicas, convictos de que a Divindade Suprema, por ser Onipresente, sempre nos ouvirá.

Pergunta: É sabido que os terapeutas espirituais, em trabalhos de cura, retiram ectoplasma dos humanos que estiverem em boas condições energéticas. No entanto, devido à impureza das energias da maioria dos seres humanos terrenos, por que os técnicos espirituais não preferem retirar as energias que irão usar diretamente da Natureza?

Resposta: Os Técnicos Siderais, além do ectoplasma humano, utilizam os fluidos cósmicos absorvidos pela Natureza para finalidades específicas. Para tratamento da nossa saúde, retiram também dos minerais, vegetais e animais, sendo que, antes de serem introjetadas nos enfermos, há um especializado tratamento mantrânico dessas energias de acordo com as necessidades, finalidades e o grau de evolução dos pacientes.

Pergunta: É possível tecer algum comentário sobre os recursos anestésicos e cicatrizantes, tão incomuns, aplicados pelos cirurgiões espirituais?

Resposta: Uma vez que no plano material a ciência consegue fabricar magníficos anestésicos e excelentes produtos cicatrizantes, não temos dúvida quanto aos fabulosos recursos dos planos espirituais superiores. Na verdade, conforme sabemos, as maravilhas existentes na nossa dimensão são "materializações" dos elementos e equipamentos existentes do outro lado da vida, que, por sinal, são muito mais reais do que os nossos, considerando que estamos no plano da relatividade[23].

---

[23] No entanto, os planos energéticos também são relativos, visto que tudo evolui no Universo de Deus.

Cura e Autocura à Luz do Evangelho   153

A Essência de Deus é Una, embora receba nomes diferentes dependendo dos seus estados físico ou metafísico, além da idade sideral dessa Essência manipulada pelos Coparticipantes da Obra do Criador. Na Terra, por exemplo, Pietro Ubaldi em *A Grande Síntese* escreveu que o urânio atual é o hidrogênio envelhecido.

Para a nossa reflexão, tenhamos em mente:

A Essência do Criador está em toda a Criação.
Os Atributos Divinos da Onisciência, Onipresença e Onipotência são intrínsecos ao homem-espécie.
O Deus-Criador encontra-se imanente no Deus-criatura, também em todas as formas de vida e muito além.

Nas anestesias e cicatrizações, as energias são ajustadas às frequências mentais dos pacientes, de acordo com as suas realidades e necessidades.

Nos ambientes dedicados aos tratamentos espirituais são montados verdadeiros laboratórios para os espíritos técnicos "manipularem" remédios, anestésicos etc. É conveniente relembrar que sempre há um ajuste na propagação de ondas dos "medicamentos" de acordo com os estados psicofísicos dos doentes. Repetindo: Os técnicos espirituais, segundo Ramatís, *atuando nos corpos energéticos, conforme são vistos pelos clarividentes, calibram os fotônios siderais em frequências específicas para esterilizar, anestesiar, curar, cicatrizar os corpos biológicos,* conforme consta no livro *Mediunidade de Cura*, 12ª edição, psicografia de Hercílio Maes, Editora do Conhecimento.

É de suma importância que o médium centralize os atendimentos numa egrégora criada pelos espíritos superiores e sustentada harmonicamente pelos encarnados. Assim, deve-se evitar o atendimento mediúnico em domicílio ou em outros ambientes, portanto fora da sua egrégora, tendo em vista a dificuldade do médium para a conexão com os planos luminosos em ambientes despreparados.

Pergunta: O médico encarnado atende de acordo com sua especialidade. Como se explica o desencarnado atender a todo tipo de mal, inclusive a pessoas com sérios problemas de bruxaria, obsessão etc.?

Resposta: Conforme falamos, nas equipes espirituais superiores existem especialistas para cada tipo de enfermidade: médicos, enfermeiros, técnicos, químicos, psicólogos, assistentes e estudantes, além de sacerdotes, freiras, artistas, magos, alquimistas e outros mais. Atuando em ambiente onde não há médiuns para dar o passe ou fazer a desobsessão, quando for o caso, o espírito terapeuta, antes do atendimento específico, usa outros recursos para desobsediar, desintegrar miasmas nos pacientes, larvas e bacilos psíquicos, insetos fluídicos, auras densas, pegajosas e nauseantes.

Assim como existem na equipe espíritos especializados em tratamento de câncer, lepra, olhos, coração, existem outros exímios em magia. Portanto, quando o indivíduo doente está acompanhado por obsessores, de imediato é socorrido pelos magos; quando acoplado a um sofredor, o passe magnético é suficiente para refazê-lo. Da mesma forma, quando um espírito-médico prescreve chás, ervas, xaropes, necessariamente as orientações não são dele, mas ditadas por outros da equipe que usam recursos mais naturais.

Pergunta: Como são dinamizadas as substâncias usadas pela homeopatia no mundo espiritual?

Resposta: Os espíritos superiores comentam que as substâncias são tratadas de forma que haja uma aceleração atômica, que transforma a energia potencial existente em determinados elementos em outras modalidades, e as adequa conforme a região ou o órgão a ser cuidado. Assim surge o equilíbrio da pessoa, por causa do refazimento das vibrações dos pontos vitais ou chácricos.

Na dinamização há uma alteração vibratória dos elementos retirados da Natureza, e também recebidos do Cosmo ou de outras fontes, conforme falamos, a qual purifica os elementos químicos, aumentando-lhes a propagação das ondulações, mas mantendo as essências vivificadoras, o princípio ativo.

Por enquanto, conhecemos muito pouco sobre energia. Consta o seguinte no livro *Mecanismos da Mediunidade*, de André Luiz, psicografia de Chico Xavier, publicado pela FEB, 28ª edição, capítulo 2,"Conquistas da Microfísica":

O contador de Geiger[24], emergindo no cenário das ex-

---

[24] Serve para medir certas radiações (partículas alfa, beta ou radiação gama e raios X, mas não os nêutrons). Este instrumento de medida, cujo princípio foi imaginado por volta de 1913 pelo físico alemão Johannes (Hans) Wilhelm Geiger (1882-1945), foi aperfeiçoado por Geiger e Walther Müller (1905-1979) em 1928.

perimentações da Microfísica, demonstrou que, em cada segundo, de um grama de rádio se desprendem 36 bilhões de fragmentos radioativos da corrente mais fraca[25] de raios emanantes desse elemento, perfazendo um total de 20.000 quilômetros de irradiação por segundo. No entanto, há tão grande quantidade de átomos de rádio em cada grama desse metal que somente no espaço de 16 séculos é que o seu peso fica reduzido à metade[26].

É magnífica e emocionante a Obra de Deus! É altamente aguçador dos nossos divinos sentidos sabermos que em apenas um grama de rádio existe tamanha quantidade de energia coagulada.

Visto que o urânio é o mesmo rádio envelhecido, segundo Pietro Ubaldi em *A Grande Síntese*, não há como imaginarmos, por enquanto, a quantidade real de energia-luz contida em cada grama desse elemento radioativo, uma vez que o desprendimento de energia radioativa depende da "idade" de cada elemento.

Pergunta: Constantemente ouvimos a ciência anunciar a possibilidade de novos surtos de doenças por motivos diversos, como por exemplo, a poluição com gases os mais variados, agrotóxicos etc. Existe algum programa especial na espiritualidade para atender às futuras necessidades da humanidade nesse aspecto?

Resposta: O programa especial de todas as épocas foi e será a evangelização do ser humano. Evangelizado, ele poderá entrar no Céu ou no "inferno" e continuará sendo o mesmo indivíduo. Aliás, um ser integralmente evangelizado, se entrar no "inferno', vai iluminá-lo.

Sabemos que:

➢ As bênçãos do Criador são equânimes para prover as necessidades das humanidades espalhadas pelo Universo, cabendo às individualidades e às coletividades absorvê-las, pois Ele é Perfeito.

➢ Com o beneplácito de Deus, tanto o espírito iluminado, quando consciente do seu papel diante da vida, quanto o espírito

---

Fonte: Wikipédia.

[25] André Luiz referiu-se aos "fragmentos radioativos da corrente mais fraca" porque, segundo Pietro Ubaldi em *A Grande Síntese*, o rádio, como todos os elementos da tabela periódica, ao envelhecerem tornam-se mais radioativos.

[26] Para melhor entendimento, aconselhamos um estudo criterioso de *A Grande Síntese*, 11ª edição, de Pietro Ubaldi, Fundapu, em especial o capítulo XII – "Constituição da Matéria – Unidades Múltiplas" —, para entendermos que a metade que restou após 16 séculos de desintegração do grama de rádio já não precisará de mais 16 séculos para a sua desintegração, tendo em vista que estará mais radioativo e, consequentemente, se desintegrará em menos tempo.

luminoso trabalham incessantemente, no sentido sagrado de conduzir o homem terreno a vivenciar a mensagem evangélica do Sublime Anjo — Jesus de Nazaré —, pois são convictos de que, curando a alma, o corpo estará também curado, tendo em vista que é da Lei de Deus: *alma sã, corpo são.*

> O espírito enquanto primário, na sua evolução ou nas atitudes, necessita da dor como remédio sagrado para trazer a lume o seu Cristo Interno, despertar a sua sensibilidade para com os Haveres Celestes e torná-lo motivado a fim de, por esforço próprio, buscar o conhecimento libertador das faixas energéticas desprovidas das verdades eternas.

Fica evidente que a misericórdia de Deus é infinita, mas sem mérito, sem amor, não há salvação. Quando a pessoa aceita a dor pela compreensão da Infinita Justiça Divina, ela mesma faculta ao Universo atuar positivamente a seu favor.

A compreensão não anula a reação da ação humana, pois esta tem que ser absorvida pelo infrator, mas propicia a ação dos magnânimos espíritos socorristas para balsamizarem as nossas dores e os nossos sofrimentos.

É óbvio que quem compreende a razão da dor, por ser a mais sagrada força-energia a despertar consciências e alavancar o crescimento interior do homem-espécie, a recebe com placidez e agradece pelo seu magnífico desempenho na evolução do espírito eterno e imortal que somos.

Pergunta: Os espíritos receitam remédios preventivos?
Resposta: A prática desinteressada da caridade é remédio sem contraindicação, nem efeitos colaterais, para atenuar as reações das nossas ações menos luminosas. A boa palavra é altamente medicamentosa. Também o trabalho! Trabalhar-se para seguir os princípios ético-morais superiores e trabalhar para prover as suas necessidades existenciais *com o suor do seu rosto* (Gênesis 3:19) são excelentes remédios preventivos para a alma. O trabalho não só evita determinadas doenças, considerando que liberta as consciências dos seus cativeiros psíquicos, como também cura a alma e o corpo, pois, além de ser terapia ocupacional, é fonte sublime de renovação íntima. Fica evidente que o trabalho altruístico é excelente remédio preventivo. Isso porque *toda ação gera reação.*

Pergunta: Uma vez que o trabalho proporciona benefícios

Cura e Autocura à Luz do Evangelho

fabulosos à alma humana, por que os educandários não preparam psicologicamente os indivíduos desde a sua juventude para amar e sacralizar o trabalho? É verdade que a falta de ocupação mental gera doenças?

Resposta: Os fortíssimos resquícios negativos do trabalho escravo imposto pelos mandatários através dos milênios impregnou negativamente o subconsciente ou o inconsciente profundo de millhões de criaturas, e perdura na alma da maioria da sociedade terrena tal estigma. Em assim sendo, os pedagogos e educadores precisam delinear novas estratégias para educar a juventude a partir desta Nova Era que já estamos vivendo — a Era Mental, a Era da Força Superior.

Observemos, por exemplo, que:

- ➢ A água, para ser mantida pura e com capacidade realizadora de dessedentar e revitalizar os seres humanos, não deve ficar estagnada por muito tempo. Assim também é o homem-espécie, que, se não tiver atividades físicas e mentais, além de perder a saúde psicoemocional, perde também a biológica, pois fica sem flexibilidade corpórea, e, em muitos casos, sem resiliência[27].
- ➢ Todo o Universo criado é dinâmico e está em permanente vibração geradora de novas realidades energéticas em função do envelhecimento da matéria. O ser humano sem atividades mentais renovadas, aquele que permanece por longo tempo nas rotinas, sem acompanhar a dinâmica da Criação, pode ser considerado um suicida em potencial, tendo em vista que não faz bem à saúde a pessoa parar no tempo, abraçando a ociosidade quando ainda tem possibilidade de realizações renovadoras e criadoras.
- ➢ É preciso manter a mente ocupada com atividades úteis para garantir a harmonia do funcionamento do nosso sistema chácrico.

A falta de atividades mentais e físicas permite também a estagnação de energias em nossos corpos sutis, as quais serão drenadas para o mundo externo passando pelo biológico. As doenças, além de provocarem danos emocionais com a desarmonia íntima que nos causam, geram pensamentos antivitais, diminuindo consideravelmente a frequência dos nossos centros vitais responsáveis pela

---

[27] Capacidade que um indivíduo ou uma população apresenta, após momento de adversidade, conseguindo se adaptar ou evoluir positivamente diante da situação. Resistente estoicismo, invulnerabilidade, força, superação, coragem, resitência, recuperação. *Fís.*: Propriedade que alguns corpos apresentam de retornar à forma original após terem sido submetidos a uma deformação elástica. (No texto tem o sentido de o ser humano não se permitir a estagnação nem física nem mental.)

captação e assimilação das substâncias vivificadoras. Doentes, as pessoas, de um modo geral, ficam melancólicas, tristes, desanimadas, o que facilita o enfraquecimento orgânico e, também, a sintonia, por ressonância, com espíritos doentes, aflitos e aqueles tombados pelo remorso ou pelo sentimento de culpa. Nesses casos, se permanecermos com a mente ocupada com os quadros da doença ou da morte, iremos dificultar a ação da Providência Divina para tentar restabelecer a nossa saúde quando solicitarmos por meio da oração.

É salutar relembrar que as doenças são efeitos. Portanto, não é suficiente combater os efeitos sem antes descobrir e modificar luminosamente as causas.

Burilemos nosso campo íntimo na busca da própria renovação! Movimentemos o cérebro e o coração, num esforço constante para nos tornarmos pessoas livres das toxinas materiais e psíquicas! Tornemo-nos canais da Luz do Autor da Vida para desfrutarmos da alegria, da felicidade, da plenitude e, como salutar consequência, da saúde!

Pergunta: Além do receituário, não caberia ao médico espiritual a tarefa de orientar a sociedade, visando melhorar o padrão vibratório do ser encarnado, tendo como resultante a sua saúde?

Resposta: Orientar é dever de todos. Cada cristão, de acordo com o grau de dilatação da sua consciência, deve orientar, ainda que não seja médico, psicólogo, pedagogo, professor, sacerdote religioso ou ter outra atividade qualquer. Não podemos nos esquecer de que estamos encarnados num planeta que está passando pelo seu dramático momento apocalíptico — no qual vivemos trágicas emoções coletivas com grandes e evidentes prejuízos para o nosso psiquismo.

Embora a opressão psíquica seja coletiva, cabe a cada um de *per si* familiarizar-se com a doutrina cristã reencarnacionista, esforçando-se para viver da melhor maneira possível os princípios ético-morais que dinamizam, magnificamente, o sistema nervoso e sutilizam o psiquismo do ser humano, elevando o estado vibratório de defesa da alma.

No percurso de Aquário — Era do Mentalismo —, o doente será analisado no seu todo psicofísico, pois não basta ao terapeuta considerar o órgão ou a região enferma, no doente. Antes de tudo é preciso descobrir quais as desarmonias da sua alma em relação aos princípios vibratórios da vida cósmica, observando, carinhosamente, o seu cosmo psicossomático. O ideal seria, para melhor êxito

Cura e Autocura à Luz do Evangelho   159

do terapeuta, auscultar, no seu doente, o tríplice aspecto de pensamento, sentimento e ação. Também, para lograr melhor sucesso, é importante identificar o tipo psíquico do doente, pois, como é do conhecimento popular, não existem doenças, e sim doentes.

Visto que a doença expressa a natureza psíquica do homem, tão somente bombardear as "massas" mórbidas, localizadas em determinadas regiões do corpo e que estão fluindo do perispírito, não elimina a possibilidade de elas se alojarem em outro órgão ou outra região, vindo a receber nomes diferentes dentro da clássica tabela patológica da nossa magnífica ciência biomédica.

O perigo do excessivo bombardeio para impedir a drenagem das toxinas do perispírito para o corpo biológico, e deste para a terra ou para o ar, é que, quando a carga tóxica é muito elevada, há possibilidade de, após represada pelos remédios, aderir-se ao coração como último estágio, causando irregularidades ao movimento do chacra cardíaco e, naturalmente, prejuízos à saúde do coração e de todo o sistema chácrico. Isso ocorre porque o coração é o ponto final de todas as nossas doenças. Devido a esse material deletério fluir para o coração como último recurso, temos que exteriorizar do nosso âmago o sentido sagrado da vida, passando a *amar a Deus sobre todas as coisas* para termos condições irrestritas de *amar ao nosso próximo como a nós mesmos*. O ideal será conseguirmos restabelecer a nossa saúde, de preferência sem o acirrado bombardeio com produtos químicos para não afetarmos o nosso coração. Portanto, como todos os nossos males terminam no coração, vamos exercitar a nossa capacidade de amar.

O terapeuta, quando espiritualmente mais evoluído, passa a ser um telepata, recebendo, na intimidade de sua alma, o impacto da perturbação do seu paciente, embora este, muitas vezes, não saiba definir o seu mal. Sendo assim, ele deve se colocar como um cientista do espírito, tendo compaixão do seu companheiro que, também encarnado, está passando por provas diferentes das suas.

❈❈❈

Não devias tu igualmente ter compaixão do teu companheiro, como eu também tive misericórdia de ti? (Mateus, 18:33)

Pergunta: Como entendermos a passagem bíblica em que consta, em João 10:30, Jesus ter dito: "Eu e o Pai somos um"?

Resposta: Atualmente, Jesus ainda faz parte da hierarquia dos Anjos. Quando Ele estiver graduado à frequência dos Arcanjos, estará em condições evolutivas para criar mundos[28]. Em assim sendo, os Arcanjos ou Cristos podem criar corpos celestes, e os Anjos, na condição de Instrutores Espirituais, governam os mundos orientando suas humanidades. No entanto, pela Lei da Ressonância, Ele, o Anjo Jesus, sintonizado com o Arcanjo, ou Cristo-Pai, tornava-Se magnificamente mais capaz para realizar maravilhas, sendo que a sintonia era tão perfeita que Ele pôde dizer: "Eu e o Pai (Cristo) somos um, porém Ele é maior do que eu."[29]

Observemos na passagem bíblica a seguir:

> Num daqueles dias ele subiu com os seus discípulos a uma barca. Disse ele: "Passemos à outra margem do lago." E eles partiram. Durante a travessia, Jesus adormeceu. Desabou então uma tempestade de vento sobre o lago. A barca enchia-se de água, e eles se achavam em perigo. Aproximaram-se dele então e o despertaram com este grito: "Mestre, Mestre! Nós estamos perecendo!" Levantou-se ele e ordenou aos ventos e à fúria da água que se acalmassem; e se acalmaram e logo veio a bonança. Perguntou-lhes, então: "Onde está a vossa fé?" Eles, cheios de respeito e de profunda admiração, diziam uns aos outros: " Quem é este, a quem os ventos e o mar obedecem?" (Lucas 8:22-25)

Da lição evangélica citada por Lucas, concluímos que:

> ➤ Para Jesus, conectado permanentemente ao Cristo Criador da Terra, era-Lhe suficiente dar ordem mental ou verbal e a Natureza obedecia. Isso porque Ele mesmo dissera: *Eu e o Pai somos um,* tal era a Sua integração com o Cristo.
> ➤ Devido a ser a Terra o "corpo" do Cristo Terráqueo, todas as forças da Natureza são por Ele dominadas, o que é lógico e natural. Jesus, por ressonância, mediunicamente ligado ao Cristo, teve ampliada a Sua capacidade de realização. Daí os fenômenos da Natureza Lhe obedecerem.
> ➤ Seguindo o exemplo da Parábola da Videira em João 15:1-12,

[28] Os corpos celestes, em condições normais, duram 4.320.000.000 de anos terrenos. Caso a Terra esteja na metade do tempo previsto para a sua existência, Jesus continuará sendo o Instrutor Espiritual da sua humanidade por mais de 2 bilhões de anos terrenos.

[29] No livro *O Evangelho e a Lei de Deus*, do mesmo autor, capítulo 2, Editora do Conhecimento, constam excelentes esclarecimentos dados por Ramatís e Pietro Ubaldi sobre: "Eu e o Pai somos um."

consta Jesus ter dito:

Eu sou a videira verdadeira, e meu Pai [o Cristo] é o agricultor. Todo ramo que não der fruto em mim [Jesus], ele o cortará; e podará todo o que der fruto, para que produza mais fruto. Vós já estais puros pela palavra que vos tenho anunciado. Permanecei em mim e eu permanecerei em vós. O ramo não pode dar fruto por si mesmo, se não permanecer na videira. Assim também vós: não podeis tampouco dar fruto, se não permanecerdes em mim. Eu sou a videira; vós, os ramos. Quem permanecer em mim e eu nele, esse dá muito fruto; porque sem mim nada podeis fazer. Se alguém não permanecer em mim será lançado fora, como o ramo. Ele secará e hão de ajuntá-lo e lançá-lo ao fogo, e queimar-se-á. Se permanecerdes em mim, e as minhas palavras permanecerem em vós, pedireis tudo o que quiserdes e vos será feito. Nisto é glorificado meu Pai, para que deis muito fruto e vos torneis meus discípulos. Como o Pai me ama, assim também eu vos amo. Perseverai no meu amor. Se guardardes os meus mandamentos, sereis constantes no meu amor, como também eu guardei os mandamentos de meu Pai e persisto no seu amor. Disse-vos essas coisas para que a minha alegria esteja em vós, e a vossa alegria seja completa. Este é o meu mandamento: Amai-vos uns aos outros, como eu vos amo.

O Cristo é o Viticultor. Jesus é a Videira, e nós, os Seus ramos. Se nos mantivermos ligados consciente e emocionalmente ao Nazareno Mestre, além de imbuídos de intenções nobres, também poderemos produzir maravilhosos prodígios, a exemplo Dele, que, conectado ao Cristo, foi explendoroso, magnífico.

Observemos que estamos dilatando gradualmente a nossa percepção e, assim, pela lógica universal, compreendendo melhor quanto ao porquê de Jesus ter realizado os incomuns fenômenos e as explendorosas e "milagrosas" curas. Mas consta em João 14:11-12:

Crede-me: estou no Pai, e o Pai em mim. Crede-o ao menos por causa destas obras. Em verdade, em verdade vos digo: Aquele que crê em mim fará também as obras que eu faço, e fará ainda maiores do que estas, porque vou para junto do Pai.

Por conseguinte, exercitarmos a nossa sintonização com Jesus é o nosso mister, pois entrando em ressonância com Ele estaremos conectados ao Cristo-Pai — a Fonte de Vida planetária terráquea.

❀ ❀ ❀

Equilíbrio psicofísico – De um modo geral, o espírito, ao sofrer o descenso vibratório para atuar no plano físico terreno, passa a ter a sua visão restrita, sendo que a maioria tem tendência natural para acelerar o intelecto e adormecer o coração.

Os portadores de conhecimentos intelectivos, na mesma proporção que vão se evangelizando, vão percebendo claramente a nova estrada a ser percorrida, começando por empenhar-se em vivenciar o conhecimento para adquirir a sabedoria, visando alcançar a bondade. Nesse sagrado momento da evolução do espírito quando encarnado, a sua Chama Crística, muito mais luminosa, indicará a sua próxima trajetória a seguir, guiado pelo coração.

Por ser o coração humano o ponto final das dores, a tendência é deixarem de existir dores e sofrimentos para aqueles que vão dilatando a sua capacidade de amar incondicionalmente. Para tal é preciso que as aquisições intelectivas sejam vivenciadas com ações e atos crísticos, para que assim se transforme o conhecimento em vivência evangélica.

❀ ❀ ❀

A proposta de renovação do Cristianismo apresenta a palavra **ADVENTOS** com o "S" pluralizador, uma vez que, além de englobar os quatro pilares da sociedade, açambarca todos os Adventos anteriores.

O propósito de *Cura e Autocura à Luz do Evangelho*, por ser restabelecer ou manter em harmonia a alma humana, é endereçado ao homem-espécie. Logicamente, não se restringe a nenhum pilar do conjunto planetário. Daí envolver os que possuem intelecto brilhante, os de sentimentos elevados, os artistas, os religiosos, os portadores de religiosidade, os cientistas, os filósofos, os de "mente concreta" e os emotivos e sensíveis ao tropismo causado pelas consciência de abrangência cósmica.

Capítulo 12
Eclosão da luz interior

Pergunta: Devido ao fato de sermos filhos da Grande Luz — Deus —, como adquirirmos harmonia na condução da vida a fim de facultarmos a eclosão da luz latente da qual somos portadores e, como consequência, nos autocurarmos?

Resposta: O ser humano terreno ainda é excessivamente fóbico para as realidades que transcendem ao tempo e ao espaço, embora não possa negá-las, considerando as incontestáveis evidências registradas nos compêndios culturais da sociedade e na memória do ser humano. Entretanto, mesmo vivendo em tais circunstâncias, muitas criaturas se autoincendiaram e deixaram rastros luminosos nas suas trajetórias.

A partir do momento em que o homem-espécie consegue abrir mão dos atreladores valores sem valor para galgar planos energéticos mais sutilizados, começa o impulso para a sua renovação interior e, como consequência, vai formatando a luz da sua esfera áurica, da sua *túnica nupcial.*

É óbvio que a cura dependerá do reequilíbrio íntimo, em função do qual a alma vai sentindo-se impulsionada a sutilizar os seus corpos mais densos, lhe advindo a ampliação da visão interior.

Visualizando horizontes mais dilatados, passa-se a aspirar à graduação, por esforço próprio, à frequência que identifica o Cristo-Vida, o Cristo-Amor, e, dessa forma, surge-lhe a força da vontade realizadora. Assim é que a força da boa vontade da alma começa a pulverizar os aglomerados de energias mórbidas aderidas ao seu perispírito e/ou ao seu psicossoma.

O melhor remédio preventivo para não adoecermos é vivenciarmos a mensagem de amor do Nazareno Mestre — o Evangelho. Colocando a mensagem evangélica na rotina da vida, nossa luz interior se expandirá e iluminará as nossas ações e atitudes. Com a conduta ético-moral identificando que somos cristãos conscientes, não infringiremos os Estatutos da Vida e, assim, não geraremos carma negativo para resgatarmos por meio de doenças e sofrimentos.

Pergunta: Então, caso a nossa postura seja evangélica, não contrairemos doenças?

Resposta: A doença corpórea é efeito causado pela desarmonia da alma. Dessa forma, se pautamos a nossa existência, dentro das Leis da Evolução, usando da *misericórdia do ver, ouvir e falar*, é porque já estamos, no mínimo, a caminho da nossa evangelização. Uma vez que o Evangelho é a síntese das Leis de Deus, a pessoa evangelizada só tem ações cujas reações são positivas e, logicamente, não geram carma negativo.

Observemos que os grandes luminares não tiveram doenças cármicas, embora muitos tenham passado pela dor, sendo que em uns isso se deu para acelerar a propagação das suas ondas mentais, e em outros, para servirem de exemplo; mas, em ambos os casos, não sofreram porque compreenderam a Legislação Divina da Evolução. Tais criaturas foram intérpretes dos Engenheiros Siderais — os Criadores de Mundos.

Pergunta: E quem já estiver doente, o que deve fazer para se autocurar?

Resposta: Com a eclosão da luz interior, deduzamos, pela lógica, o salto quântico que a alma produz em si. A elevação da sua frequência rompendo as valências atômicas, os elos energéticos que mantêm os aglomerados celulares desvitalizados, os quais dificultam ou impedem o fluxo vital do prana — a sagrada energia que alimenta a vida.

Para autocurar-se, a criatura deve projetar-se para a Eternidade, pois, como a doença é efeito de causa pretérita, vislumbrar o eternamente novo é sair da faixa mental causadora do mal, considerando que o efeito acompanha a causa. Assim, enquanto a causa continuar sendo arrastada pelo causador tombado pelo remorso, não haverá cura, o que é lógico. Daí a importância de não se alimentar o sentimento de culpa, tendo em vista que o passado passou e nada se pode fazer, porque não se pode voltar ao passado para alterá-lo. Em assim sendo, o nosso papel é adquirmos novos ensinamentos libertadores e transformá-los em vivênia crística para não repetirmos os erros de épocas mortas.

Cura e Autocura à Luz do Evangelho
165

Pergunta: Quer dizer então que seguir os princípios ético--morais ensinados pelo Nazareno Mestre é a terapia mais aconselhável para quem estiver encarnado?

Resposta: Não só para encarnados, mas também para os desencarnados, pois, se por um lado o corpo biológico serve de condensador das massas energéticas que sofrem descenso vibratório dos corpos sutis, as quais causam as doenças, com o espírito desencarnado não é diferente, tendo em vista que as energias morbosas "descem" do corpo perispiritual e, enquanto este estiver sobrecarregado de toxinas o espírito continuará doente, mesmo estando do outro lado da vida. A diferença é apenas vibratória, pois um possui corpo material, e outro, perispiritual.

Por ser Deus a Perfeição Absoluta, não existe erro nem acaso na Criação. Portanto, nós, quando doentes, na condição de partes não apartadas Dele, devemos:

> ➢ O quanto antes nos conscientizar de que já estamos sob os auspícios de Aquário, a era para trazermos ao consciente o nosso Cristo Interno. A nossa Força Superior. O nosso Eu Divino. Logicamente, em melhores condições para resistirmos aos embates da vida, sem perdermos a elegância de um cristão convicto, seguindo o exemplo do Grão-Mestre do Cristianismo — o Meigo Nazareno.
>
> ➢ Buscar a harmonia emocional, já que vislumbramos horizontes mais abrangentes e estamos conscientes de que somos eternos e imortais. Por assim ser, não nos desarmonizemos emocionalmente para não contrairmos danos que afetem o nosso corpo somático.
>
> ➢ Cuidar do nosso corpo mental para que não seja danificado com paisagens que expressem desarmonia íntima, e, assim, mantermos em equilíbrio a nossa saúde psicoemocional.

Adaptar à nossa vida os superiores exemplos vividos por Jesus e pelos grandes Instrutores Espirituais é facultar que os nossos pontos vitais desempenhem suas sagradas funções, sobretudo no sentido divino de fazer o prana circular harmonicamente pelos corpos sutis e manter a saúde do corpo biológico.

Procuremos sempre alimentar a nossa tela mental com paisagens de cores agradáveis que identifiquem vida, alegria, otimismo, entusiasmo, pois a nossa saúde mental se refletirá em nosso corpo somático, não permitindo a atrofia dos canalículos por onde fluem as energias vivificadoras. Daí o valor sagrado das emoções superiores, aquelas que dinamizam os nossos chacras e plexos, para que o fluido vital não sofra bloqueios, advindo como resultante as doenças.

Pergunta: Os médicos desencarnados gostam de trabalhar com música sacra ou clássica no ambiente. Por que essa opção se, de modo geral, quando encarnados não tiveram tal hábito?

Resposta: Não devemos restringir a música superior a nenhuma atividade humana, pois ela, por expressar sacralidade, é capaz de sensibilizar todas as criaturas do conjunto planetário, de acordo com suas preferências.

Ramatís, no livro *A Vida no Planeta Marte e os Discos Voadores*, 15ª edição, psicografia de Hercílio Maes, Editora do Conhecimento, escreveu:

> A música em qualquer latitude cósmica é linguagem universal; é uma dádiva que Deus concede ao espírito para a sua ventura eterna; é poesia cósmica expressa em sons, em vez de palavras. É composição sonora que vibra pelo Infinito, sob a batuta do Regente Divino; traz na sua intimidade a palpitação da própria Natureza, plena de forças criadoras, contendo em si a Beleza, a Poesia, a Inspiração e o Êxtase.

O terapeuta, compreendendo que a música superior é a arte de raciocinar em sons, utiliza a música terapêutica e/ou a musicoterapia porque, além de conhecer o seu valor iniciático, sua influência positiva de enlevo no ser humano, conhece também o bem-estar causado pela irradiação das cores e pelo perfume que exalam delas.

Assim tem sido através dos milênios. Criamos normas, religiões, dogmas, e ficamos presos às nossas criações, mesmo sabendo que tudo no Universo obedece ao eterno transformismo, tendo em vista que a evolução não tem ponto final.

Reflitamos sobre a passagem bíblica a seguir:

> Partindo dali, Jesus entrou na sinagoga. Encontrava-se lá um homem que tinha a mão seca. Alguém pergun-

tou a Jesus: "É permitido curar no dia de sábado?" Isto para poder acusá-lo. Jesus respondeu-lhe: "Há alguém entre vós que, tendo uma única ovelha e se esta cair num poço no dia de sábado, não a irá procurar e retirar? Não vale o homem muito mais que uma ovelha? É permitido, pois, fazer o bem no dia de sábado." Disse, então, àquele homem: "Estende a mão." Ele a estendeu e ela tornou-se sã como a outra. (Mateus, 12:9-13)

Era da natureza sublime do Meigo Jesus, acompanhado, em todas as circunstâncias, por uma corte de espíritos das hierarquias superiores, irradiar Sua luz angélica com igualdade sobre os minerais, vegetais, animais, hominais e além. No entanto, nem todos os corações bafejados pela luz da Sua angelitude eram sensíveis às ondas mentais daquela magnitude. Com isso muitos, em vez de fraternal e solidariamente agradecerem ao Enviado Celeste pelas maravilhosas curas realizadas no plano terrestre, ficavam presos aos preceitos de épocas mortas, impostos pelos religiosos sem religiosidade. É evidente que existiam também os invejosos.

As pessoas mais conscientes quanto à infinita misericórdia de Deus, ao verem alguém em condições de aliviar a dor dos seus semelhantes, procuram acionar, do seu Cristo Interno, o sentimento de solidariedade, e esforçam-se para, através da oração e do bom pensamento, auxiliar, na convergência mental da essência alimentadora da vida, quem possa curar aqueles que estiverem precisando.

Jesus, que estava acima das convenções sociais, disse, então, àquele homem: *"Estende a mão." Ele a estendeu e ela tornou-se sã como a outra.*

❊ ❊ ❊

No livro *Francisco de Assis*, 12ª edição, Miramez, João Nunes Maia, Editora Espírita Cristã Fonte Viva, consta Jesus falando para Francisco:

> Tem como dogma a fé, como espada, o amor, e como clima, a caridade; como alegria, a servidão, como casa, o império terreno, e como escola, a natureza; como alimento, também a palavra de Deus, como luz, também o entendimento, e a tua guerra será estabelecer a paz! Francisco! Não deves, em tempo algum, esquecer o per-

dão; não deves temer as ingratidões, a pobreza, nem tampouco a dor, pois são forças de Deus, para desatar a luz nos corações dos meus discípulos.

Não critiquemos a visão daquele povo, pois lhe faltavam conhecimentos teológicos e científicos. No entanto, com o grau de discernimento que o homem terreno já possui, o seu sagrado empenho deve ser adquirir mais ensinamentos libertadores e nunca se dar por satisfeito, considerando que a mais abrangente condição intelectiva atual será amanhã material didático obsoleto que deverá ser recolhido aos museus.

Deus, a Perfeição Absoluta, envia os Seus Emissários Celestes à medida que assimilamos os ensinamentos já lecionados. Embora todos os alunos planetários sejam portadores de livre-arbítrio, nem todos se graduam dentro do tempo previsto pelos Pedagogos Siderais. Por isso, em cada *Fim de Curso* ou *Fim de Ciclo*, os reprovados são transladados para outras escolas planetárias compatíveis com as suas realidades evolutivas e as suas aspirações.

Solicitei da Espiritualidade notícias de irmã Celina, e Pai José, através da psicografia de Ana Maria de Farias de Almeida, escreveu:

> Sou grato pelas alvíssaras, pois me apraz fazer-me portador de notícias sobre a nobre Celina, empenhada sob a égide de Maria, a Mãe, em tarefa de essencial importância nas chamadas Hostes Dimensionais, cujo objetivo se destina a alocação dos transportados [intermundos].

Portanto, no atual translado é tarefa de irmã Celina, emissária de Nossa Senhora, **alocar** os espíritos que serão exilados para outros mundos. Ana (Santana), mãe de Maria Santíssima, faz parte da equipe de Celina.

Da lição evangélica a seguir, vamos armazenar em nosso mundo pessoal as emoções que as pessoas viveram ao contemplar os prodígios realizados pelo Nazareno Mestre. Estejamos sempre prontos para receber novos e eternos ensinamentos, levando em conta a máxima que diz: *Os sábios são sábios, apenas, em relação à época em que vivem e à ignorância prevalecente da maioria*, conforme consta no livro *A Vida no Planeta Marte e os Discos Voadores*, 15ª edição, de Ramatís, psicografia de Hercílio Maes, Editora do Conhecimento.

> Jesus entrou em Jericó e ia atravessando a cidade. Havia aí um homem muito rico chamado Zaqueu, chefe dos recebedores de impostos. Ele procurava ver quem era Jesus, mas não o conseguia por causa da multidão, porque era de baixa estatura. Ele correu adiante, subiu a um sicômoro[30] para o ver, quando ele passasse por ali. Chegando Jesus àquele lugar e levantando os olhos, viu-o e disse-lhe: "Zaqueu, desce depressa, porque é preciso que eu fique hoje em tua casa." Ele desceu a toda a pressa e recebeu-o alegremente. Vendo isto, todos murmuravam e diziam: "Ele vai hospedar-se em casa de um pecador." Zaqueu, entretanto, de pé diante do Senhor, disse-lhe: "Senhor, vou dar a metade dos meus bens aos pobres e, se tiver defraudado alguém, restituirei o quádruplo." Disse-lhe Jesus: "Hoje entrou a salvação nesta casa, porquanto também este é filho de Abraão." (Lucas, 19:1-9)

Ora, visto que *há mais alegria no Céu pela regeneração de um pecador do que pela chegada de um justo* (Lucas 15:7), por que Jesus não se *hospedaria na casa de um pecador*?

Segundo Miramez, no livro *Francisco de Assis*, 12ª edição, psicografia de João Nunes Maia, Editora Espírita Cristã Fonte Viva, naquela época o horto das Oliveiras estava arrendado por Zaqueu. Portanto, ele também era um homem de negócios.

Ainda no citado livro de Miramez, consta que Zaqueu[31] reencarnou em Portugal (1195-1231) e recebeu o nome de Fernando de Bulhões. Na sua busca espiritual, inicialmente pertenceu à Ordem Agostiniana, e depois foi para a Ordem de Francisco de Assis, onde recebeu o nome de Antônio e ficou conhecido por Antônio de Pádua, e também por Antônio de Lisboa.

Distinguindo-se como teólogo, místico, asceta e, sobretudo,

---

[30] *Sicômoro* ou *figueira-doida* é uma espécie de figueira de raízes profundas e ramos fortes que produz figos de qualidade inferior, cultivada no Oriente Médio e em partes da África há milênios. Fonte: Wikipédia.

[31] Zaqueu, naquele mesmo encarne, após ser tocado pela essência do Nazareno Mestre, tornou-se *um preceptor dos mais famosos, homem probo e caridoso. Os publicanos tinham-no como santo.*

como notável orador e grande taumaturgo, Antônio é também tido como um dos intelectuais mais notáveis de Portugal, a ponto de São Boaventura dizer que *ele possuía a ciência dos Anjos.*

❀ ❀ ❀

Em sendo o cerne de *Cura e Autocura à Luz do Evangelho* despertar pelas emoções superiores os Atributos Divinos latentes na alma do ser humano para que o seu corpo tenha saúde, no livro *Há 2000 Anos*, 41ª edição em 2016, de Emmanuel, psicografia de Chico Xavier, consta uma passagem sobre o senador romano Públio Cornélius Lêntulos.

Lívia, esposa de Públio, pediu-lhe que fosse solicitar de Jesus uma bênção para a cura de Flávia, sua filha.

Deduzamos a luta interior do poderoso representante de Roma para ter que humilhar-se e ir pedir ajuda ao filho de um inexpressivo carpinteiro. Mas atendendo ao pedido de Lívia ele foi.

Consta no referido livro o encontro dele com o Meigo Jesus:

> Lágrimas ardentes rolaram-lhe dos olhos, que raras vezes haviam chorado, e força misteriosa e invencível fê-lo ajoelhar-se na relva lavada em luar.
> Desejou falar, mas tinha o peito sufocado e opresso. Foi quando, então, num gesto de doce e soberana bondade, o meigo Nazareno caminhou para ele, qual visão concretizada de um dos deuses de suas antigas crenças, e, pousando carinhosamente a destra em sua fronte, exclamou em linguagem encantadora, que Públio entendeu perfeitamente, como se ouvisse o idioma patrício, dando-lhe a inesquecível impressão de que a palavra era de espírito para espírito, de coração para coração: "Senador, por que me procuras? Fora melhor que me procurasses publicamente e na hora mais clara do dia, para que pudesses adquirir, de uma só vez e para toda a vida, a lição sublime da fé e da humildade."
> Públio Lêntulus nada pôde exprimir, além das suas lágrimas copiosas, pensando amargamente na filhinha.

Daquele encontro adveio a cura instantânea de Flávia e, por extensão, o "acordar" do Cristo Interno de seu pai, Públio.

É possível imaginar como ficou o senador depois de magnetizado pelo Nazareno Mestre, ouvindo a sentença descrita por Miramez: *Se a fé instituiu na tua casa o que consideras a alegria com o restabelecimento de tua filha, não te esqueças que isso representa um agravo de deveres para o teu coração, diante de nosso Pai, Todo Poderoso*[32]*!*

❋❋❋

Tendo em vista que Francisco de Assis alimentou em seu mundo íntimo a sagrada esperança de ser estigmatizado com as "Chagas do Senhor", é possível deduzir, teórica e parcialmente, o estado de êxtase em que ele ficou quando do divino episódio no monte Alverne ao ser visitado pelo Nazareno Mestre. E, naquele monte, ao sentir surgirem os estigmas em seu corpo, metamorfoseou-se em sublime luz. Incendiou-se e clareou o monte Alverne e suas adjacências, a ponto de confundir os trabalhadores do campo, de tal forma que acharam que o sol já tinha nascido.

Segundo Miramez, no livro *Francisco de Assis*, psicografia de João Nunes Maia, Editora Espírita Fonte Nova, ele *pedira a Jesus que antes de voltar à pátria espiritual desejaria sentir as Suas chagas no próprio corpo, o que para ele seria uma bênção, a coroação dos seus trabalhos nos caminhos do mundo.*

Escreveu Pietro Ubaldi:

> E São Francisco, de manhã bem cedo, antes do despontar do dia, se põe a orar diante da porta de sua cela, volvendo o rosto para o levante... E estando assim, e inflamando-se nessa contemplação, nessa mesma manhã, viu ele vir do céu um Serafim com seis asas resplandecentes e flamejantes; e o Serafim, num voo veloz, aproximou-se de São Francisco, tanto que este o pôde discernir, percebendo claramente que tinha diante de si a imagem de um **homem crucificado**... E estando assim admirado, foi-lhe revelado por aquele que lhe aparecia que, pela divina providência, aquela visão lhe surgia de tal forma a fim de que ele compreendesse que, não por martírio corporal, mas por incêndio mental, teria ele de ser completamente transformado na positiva semelhan-

---

[32] Comenta-se que o Públio daquela época é, atualmente, o nosso querido Emmanuel, mentor de Chico, e que, Flávia, sua filha, era o nosso amoroso e humilde Chico Xavier.

ça de **Cristo crucificado.**

Nessa aparição admirável, todo o monte da Verna parecia arder em brilhantíssimas chamas, que iluminavam todos os montes e vales em derredor, **como se o sol houvesse descido à Terra**; e os pastores, que velavam nessas redondezas, vendo o monte incendiado e muita luz em torno dele, tiveram grande medo, conforme depois contaram aos frades, afirmando que aquelas chamas duraram sobre o monte da Verna por espaço de mais de uma hora. Igualmente, ao esplendor dessa luz, que atravessava as janelas das hospedarias da região, **alguns tropeiros que iam para Romagna se levantaram, crendo que já fosse dia e carregaram seus animais**; e, após iniciarem a viagem, **no caminho, viram cessar aquela luz e levantar-se o sol.**

Nessa aparição seráfica, Cristo[33], que se tornou visível, falou a São Francisco certas coisas elevadas e secretas, que jamais em vida o santo quis revelar a ninguém... Desaparecendo a admirável visão, após falar durante muito tempo e em segredo, deixou no coração de São Francisco um ilimitado ardor de amor divino; e na sua carne deixou um maravilhoso sinal e imagem de paixão de Cristo[34].

Não temos palavras que possam descrever a sublime emoção que viveu Francisco de Assis no monte Alverne no momento da aparição de Jesus. Fica por conta de cada indivíduo.

Por ser o cerne sagrado destes apontamentos refletirmos sobre as benesses causadas pelas emoções superiores, vamos imaginar o que sentiu Francisco de Assis quando, no monte Alverne, viu o seu corpo com as "Chagas do Senhor".

Disse ele:

> Cristo!... Cristo!... Cristo!... Se for a hora, deixa por misericórdia as flores das Tuas chagas florirem em mim, pobre pecador, que tenta Te seguir e que terá a maior

---
[33] Ressaltemos que o Cristo citado aqui se refere a Jesus, tendo em vista que, atualmente, já é do conhecimento geral que Cristo e Jesus são duas consciências espirituais.
[34] Esse episódio consta nos livros de Pietro Ubaldi *A Nova Civilização do Terceiro Milênio*, 3ª edição em 1984, e *As Noúres*, publicados pela Fundapu.

alegria com os vínculos de Esperança. Os estigmas, para Teu servo, Jesus, serão como as portas dos Céus, que nos abriste e que devo conquistar na consciência. (Do livro *Francisco de Assis*, Miramez, 12ª edição em 1997, psicografia de João Nunes Maia, Editora Espírita Cristã Fonte Viva)

Elaboremos na nossa mente a crística emoção que Francisco sentiu ao contemplar a angelical e Grande Estrela — Jesus de Nazaré. A luz que eclodiu do seu interior. Francisco naquele momento transformou-se no Radioso FRANCIS.

❋ ❋ ❋

Eclosão da luz interior – O momento planetário solicita do ser humano que ele vislumbre a arquitetura do Universo. Permita que a emoção invada a sua alma. Abra o coração e deixe sair pelo seu plexo solar a luz do seu Cristo Interno — a Fagulha de Deus em si.

Com as portas da alma abertas é possível estabelecer a comunicação pelas vias internas do coração entre as individualidades que somos e a Totalidade que É — Deus —, através dos Seus Emissários Celestes.

Consta no livro *Princípio de Uma Nova Ética,* de Pietro Ubaldi, editado pela Fundapu que: *Somente entre semelhantes é possível haver comunicação e, para compreenderdes o mistério que existe nas coisas, deveis saber descer ao mistério que está dentro de vós.* Com o contato consciente entre o Cristo-criatura e o Cristo-Criador, há uma profusão de luzes, pois surge na alma um incêndio interior com o fogo transcendental. Um incêndio cuja luz brota das profundezas do Eu Crístico.

Nesses estados vibracionais positivamente alterados a criatura concebe o que Jesus afirmou: *Vós sois luzes.*

Capítulo 13
Cromoterapia

Pergunta: Qual a técnica utilizada pelos terapeutas espirituais quando fazem uso da cromoterapia?

Resposta: Ao considerar a baixa frequência mental que, de modo geral, a pessoa apresenta quando doente, o primeiro passo no momento do tratamento é dissolver o magnetismo opressivo que ela cria e impregna a sua aura. Daí a necessidade de espíritos iluminados e outros tantos luminosos, encarnados ou desencarnados, portadores de conhecimentos técnicos e sentimentos nobres, usando projetores cromoterápicos do plano físico ou do espiritual, como também apenas a força mental, atuarem inicialmente na limpeza do campo áurico do paciente, uma vez que a radiação varia de acordo com o quadro apresentado — determinadas auras apresentam extrema dificuldade na dissolução de suas densas camadas, que demandam aplicação energética específica com substâncias "cáusticas".

A luz radiante que é depositada por projetores cromoterápicos sobre o doente, além do refazimento áurico, ativa a sua consciência eterna e imortal, e ele passa a trabalhar-se no sentido de trazer ao consciente as suas forças latentes como defesa natural da vida. Dessa forma, o terapeuta precisa ter condição psicoemocional e vocabular que inspire confiança ao seu paciente, para que ele próprio auxilie no restabelecimento do campo vital dos seus corpos energético e material. É a própria alma que desperta do seu mundo íntimo os Divinos Atributos de Deus — Onisciência, Onipresença e Onipotência.

O espírito cromoterapeuta conhece a cor áurica fundamental dos órgãos do ser humano. Ele pode ver as cores alteradas e também as regiões carentes do fluido vital, o que facilita a aplicação específica da cor revigorante.

Pergunta: Quais os efeitos dessas cores?

Resposta: Vão depender das necessidades dos doentes. Ramatís comenta no livro *Mediunidade de Cura*, 12ª edição, psicografia de Hercílio Maes, Editora do Conhecimento, que:

> Na letargia psíquica, por exemplo, a aplicação do vermelho-fogo, cujo eterismo é excitante, dinâmico e criador, auxilia no metabolismo endocrínico, despertando, através do mecanismo orgânico, a reação do psiquismo letárgico; no caso inverso, de superexcitação, ele aplica o verde-seda, refrescante, ou o azul suave, sedativo, que condiciona o paciente a reajustar-se; as exaltações são neutralizadas pelo rosa puro, que inspira o Amor Divino à alma e à filantropia; a melancolia, a apatia, sob a ação do amarelo-claro, induz ao raciocínio superior.

Pergunta: É possível elucidar melhor o assunto, tendo em vista que os projetores cromoterápicos do plano físico irradiam luz elétrica, a qual, por ser material, é muito lenta, e, assim, não consegue romper, com facilidade, as camadas de energias condensadas nas auras ou nos órgãos dos doentes, principalmente nos casos crônicos?

Resposta: No livro *A Arte de Interpretar a Vida*[35] consta:

> Pessoas que apresentam casos crônicos que as tornam apáticas, indolentes, portadoras de magnetismo opressivo, de aura nodosa e de odor nauseante, devido ao panorama mental pantanoso, precisam, além da irradiação de impacto para dissolver a aura cascuda e asquerosa, de indispensável psicoterapia para alinhá-las, despertá-las da necessidade de perseguir a sua libertação íntima por esforço pessoal e intransferível.
>
> Nesses casos agudos, o cromoterapeuta precisará se utilizar, a princípio, das cores do espectro visível[36] para desbloquear a alma no seu todo e, em seguida, aplicar as cores específicas. É bom repetir, para fixar, que os terapeutas do corpo sejam simultaneamente também da

---

[35] Livro do mesmo autor, 3ª edição em 2015, Editora do Conhecimento. É material didaticamente elaborado para acender a Centelha de Deus latente em todos nós.
[36] Campo do espectro eletromagnético que abrange uma pequena faixa capaz de ser captada pela visão humana, situada entre os raios infravermelho e ultravioleta, e que compreende as seguintes cores, em gradação contínua: vermelho, alaranjado, amarelo, verde, azul, índigo e violeta. Fonte: Wikipédia.

alma, esclarecendo os seus pacientes quanto à necessidade de se manter em um padrão vibratório superior, de tal maneira que, em função de suas carências energéticas, possam se autoprover, mantendo a mente povoada por paisagens dignificantes.

Sabendo-se que o verde-claro é refrescante, que desperta nas consciências a simpatia e que facilita a empatia, é de bom senso, para quem procura o autorrefazimento, manter as paisagens mentais pontilhadas com a esperança motivadora da vida, convicto de que, conforme é do conhecimento humano terreno, *a esperança nunca abandona a vida*, segundo Tagore, através de Divaldo Pereira Franco.

Também, em sendo o azul-celeste excelente sedativo para a alma, produzindo no inconsciente profundo efeitos especiais do *religare*, deve o cromoterapeuta competente, conhecedor das facetas humanas terrenas, procurar desbloquear as almas embotadas, a fim de que elas, por esforço e mérito, restabeleçam, em definitivo, as suas forças espirituais e, por conseguinte, a cura corpórea.

É do conhecimento terreno que a pessoa, quando de raciocínio rápido e superior, e que mesmo com a sua admirável dinâmica mental não lhe acerba a vaidade nem a soberba, possui aura iridescente, predominando o amarelo-claro. Quem é portador de tais características, conseguindo mentalmente polarizar a luz com a cor de acordo com a necessidade, e em seguida projetar em benefício dos seus semelhantes, obterá prodígios no reajuste do psiquismo inquieto, pois se trata de mente educada, de alta dinamização, em condições para fazer com que os eflúvios magnéticos da irradiação mental penetrem no cosmo celular e produzam efeitos de recomposição de dentro para fora das células, dos tecidos, dos órgãos etc.

Pergunta: Por ser inquestionável a Infinita Bondade de Deus, por que os espíritos superiores não revelam aos encarnados os grandes segredos da Criação para que, motivados para com as aquisições celestes, não se detenham tanto nas disputas terrestres e, assim, sejam mais felizes e mais saudáveis?

Resposta: Se dependesse apenas da Infinita Bondade de Deus, todas as pessoas espalhadas pelo Universo seriam felizes. Mas a Infinita Justiça de Deus não permite que espíritos enquanto *sim-*

ples e ignorantes desfrutem das benesses celestiais integralmente. A felicidade é conquistada passo a passo por cada criatura. Com isso, ela vai consolidando no seu universo pessoal as suas meritórias aquisições de acordo com o que for aflorando conscientemente do seu Cristo Interno e eterno.

À medida que os habitantes das *muitas moradas do Pai* oferecem campos propícios para recepcionar novos conhecimentos, das altas e progressivas esferas onde se desfruta da Sabedoria Universal descem os Instrutores Espirituais para fornecer-lhes novos ensinamentos libertadores de consciências, necessários ao aprimoramento da alma e de suas atividades religiosas, científicas, artísticas e sociais.

Nestes tempos, com a sociedade convicta de que para todo tratamento deve-se levar em conta o conjunto constituído por alma, perispírito e corpo biológico, a ciência biomédica assumirá novas rotas de pesquisas e tratamentos.

A cromoterapia, a musicoterapia e a homeopatia, de certo modo, agem seguindo os mesmos princípios, e são medicações dirigidas ao todo, atuando na alma, no perispírito e, por extensão, no corpo somático.

O espírito, na sua sagrada condição de Centelha Divina, conforme evolui, aumenta as suas vibrações e, naturalmente, a sua luminosa esfera áurica. Por conseguinte, ele passa a estar, progressivamente, em melhores condições para absorver as emanações das cores, da música, dos mantras. Existem criaturas que se refazem em função de um simples olhar que amorosamente recebem. Outras tantas captam as sutilíssimas irradiações emanadas das pessoas fraternas e amorosas que estiverem no seu ambiente, e também dos seres humanos portadores de sentimentos nobres e que admiram a beleza policromática advinda da Mãe Natureza.

Pergunta: Existe alguma técnica para se aplicarem as cores adequadamente?

Resposta: Aos espiritualistas, por comungarem com as ligações interplanos caracterizadas pela mediunidade, essa tarefa é facilitada devido ao auxílio que recebem conscientemente dos desencarnados: quando a eles se associam emocionalmente nas tarefas de cura, recebem a inspiração sobre a cor mais indicada para cada caso. Futuramente, entretanto, a cromoterapia será empregada na Terra pelos médicos encarnados, pois terão conhecimento de seu princípio científico e universal.

Para organizar as escalas cromoterápicas que serão utilizadas nos tratamentos, os terapeutas encarnados devem levar em conta a *Lei da Afinidade*, considerando que cada órgão é portador de uma vibração própria, produto das vibrações das moléculas que o compõem. Em assim sendo, será preciso que a cor empregada no tratamento tenha afinidade com as vibrações do órgão ou da região afetada.

O terapeuta, sendo portador da faculdade radiestésica, ao tocar na região afetada, ou mesmo no corpo do paciente como um todo, poderá identificar que a frequência do chacra ligado ao órgão ou à região doente está baixa, e desse modo precisa de um *quantum* de novas substâncias para o restabelecimento. Se o cromoterapeuta não for vidente, deve humildemente pedir ajuda aos desencarnados para receber a inspiração sobre a cor fundamental da região ou do órgão desarmonizado para, assim, aplicar a cor adequada.

Pergunta: As ondas emitidas pelas cores ou pela música podem desmaterializar tumores?

Resposta: Os espíritos superiores, encarnados ou desencarnados, conhecedores que são das cores fundamentais dos pontos vitais do ser humano, podem direcionar as ondas tanto para materializar quanto para desmaterializar o que desejarem[37].

Por exemplo, no momento da desmaterialização de tumores ou nódulos do corpo humano, os videntes percebem algo parecido com "fumaça" saindo da região.

Nas cirurgias espirituais:

> Como o ser humano é dotado de magnetismo, o seu cérebro é capaz de dinamizar e concentrar o seu próprio magnetismo e emiti-lo em feixes de elevadíssimas propagações de ondas mentais, de acordo com a região do corpo em que for ser aplicado.
> O terapeuta encarnado quando bem-intencionado, além das suas próprias energias e da sua moral, conta com a ajuda inconteste dos espíritos superiores para o desempenho da evangélica tarefa.
> Na desmaterialização de nódulos, por exemplo, os raios eletro-

---

[37] Segundo a mitologia grega, Anfion construiu a cidade de Tebas tocando a lira. Enquanto ele tocava, os blocos, ao som do instrumento, iam se movendo sozinhos e construindo-a. (Fonte: Wikipédia) Embora seja uma informação mitológica, certo é que conhecemos muito pouco a respeito da combinação das notas musicais e do que elas podem produzir. Anfion, nosso Velho Mestre daquele longínquo passado, atualmente é um baluarte de mãos dadas com o Nazareno Mestre, empenhado na implantação dos **Adventos Crísticos**.

Cura e Autocura à Luz do Evangelho

magnéticos emitidos pelo cérebro humano alteram as polaridades[38] das ligações químicas que mantêm a forma material densa, causando a dispersão da energia que estava coagulada.

❈ ❈ ❈

Vamos refletir sobre a passagem bíblica a seguir:

> Foi para a sua cidade e ensinava na sinagoga, de modo que todos diziam admirados: "Donde lhe vem esta sabedoria e esta força miraculosa? Não é este o filho do carpinteiro? Não é Maria sua mãe? Não são seus irmãos Tiago, José, Simão e Judas? E suas irmãs, não vivem todas entre nós? Donde lhe vem, pois, tudo isso?" (Mateus 13:54-56)

Em *essência*, fomos criados à imagem e semelhança de Deus, portanto, portadores dos Seus Divinos Atributos. No entanto, quando se trata de evolução da consciência espiritual, somos diferentes. Somos semelhantes na estrutura humana, mas as experiências com Deus são pessoais.

As criaturas que viam Jesus O tinham apenas como mais um ser humano igual aos demais. A cultura religiosa da época era muito acanhada e rígida. Os valores sociais, financeiros, econômicos, políticos tinham enorme peso para aquele povo. Daí o preconceito: *Não é este o filho do carpinteiro? Não é Maria sua mãe? Não são seus irmãos Tiago, José, Simão e Judas? E suas irmãs, não vivem todas entre nós*[39]*?*

Em outras palavras: Como pode o filho de um simples carpinteiro realizar tais maravilhas? Como é possível o filho de uma inexpressiva Maria ser portador de poderes encantadores? Certo é que, em vez de nos determos nas obras realizadas pelo Sublime Anjo, ficamos preocupados com a Sua realidade externa, pois filho de um pobre carpinteiro e de uma simplória mulher.

---

[38] A fim de termos uma melhor noção do que acontece com a desmaterialização dos tumores, consideremos: a) Um corpo material, para existir, precisa ter polaridades contrárias; b) Na desmaterialização, ao se inverter um dos polos, o corpo fica com sinais iguais que se repelem, o que provoca a dispersão da "energia materializada".

[39] No livro *O Sublime Peregrino*, Ramatís, através de Hercílio Maes, Editora do Conhecimento, consta que José no primeiro casamento com Débora teve cinco filhos: Matias, Cleofas, Eleazar, Jacó e Judas; José com Maria teve sete filhos: Jesus, Efrain, José, Elizabete, Andréia, Ana e Tiago. Quando o evangelista Mateus cita "suas irmãs", e José com Débora só tiveram filhos homens, logicamente se refere às filhas de José e Maria.

✿ ✿ ✿

Ao reativar em nossa consciência a milenar assertiva que diz *alma sã, corpo são*, o exemplo de Aprígio, conforme texto a seguir descrito por Miramez no livro *Francisco de Assis*, 12ª edição, Editora Espírita Cristã Fonte Viva, patenteou que, enquanto não reconhecermos as nossas fraquezas para investirmos na nossa reforma íntima, não ascenderemos.

Escreveu Miramez:

> Frei Aprígio, no ano de 1250, ainda sentia no seu coração algo a corrigir. Tinha impulsos de violência, e já havia se empenhado com todos os recursos que aprendera, através das experiências pessoais e das coisas que Pai Francisco lhe tinha ensinado. Usara o recurso da oração, de maneira a demorar-se horas a fio em preces, mas o animal violento e orgulhoso ainda vivia.
>
> Certa noite, próximo da cidade de Lecce, quando lhe servia de teto uma árvore, perdeu o sono, fitando as estrelas e, chorando, pediu a Deus:
>
> "Senhor, se me fosse concedido receber algo de Tuas mãos santas e sábias; se me fosse concedido pedir-Te alguma coisa como prêmio para meu coração; se eu pudesse escolher um caminho de livre e espontânea vontade, eu Te pediria que beijasse, outra vez, o meu corpo, como o fizeste antes, com as chagas da lepra e seria o homem mais feliz da Terra, porque, agora, somente ela poderá arrancar do meu coração, o orgulho e a violência que carrego comigo, de eras incontáveis." E ainda chorando, adormeceu.
>
> No outro dia, quando acordou com a luz do sol a banhar o seu rosto, Frei Aprígio voltava a ser Tanalli, o leproso de Rivotorto. Ajoelhou-se, diante do beijo solar, agradeceu profundamente a bondade do Criador e, desatando o cordão da cintura, trocou a veste de franciscano por uma comum, tomando a direção da Casa de Saúde de onde antes, revoltado, saíra. Ali, seis anos após, morreu, agradecendo a Deus e a Cristo pela bênção da lepra, que o fizera expurgar do imo de sua alma o orgulho e a violência.

Observemos que enquanto a maioria das criaturas se emociona com as magníficas curas recebidas, Frei Aprígio *ajoelhou-se, diante do beijo solar, agradeceu profundamente a bondade do Criador*, ao ver, novamente, o seu corpo chagado pela lepra. São lições imorredouras para quase todos nós.

❀ ❀ ❀

Em João 11:28-37, consta o registro da aparente morte de Lázaro, irmão de Marta e Maria.

> Marta foi chamar sua irmã Maria, dizendo-lhe baixinho: "O Mestre está aí e te chama." Apenas ela o viu, levantou-se imediatamente e foi ao encontro dele. (Pois Jesus não tinha chegado à aldeia, mas estava ainda naquele lugar onde Marta o tinha encontrado.) Quando, porém, Maria chegou aonde Jesus estava e o viu, lançou-se aos seus pés e disse-lhe: "Senhor, se tivesses estado aqui, meu irmão não teria morrido!" Ao vê-la chorar assim, como também todos os judeus que a acompanhavam, Jesus ficou intensamente comovido em espírito. E, sob o impulso de profunda emoção, perguntou: "Onde o pusestes?" Responderam-lhe: "Senhor, vinde ver." Jesus pôs-se a chorar. Observaram por isso os judeus: "Vede como ele o amava!" Mas alguns deles disseram: "Não podia ele, que abriu os olhos do cego de nascença, fazer com que este não morresse?"

Evidentemente Lázaro não estava morto, pois, se na Lei do Criador — Perfeito e Absoluto —, existisse algum parágrafo que permitisse a "ressurreição dos mortos", Deus não seria perfeito.

Para nós, que estamos exercitando a cura da nossa alma, fica o divino estímulo para aguçar o nosso Cristo Interno, principalmente ao constatarmos a confiança e a fé que Jesus inspirava àquele povo, a ponto de Maria, irmã de Lázaro, dizer ao Divino Mestre: *Senhor, se tivesses estado aqui, meu irmão não teria morrido!*

O que na verdade aconteceu foi que o Nazareno Mestre, com a Sua misericordiosa voz e o Seu divino toque, "acelerou" os vórtices vitais de Lázaro, fornecendo-lhe uma cota extra da divina essência alimentadora da vida para o restabelecimento das suas forças.

Pedimos esclarecimento a Silvestre sobre o que realmente aconteceu com Lázaro, e ele, através da psicografia de Therezinha Teixeira Pereira de Carvalho, em nome das Sagradas Fileiras, escreveu:

> Se a letargia se fazia profunda, tornando inertes todos os impulsos ou sinais vitais do fragilíssimo mancebo (paciente e seguidor do Mestre), tem-se que abalizado era também o Seu toque que, sobreposto às áreas energéticas, promoveu o chamado "estímulo ressuscitador", em face do magnético e veemente ordenar...
> Adequar os sagrados ditames à veracidade da *Arca do Desconhecido*, sem desfigurá-los no todo, é nosso sublime mister... Retirar-lhes, entretanto, o caráter da inconsistência dogmática, que promove a insegurança da fé, é, para todo o sempre, o que de nós outros espera o Pai, e de vós outros também, sem, todavia, mutilar a autocondução, alicerçada na coerência do ideal adventista.

Por mais que desejemos, não encontraremos recursos literários que possam descrever, com fidelidade, a emoção que aquelas pessoas sentiram quando Lázaro saiu do túmulo obedecendo ao comando verbal e mental do Sublime Anjo — Jesus de Nazaré. A alegria proporcionadora de núpcias espirituais. A elevação vibracional das mentes das criaturas presentes. O divino júbilo que experimentaram. O estado de êxtase em que entraram ao ver Lázaro caminhando entre os "vivos".

Cromoterapia mental – Por ser Constante Universal a evolução dos mundos e de suas humanidades, as pessoas que já atingiram certo grau evolutivo a ponto de sentirem-se atraídas pelo Tropismo da Arquitetura do Universo Criado com muito mais facilidade, logicamente, poderão ficar curadas por meio da irradiação das cores, ou se autocurar principalmente, usando a cromoterapia mental.

A alma, quando atinge o patamar da consciência cósmica, sente centuplicar a sua luz interior, aumentar a sua sensibilidade psíquica e capacitar-se para realizar prodígios em benefício próprio e dos seus semelhantes.

Na Lei do Criador, perfeita em todas as suas cláusulas, consta um parágrafo-efeito para cada causa. Em assim sendo, façamos uso da cromoterapia mental, idealizando as mais ricas paisagens que expressem beleza com as cores da vida, e, dessa forma, nossas almas entrarão em contato consciente com o Autor da Vida — Deus.

É um incêndio interior, cujo fogo purificador é capaz de queimar os resíduos cármicos aderidos aos nossos perispíritos.

Sem as toxinas no corpo sutil, a alma sente seu corpo biológico desafogado e leve, com raciocínio lógico para conduzir a vida e tirocínio[40] em alto nível de percepção para, com agudeza, assimilar os ensinamentos libertadores das reencarnações compulsórias.

Com esse novo estado d'alma, a pessoa sente avolumar os seus sentimentos puros, e, portanto, brotar-lhe ao consciente a benevolência, a ternura, a mansuetude, a tolerância, a bondade e o amor pelo Criador e pelas demais criaturas. Tais virtudes são remédios que curam a alma e o corpo.

---

[40] Habilidade para discernir; capacidade de observar com cuidado situações, pessoas ou acontecimentos.

Capítulo 14
Musicoterapia

Pergunta: Poderia esclarecer-nos como realmente acontece a musicoterapia?

Resposta: A terapia por meio da emissão de vibrações sonoras efetua-se de maneira similar ao processo da cromoterapia e da homeopatia, ou seja, de dentro para fora — do perispírito para o corpo somático —, conforme falamos, sob o comando da alma que habite nele.

Milhões de criaturas já praticam esse método de cura, embora de forma inconsciente, usando apenas o aparelho fonador[41], pois ao falar emite o som da sacralidade. As pessoas portadoras da misericórdia do falar na simples verbalização já estão gerando e se alimentando de "substâncias" medicamentosas, as quais são preventivas e onipresentes.

É possível deduzir:

> ➢ O magnetismo que a voz de uma pessoa honesta para consigo é capaz de transportar, falando naturalmente do cotidiano da vida, ou declamando poemas de gratidão Àquele que *também é Caminho, também é Verdade e também é Vida* — Jesus de Nazaré—, a exemplo de Antônio de Pádua[42].

> ➢ As energias benfazejas da voz dos indivíduos quando se propõem a divulgar o lado positivo e luminoso da sociedade. A luz da libertação íntima que os ouvintes sentem brotar do seu

---

[41] É denominado **aparelho fonador** o conjunto de órgãos responsáveis pela fonação humana. São eles: pulmões, traqueia, laringe (cordas vocais e glote), lábios, dentes, alvéolos, palato duro, palato mole (véu palatino e úvula), parede rinofaríngea, ápice da língua, raiz da língua, nariz. Fonte: Wikipédia. Observando a imensa área que faz parte do **aparelho fonador**, exercitarmos a *misericórdia do falar* é preservarmos a nossa saúde.

[42] Santo Antônio usou o seu dom sagrado de falar de forma tão misericordiosa que a sua língua, após quase oitocentos anos, não se deteriorou.

185

próprio âmago ao ouvi-las.

> As ondas do som evolando no ar, produzidas por alguém cujo verbo semeia esperança e otimismo, além de impulsionar os integrantes das plateias a adquirir ensinamentos que libertam consciências e estimulam a empenharem-se na conquista dos *tesouros que os ladrões não roubam nem as traças corroem.* (Mateus 6:20)

Muitas vezes, sem saber os benefícios que estão causando, pessoas mais evoluídas efetuam irradiações mentais para os necessitados, ou emitem sons mantrânicos que vibram no espaço em diversas frequências das escalas sonoras, o que auxilia na recomposição do equilíbrio da alma doente e propicia o restabelecimento da sua saúde corpórea. Isso acontece à natural e lúcida maneira de ser dos indivíduos mais conscientes quanto ao sentido sagrado da vida. São criaturas que, sem alarido, carreiam em suas vozes o magnetismo da Divindade Onipresente.

A vibração do som com ondas de sacralidade captado pela alma flui do seu mundo interno os Atributos de Deus nela latentes, propiciando o autoencontro, o autodescobrimento e, como consequência, a autoiluminação. Em tais condições, por processo natural ou de forma mentalmente dirigida, essas ondas atingem as células, os órgãos, os sistemas, modificando a condição vibratória do conjunto alma e corpo, advindo, assim, o refazimento.

A música superior, por causar enlevo à alma:

> Enseja à glândula pineal produzir, em dosagem harmônica, a *serotonina*, que, na sua condição especialíssima de neurotransmissor, mantém saudável e em equilíbrio a comunicação entre os neurônios através das sinapses, além de ser responsável pelo afeto e pelas emoções da alma.

> Conduz a criatura a empenhar-se por alcançar os tesouros celestes e, naturalmente, se desvincular emocionalmente dos *tesouros terrestres*. Em tal estado d'alma, não vive ansiosa nem depressiva, tendo em vista que ela, a *serotonina*, quando bem dosada no organismo, não permite tais patologias ao espírito eterno e imortal.

> Produz quimismo divino no organismo, o que provoca na pessoa a vontade de adquirir paz para tornar-se pacificadora e dedicar-se aos estudos libertadores para pautar a vida dentro dos princípios ético-morais, seguindo as soberanas Leis da Vida.

Conclui-se que a música superior, por elevar positivamente o estado mental do indivíduo, entre tantos fatores, desperta do seu âmago a gratidão, que é relevante condição para manter a saúde da alma e do corpo. A gratidão é excelente medicamento para revelar a Força Superior do ser encarnado. A gratidão liberta a alma de suas seculares ou milenares amarras psicológicas. Ela desfaz as alienações mentais, pois impulsiona ao crescimento moral.

Pergunta: A música instrumental consegue canalizar, de alguma fonte da Criação, energias para o refazimento humano? E a música cantada é mais terapêutica do que a instrumental?

Resposta: Em sendo a gratidão uma virtude que transporta a seiva do amor, a criatura só em ser grata pela oportunidade sagrada da reencarnação já é capaz de canalizar das Fontes Divinas, de maneira natural, o *Hálito da Vida*, em seu benefício e dos seus semelhantes, apenas com a musicalidade da sua misericordiosa voz vibrante, convicta, entusiasta, pois, nesse caso, o Universo age positivamente a seu favor.

A alma virtuosa, em função da sua força moral, tem condições para entrar em planos energéticos de níveis superiores sem nenhuma ajuda externa e, por onde transitar, deixar sinais luminosos para guiar consciências e atrair, com o seu magnetismo, os viandantes na estrada da evolução espiritual.

Ora, se, por processo natural, o ser humano é capaz de prover as suas carências energéticas, naturalmente fica magnificamente melhor quando embebido num campo criado pela musicalidade edênica e em contato vibracional com os espíritos plenificados que habitam as dimensões luminosas.

Observemos que:

> Após entrar nos níveis elevadíssimos das dimensões angelicais, e enquanto permanecer naquele ambiente mental, a mente da pessoa estará iluminada e em condições naturais para sorver o néctar da vida, se autorrefazer e ter condições para auxiliar aos seus semelhantes.

> É do conhecimento de todos que quanto mais o espírito ascende, melhor identifica as maravilhas das dimensões luminosas. Jesus, por exemplo, naquele encarne, embora não tivesse fontes musicais do plano material para Lhe ajudar na conexão mediúnica com o Cristo-Pai — a Fonte alimentadora da vida planetária —, ouvia diretamente a musicalidade dos planos pa-

radisíacos e mantinha-Se sincronizado ao Cristo-Vida.

➢ Naquela sacra oportunidade, o Nazareno Mestre, vinculado por ressonância ao Cristo-Amor, ao falar sobre o Reino de Deus, proporcionou aos Seus ouvintes o acesso a divinos devaneios sensibilizados pela musicalidade da Sua misericordiosa voz, e eles se autocuravam devido à sacralidade do som das Suas palavras, as quais exaltavam a Onisciência, a Onipresença e a Onipotência de Deus latentes no ser humano.

Por assim ser, utilizemos e valorizemos o esforço daqueles que compõem músicas que exaltam a vida do espírito eterno que somos, sabedores de que nenhum aparelho nem nenhuma composição musical substituirá a musicalidade da voz de um ser humano convicto de que é portador dos Atributos de Deus, cujo sentimento transporta a essência do Cristo-Amor — o criador da Terra.

Pergunta: Existem diferenças terapêuticas entre situações em que apenas ouvimos a voz gravada de uma pessoa sem vê-la e outras em que a ouvimos falar de corpo presente?

Resposta: É indubitável que há diferença, pois os convictos falam e se expressam usando todo o seu corpo harmonicamente, o que lhes faculta polarizar o éter cósmico sem que este sofra "danos" em função da irradiação causada pela aparelhagem eletrônica. Outro importante fator é gerado quando o expositor é convincente e simpático. Ao falar, ele desarma os seus ouvintes, que passam a interagir com ele pelo processo da empatia[43], e todos são beneficiados. Atentemos, por assim ser, para o valor sagrado da simpatia.

Reflitamos, pois, que:

➢ É possível perceber claramente pela expressão facial quando alguém está falando da sua verdade, pois o semblante e o brilho dos seus olhos identificam o grau de sentimento quanto àquele assunto tratado. Dessa forma, o ouvinte se desarma e absorve uma cota extra de prana puro.

➢ São muitos os fatores que contribuem positiva ou negativamente ao ouvirmos uma pessoa estando diante dela. O uso das mãos auxilia a oratória. O olhar, as cores da sua aura, as mudanças energéticas do ambiente onde ela estiver discursando. Também o tom natural da sua voz sem o auxílio da tecnologia. Estas

[43] **Capacidade psicológica** para sentir o que sentiria uma outra pessoa caso estivesse na mesma situação vivenciada por ela. Consiste em **tentar compreender sentimentos e emoções,** procurando experimentar de forma objetiva e racional o que sente outro indivíduo. A empatia leva as pessoas a ajudar umas às outras.

são algumas das condições que contribuem para os ouvintes melhorarem seus estados mentais.

> Não podemos negar, por exemplo, que determinadas pessoas portadoras de voz lânguida, mesmo de corpo presente, não conseguem estimular os seus ouvintes por faltar-lhe motivação íntima para viver sob a luz do sol. Também aquelas que não têm boa e fluente leitura não geram magnetismo que aguce a mente dos seus ouvintes. Tais criaturas, mesmo de corpo presente, ao lerem uma página, por exemplo, além de deteriorarem o campo energético do ambiente, fazem com que as auras dos seus ouvintes, e a sua própria, murchem e percam o brilho e a cor, pois não têm calor na voz para aquecer e motivar as consciências das suas plateias. Não têm brilho irradiando a sua convicção. São pessoas cujas vozes, devido à falta de luminoso foco que gera espectativas para as suas conquistas morais, não têm musicalidade, cores nem verdades intrínsecas à sua personalidade, pois se trata de almas acanhadas, inibidas para com os Haveres dos Céus, cujo som não transporta o magnetismo vivificador.

A voz terapêutica expressa alegria, festividade, entusiasmo pela vida. Assim, para o terapeuta obter sucesso através da sua voz, é necessário que tenha dinamismo no falar para que as mentes dos ouvintes sejam progressivamente aceleradas e entrem em planos mais sutilizados. Evidentemente, não estamos considerando tão só a cura biológica, mas também, e sobretudo, a psicoemocional.

Ainda é muito comum a certos indivíduos, em especial aos representantes do pilar religioso, não conseguir aguçar divinamente nos integrantes das suas assembleias o enlevo, a motivação íntima, embora sejam fluentes no falar. Uma causa muito frequente é que eles se descaracterizam ao imprimir um tom artificializado na voz, querendo expressar religiosidade, meiguice, ternura, brandura, mansuetude, harmonia íntima, quando ainda não conquistaram tais virtudes. Falta-lhes autenticidade no falar. Daí não obterem sucesso terapêutico.

Existem também as pessoas portadoras de travas psicológicas procedentes de diversas origens, que podem ter trazido seus traumas ou recalques de vidas pretéritas e que até o momento não conseguiram se autoperdoar ou perdoar aos seus supostos algozes, cujo magnetismo não é terapêutico.

Mesmo com a atual evolução do espírito terreno, também ocorre de os seres humanos fugirem da realidade objetiva da vida

Cura e Autocura à Luz do Evangelho   189

existencial devido às normas externas impostas pela sociedade ou pelas religiões sem religiosidade. Tais criaturas, ao falarem, não transportam o som da sacralidade. São almas enclausuradas nas suas senzalas psíquicas.

Seguindo essa linha de raciocínio, são encontrados sacerdotes sem religiosidade, embora representem alguma religião, tombados pela depressão, pelos conflitos íntimos, pois, desejando declamar poemas de alegria e de amor à vida e ao Autor da Vida, veem-se tolhidos da sua liberdade de expressão por causa dos dogmas estabelecidos pelas religiões que abraçaram. Outros tantos declaram guerras aos adversários imaginários, e lutam acirradamente consigo mesmos, tentando reprimir os impulsos naturais e benfazejos, para não darem vazão à vida afetivo-sexual devido às imposições das suas religiões, mas que contrariam a natureza humana.

É fácil deduzir sem grandes elucubrações mentais a falta de magnetismo dos seres humanos que vivem nos seus cárceres psíquicos, reprimindo a energia sexual nos seus mundos internos, obedecendo aos dogmas criados por quem ignora o cientificismo cósmico da Criação. Certo é que, quando formos espíritos evoluídos e em condições de sublimarmos as energias sexuais, não precisaremos reprimi-las, apenas direcioná-las para as suas sagradas finalidades conceptivas e humanas, seguindo os princípios ético-morais cristãos.

Imaginemos a luta interna de uma alma que tem condição e evolução para expressar-se de maneira festiva à luz do dia e fazer aflorar do universo íntimo dos seus semelhantes a vontade de cantar hinos de louvor a Deus. Hinos de gratidão ao Artífice da Vida. Hinos que transportam as criaturas para as dimensões da terapia divina, e, no entanto, se veem com a boca lacrada com medo das punições santificadas!

❋❋❋

Continuemos tendo Jesus, o Soberano do Amor, como nosso modelo e guia, pois Ele encantou o mundo e sua humanidade cantando o Hino da Vida — o Sermão da Montanha. Com a Sua voz iluminou milhões de consciências. Falando sobre a verdade libertadora levou o ser humano a conceber a transcendência e a sentir-se um ser cósmico, imortal e eterno, fadado à felicidade, à Glória Eterna. Ele foi o poeta que declamou o mais sagrado poema de gratidão ao Supremo Criador — o Evangelho —, a mensagem divina que

tem curado bilhões de espíritos nos últimos dois milênios.
À medida que vamos assimilando cada passagem da vida do Sublime Anjo — Jesus de Nazaré —, nosso Eu Divino se torna mais luminoso. Aflora à nossa memória objetiva mais beleza e mais luz. Mais Cristo e mais amor. Mais saúde, mais vida e mais Deus.

> Falava ele ainda, quando se apresentou um chefe da sinagoga. Prostrou-se diante dele e lhe disse: "Senhor, minha filha acaba de morrer. Mas vem, impõe-lhe as mãos e ela viverá." Jesus levantou-se e o foi seguindo com seus discípulos. (Mateus 9:18-19)

Da passagem bíblica citada por Mateus vamos refletir:

> ➤ Por sabermos que na Criação não existe ressurreição no sentido de o morto voltar à vida biológica, fica evidente que Jesus não ressuscitou nem a filha de Jairo, o chefe da sinagoga, nem nenhuma outra pessoa, conforme citações bíblicas. Nesse episódio, o que queremos salientar é a força da fé que aquele pai demonstrou ao dizer: *Senhor, minha filha acaba de morrer*[44]. *Mas vem, impõe-lhe as mãos e ela viverá*.
> ➤ Para Jairo ter atitude tão relevante, sendo ele um chefe de sinagoga, indubitavelmente a humildade já fazia parte das suas aquisições morais, porquanto um indivíduo orgulhoso encontraria grandes dificuldades para apenas pedir ajuda, quanto mais a ponto de *prostrar-se diante do Senhor*.
> ➤ Idealizemos o salto quântico que sofreu Jairo ao ver a sua filha "milagrosamente" curada. O luminoso estigma que ficou gravado naquela alma para completar aquela encarnação e motivar-se para, nas vindouras, ter a emoção e o garbo de representar a Divindade, tendo a viva imagem de Jesus plasmada em sua mente, a qual permanecerá para a eternidade.

Silvestre, em nome das Sagradas Fileiras, escreveu:

> As pegadas dos humildes são como a forja escarlate, prensada sobre couraça lisa: permanece ou, quiçá, per-

---
[44] Em Lucas 8:41-42, consta: "O chefe da sinagoga, chamado Jairo, foi ao seu encontro. Lançou-se a seus pés e rogou-lhe que fosse à sua casa, porque tinha uma filha única, de uns 12 anos, que **estava para morrer**. Jesus dirigiu-se para lá, comprimido pelo povo." [Texto um pouco diferente do que consta em Mateus 9:18-19.]

petua-se pelo estigma imutável, ou melhor, pela irreversibilidade de sua essência. (Psicografia de Therezinha Teixeira Pereira de Carvalho)

❧ ❧ ❧

Musicoterapia – A música de cunho moral, além de ser excelente medicamento psicossomático, é magnífica para a nossa saúde ética, ou seja, para a nossa vida relacional.

A música que causa enlevo, por ser uma forma de Deus falar aos homens por meio dos sons, produz transformação na essência divina do ser, ensejando-lhe renovação íntima, a qual propicia a sua ligação consciente com Deus, estando ele na erraticidade ou corporificado.

Considerando os efeitos maravilhosos produzidos pela música que traduz sacralidade na Terra, nos projetemos para a dimensão dos Anjos da Música para vermos e ouvirmos um concerto com as músicas dos Anjos interpretando o Pensamento Divino. Nesse ambiente angelical, embebidos na Essência Vital da Criação e contemplando o irradiante Universo, na condição de herdeiros do Criador que somos, permitamos que a força propulsora e criadora da Vida — Deus — nos atraia para uma viagem volitando pelo espaço sideral contemplando a monumental Arquitetura do Universo.

Dessa forma, a música auxilia para elevarmos a propagação de ondas da nossa mente e nos sintonizarmos com as dimensões dos espíritos purificados, o que faz surgir do nosso mundo íntimo as substâncias que curam alma e corpo.

Capítulo 15
Os Adventos Crísticos e a reforma íntima

Pergunta: Em que aspectos os Adventos Crísticos vão auxiliar os seres humanos no sentido de se reformarem intimamente e não contraírem tantas doenças?

Resposta: Não consideremos os **Adventos Crísticos** como tão somente mais uma proposta para reformar o Cristianismo, mas também, e principalmente, como a consolidação dos valores que amealhamos através das sucessivas reencarnações para atualmente, na Era do Mentalismo, Era do despertar da nossa Força Superior, os espíritos graduados para o curso secundário terreno, e que continuarão reencarnando na Terra, usufruírem das benesses que serão propiciadas no percurso do signo de Aquário durante os próximos 2.160 anos terrenos. Daí a proposta adventista ser globalizadora, açambarcando os quatros pilares da sociedade: social, científico, artístico e religioso.

Sob os auspícios de Aquário, os espíritos que por mérito permanecerem na Terra, por serem mais conscientes quanto ao sentido sagrado das reencarnações, progressivamente vão substituir os prazeres ensejados primordialmente pelos sentidos físicos, aqueles que advêm da ancestralidade animal, por aqueles outros que expressem sentimentos superiores — este processo que, por ser natural, é uma Constante Universal. Entretanto, quem estiver algemado ao seu passado não deve querer substituir valores abruptamente, considerando que a natureza não dá saltos. Antes, deve fazer uma catarse orientada por um gabaritado terapeuta da mente humana e, em seguida, um trabalho de autoconscientização para desatar os seus nós psíquicos de maneira cordial e serena.

Percebe-se assim que a pessoa que sofreu verdadeira reforma íntima, a ponto de não contrair doenças, não tem necessidade de anunciar as suas aquisições ético-morais, precisando apenas apresentar à sociedade a sua obra. Evitará, dessa forma, as frustrações e as decepções, principalmente quando for acometida por dores e sofrimentos. Os indivíduos reformados não têm ações que precisem de reações corretivas.

Pergunta: Existiram pessoas que laboraram pelo progresso espiritual da humanidade e, no entanto, tiveram drásticos desencarnes. Será que traziam carma negativo de outras vidas a ponto de precisarem passar por dores, sofrimentos e problemas morais? Como se explica?

Resposta: Não há como padronizar, pois as aparências podem enganar. Há situações em que, aos olhos da sociedade, estamos realizando maravilhas. Entretanto, a nossa consciência sinaliza que agimos de acordo com as nossas conveniências e com os nossos interesses, mesmo que auxiliando o crescimento espiritual das criaturas. Existem aqueles que ajudam a outrem, mas desencarnam em estado deplorável, tombados pelo sentimento de culpa. Certo é que não há capa mimética que consiga burlar a Lei de Causa e Efeito.

A pessoa que tenta driblar a Lei, antes de desencarnar, em muitos casos, precisa passar por um bom período de reflexão em leitos, sejam hospitalares ou não, a fim de melhorar o seu estado mental e, ao desencarnar, ir para um plano energético menos infernal no outro lado da vida. Justifica-se, dessa forma, o porquê de ficarmos anos a fio doentes e improdutivos para o mundo externo, embora trabalhando o nosso mundo interno. De onde se conclui que é o Criador nos oportunizando novas reflexões antes de deixarmos o plano material para que, se assimilarmos a lição disciplinadora, desencarnarmos em melhores condições e não sermos "adotados" pelos espíritos desprovidos de princípios iluminativos.

Avaliemos o que ainda é comum em nossos dias:

➢ Portarmos sorrisos de plenitude mostrando à sociedade nosso poder e nossas conquistas externas, quando, na verdade, em muitos casos, estamos tentando encobrir nossa inquietação gerada pelo sentimento de culpa que nos avassala a alma.

➢ Com o avanço da idade biológica, o surgimento do anestésico chamado remorso por termos alimentado ilusões durante longo tempo. Junto com a decrepitude, aparece a rigidez da alma que não consegue sorrir para a vida e a atrofia dos músculos que vão dificultando os movimentos. Sem paz interior e tombados pelo medo da morte, surge em nós o azedume na condução da vida, e a voz perde a sua musicalidade.

> Criaturas que, valendo-se das experiências adquiridas, poderiam dar excelente contribuição à sociedade, e que, no entanto, entorpecem a vontade criadora e tornam-se parasitas da sociedade. Tornam-se inúteis e improdutivas, como se a velhice fosse castigo divino, quando deveriam infundir motivação para a juventude, demonstrar equilíbrio, continuar produzindo, ajudando ao próximo e se autoiluminando com aquisições de conhecimentos transcendentes, aqueles que tratam da vida depois da vida biológica.

Pergunta: Tendo em vista que a maioria da sociedade terrena é de evolução primária, muitos não poderão julgar que os Adventos Crísticos estão lançando discórdias e prejudicando a assimilação dos postulados que a humanidade tem adotado através dos séculos ou milênios? O que é preciso fazer para esclarecê-los?

Reposta: Quando Pilatos perguntou ao povo se preferia soltar Barrabás ou Jesus, a **maioria** preferiu Barrabás. Verifica-se, assim, que nem sempre a **maioria** está certa.

Para aqueles recalcitrantes e que estiverem escravizados ao sectarismo, serão inúteis quaisquer esforços para convencê-los de que, na época atual, faz-se mister analisar tudo e cada um seguir o que lhe parecer mais correto, pois, conforme orientação de Paulo de Tarso, em Coríntios 6:12: *Tudo nos é lícito, mas nem tudo nos convém.* Em todas as épocas na Terra, o progresso espiritual encontrou dificuldade para remover ideias ou conceitos daqueles que se apegam à ordem em vigor, aceitando-a como se fosse o ponto final da evolução. Para a Era de Aquário não procede tal conduta, tendo em vista que a nossa atual condição espiritual nos permite conceber que o ponto final da evolução é Deus.

Por ser da Lei do Criador que *a semeadura é livre, mas a colheita é obrigatória*, vamos semear novos postulados libertadores para colhermos frutos com o sabor da renovação, considerando que a evolução é eterna.

Os espíritos enobrecidos na escola do Cristo não foram aqueles que consideraram a sua filiação a determinada corrente filosófica, científica ou religiosa como a âncora capaz de salvá-los, mas os que no mundo enfrentaram as ondas da incompreensão lutando por salvar seus irmãos que, não sabendo nadar, corriam o risco de afogamento.

Cura e Autocura à Luz do Evangelho

É condição *sine qua non*[45] ao progresso o abandono sucessivo das antigas formas de sentir e pensar, e a substituição por outras cada vez mais aperfeiçoadas, em consonância com o grau evolutivo alcançado pelo espírito que não deseja ficar estagnado, mesmo temporariamente. Abracemos inquestionavelmente o eterno transformismo, o eterno vir a ser, pois somos espíritos em aperfeiçoamento moral-ético.

Pergunta: Sabemos que nas sociedades planetárias, enquanto a evolução for primária, será normal existirem severos códigos penais para punir, e cárceres para recolher os fora da lei. Para a sociedade terrena, por já se encontrar adentrando Aquário e sendo graduada a uma escola secundária, o que propõem os Adventos Crísticos para curar os encarcerados que estão desprovidos de ensinamentos libertadores?

Resposta: Embora o tempo seja exíguo para todos, encarnados e desencarnados, e considerando que já estamos em fase de transição planetária, muitos dos que estão recolhidos nas prisões, se lhes forem oportunizados ensinamentos e orientações que transcendam à vida além da vida corpórea, poderão aproveitar melhor a encarnação.

Na verdade, os núcleos de recolhimento deveriam ser transformados em escolas para a vida com:

> - Ensinamentos libertadores da consciência de culpa.
> - Cursos profissionalizantes para qualificar os prisioneiros a fim de que possam, após cumprida a sua pena, serem reintegrados à vida social e profissional.
> - Tratamento psicológico visando levá-los a refletir quanto ao sagrado valor da vida. Ao sagrado valor do trabalho. Ao sagrado valor da honestidade.

Após conduzi-los e induzi-los a uma catarse, colocar todos para trabalhar nos próprios núcleos de recolhimento, a fim de preencherem a mente com atividades salutares e ter condições de proverem-se e proverem as necessidades das suas famílias, quando for o caso. Em outras palavras: que a sociedade seja claramente informada de que todos que forem encarcerados estarão indo para uma escola e para uma oficina de trabalho, pois *cada qual deve alimentar-se com o suor do seu rosto.*

[45] *Sine qua non* é uma locução adjetiva, do latim, que significa "sem a qual não". É uma expressão frequentemente usada no nosso vocabulário e faz referência a uma ação ou condição que é indispensável, que é imprescindível ou que é essencial.

Pergunta: Os religiosos, de um modo geral, usam imagens, amuletos, rituais, guias ou rosários para cultuar a Divindade. Os integrantes das Sagradas Fileiras na proposta dos Adventos Crísticos, entretanto, os dispensam. Por que tal diferença se todos cultuam o Deus Único?

Resposta: Nosso planeta encontra-se no ponto mais crístico-crítico de toda a sua existência, não tendo, portanto, nenhum espaço para críticas nem julgamentos. Contudo, reconhecemos que todo *aquele que já tem um Cristo fixo no coração dispensa um crucifixo pendurado no pescoço*, conforme nos ensina Ramatís, através de Hercílio Maes.

Faz parte de *Cura e Autocura à Luz do Evangelho* conscientizar o homem sobre a sua Força Superior[46] latente em seu ser, para que ele, descobrindo progressivamente em seu próprio âmago o seu Cristo Interno, o seu Cristo-Amor, não necessite de objetos externos para cultuar a Divindade sem forma.

O espírito quando evoluído reconhece que um fator sagrado que dinamiza as suas fibras é *amar a Deus sobre todas as coisas e ao próximo como a si mesmo* (Marcos 12:30-31). Ele sabe perfeitamente que a verdade independe de rótulos e que, com a evolução, todas as religiões caminharão para a unificação com o Supremo Criador, tendo o Cristo Planetário como Foco a ser alcançado e sentido.

Tenhamos em mente que a evolução espiritual, por processo natural, consome os adeptos paramentados e suas crenças religiosas cheias de objetos e amuletos, embora vazias de sentimentos elevados, de conhecimentos libertadores, e os integra à pulsação da correnteza da vida universal.

Com o passar do tempo, não haverá adeptos desta ou daquela crença, e sim homens esclarecidos exercitando melhorar a sua percepção extrassensorial para, progressivamente, sentir o Cristo-Amor.

Então, o grau de amor a Deus poderá ser "medido", bastando observar, em cada um, a capacidade de servir e amar seu semelhante, sem se prender a práticas externas e objetos religiosos para a sua manifestação infantil de fé. A escola-Terra já está na Nova Era iniciando seu curso secundário, naturalmente sem vagas para matricular alunos de evolução primária — aqueles que, por enquanto, não conceberam que no Universo de Deus tudo obedece ao eterno vir a ser, e assim, por ignorarem as verdades eternas, continuam cultuando os deuses de pau e pedra.

---

[46] Detalhes no capítulo 9 do livro *Adventos Crísticos*, do mesmo autor, 4ª edição em 2017, **EDITORA DO CONHECIMENTO**.

Cura e Autocura à Luz do Evangelho

É papel dos representantes dos **Adventos Crísticos** procurar reerguer o espírito exausto de tantas reencarnações a cultuar o Deus externo a si e abdicando não só do seu Deus interno como também dos ensinamentos que conduzem a alma às dimensões transcendentais.

A proposta do Nazareno Mestre em renovar o Cristianismo, na verdade, consiste em renovar o cristão, considerando que as fórmulas, os ritos, dogmas, símbolos, emblemas, talismãs, mistérios e penduricalhos considerados sagrados ainda são consequência do primarismo espiritual do homem que utilizou na sequências das reencarnações recursos e objetos físicos prosaicos para traduzir o próprio sentimento religioso que lhe é inato na alma, conforme comenta Ramatís, mas que vai perdendo força-energia em função da evolução do espírito eterno e imortal.

Na história do homem terreno exercitando adquirir consciência do seu Cristo Interno ficaram registrados esdrúxulos objetos utilizados para simbolizar o seu esforço primário e compatível com a sua evolução em cada época. Atualmente, já temos graduação espiritual para trabalharmos conscientemente o alavancar dos Divinos Atributos de Deus latentes em nosso Ser.

À medida que o homem se espiritualiza, pelo amadurecimento e pela amplitude de sua consciência, melhora a sua concepção sobre Deus e abrange maior área da manifestação Divina. É por isto que Jesus já advertia em seu sublime código evangélico: *Buscai a Verdade e a Verdade vos fará livres* (João 8:32).

Os **Adventos Crísticos**, por serem uma proposta para reformar o Cristianismo, não se deterão nas formas externas que cada criatura escolhe para cultuar o seu Deus. O importante é adquirir a libertação íntima e voar em direção aos Céus.

Aproveitemos para fixar em nossa alma o pensamento de Léon Denis:

> "Tende como templo, o Universo; como altar, a consciência; como lei, a caridade; por imagem, Deus; por religião, o Amor[47]!"

Então o Reino dos céus será semelhante a dez virgens,

---

[47] Este pensamento consta também no livro *Adventos Crísticos*, do mesmo autor, Editora do Conhecimento.

que saíram com suas lâmpadas ao encontro do esposo. Cinco dentre elas eram tolas, e cinco, prudentes. Tomando suas lâmpadas, as tolas não levaram óleo consigo. As prudentes, todavia, levaram de reserva vasos de óleo junto com as lâmpadas. Tardando o esposo, cochilaram todas e adormeceram. No meio da noite, porém, ouviu-se um clamor: "Eis o esposo, ide-lhe ao encontro." E as virgens levantaram-se todas e prepararam suas lâmpadas. As tolas disseram às prudentes: "Dai-nos de vosso óleo, porque nossas lâmpadas se estão apagando." As prudentes responderam: "Não temos o suficiente para nós e para vós; é preferível irdes aos vendedores, a fim de o comprardes para vós." Ora, enquanto foram comprar, veio o esposo. As que estavam preparadas entraram com ele para a sala das bodas e foi fechada a porta. Mais tarde, chegaram também as outras e diziam: "Senhor, senhor, abre-nos!" Mas ele respondeu: "Em verdade vos digo: não vos conheço." Vigiai, pois, porque não sabeis nem o dia nem a hora. (Mateus 25:1-13)

Devido a ser Deus a Perfeição Absoluta, as dez virgens eram portadoras dos mesmos Atributos da Divindade, cabendo a cada uma de *per si* portar o óleo da convicção para manter a sua Divina Essência bem acesa, pois:

➢ *Não se sabe nem o dia nem a hora que o esposo vai chegar.* A experiência com Deus de cada criatura não pode ser emprestada. É tolice querer improvisar o óleo da autoiluminação, o qual deve ser adquirido individualmente no dia a dia da existência.

➢ Ora, quando veio o esposo, as tolas, porque estavam despreparadas para as núpcias com o divino esposo, tinham ido comprar óleo. Em assim sendo, permaneçamos atentos *orando e vigiando*, convictos de que *quando o discípulo está pronto o mestre aparece.*

➢ Por ser o ponto centralizador das nossas aspirações nestes apontamentos de *Cura e Autocura à Luz do Evangelho* reconhecer o nosso Deus interior, vamos acionar a nossa Força Superior, seguindo o exemplo das *cinco virgens prudentes.* Não esperemos a doença chegar para buscarmos Deus, mas nos mantenhamos vigilantes, alimentando sempre o sagrado momento das nossas núpcias com o Criador.

Cura e Autocura à Luz do Evangelho

❀ ❀ ❀

Adventos Crísticos e a reforma íntima – É de bom alvitre sabermos que, para a nossa reforma íntima, é imprescindível exercitarmos o vivenciamento dos dons sagrados que já conquistamos, sempre dando continuidade ao aprendizado, uma vez que a evolução do espírito tem sinônimo de eternidade.

Um excelente impulso para a reforma da criatura é ela vislumbrar, na imaginação, o eterno amanhã, idealizando novos e infinitos horizontes para ampliar sua visão interior e aumentar a capacidade de compreender o sentido sagrado das reencarnações.

Outro fator que desperta na pessoa a vontade de descobrir a presença mais intensa de Deus em si e trabalhar suas mudanças é ela ir desapegando-se dos valores sem valor para quem almeja penetrar os pórticos celestiais. É sempre de bom senso relembrar: *Tudo nos é lícito, mas nem tudo nos convém*, segundo Paulo de Tarso.

A criatura, após verdadeira reforma íntima, não sente a necessidade de verbalizar as suas mudanças, pois sabe que o mais importante e seguro é a exemplificação na rotina da vida, tendo em vista que *pelo fruto se reconhece a árvore* (Mateus 12:33).

Continuemos exercitando a nossa ligação consciente à frequência do Pensamento Divino a fim de que nos motivemos para com a nossa transformação interior.

A reforma íntima implica adquirirmos novos impulsos para identificar a Divina Centelha do Criador nas criaturas e, assim, reconhecer que também somos portadores dos Atributos de Deus.

Capítulo 16
Roteiro para a vida plena

Pergunta: Como são originadas as doenças no mundo oculto e alimentadas pelas forças imponderáveis do pensamento e do sentimento humanos se a nossa alma é a manifestação pura de Deus no mundo das formas, e o nosso corpo apenas um aglomerado químico de baixo teor vibratório?

Resposta: Vamos repetir o que a sabedoria milenar afirma: *Mente sã, corpo são.* Em assim sendo, nosso papel diante das Leis do Criador é nos esclarecermos para não infringirmos os Estatutos da Vida, pois é inquestionável que *toda ação gera reação.* Certo é que a saúde e a doença demonstram a nossa harmonia ou desarmonia íntima. Nunca é castigo divino.

Assim, como ainda somos recalcitrantes diante dos Haveres dos Céus, procuremos elaborar os antídotos prescritos no Evangelho do Nazareno Mestre e adequados para cada tipo de doença da nossa alma, pois, enquanto não descobrirmos os remédios eficazes no combate de sentimentos como o medo, a avareza, o desamor, a ira, a cólera, a prepotência, a raiva, o rancor, a mágoa, o ódio, o ciúme, a inveja, a preguiça, a luxúria, o azedume, a intolerância, a impaciência, a tristeza, a calúnia, a maledicência, a cobiça, a mentira, a falta do perdão, o mau humor, não seremos pessoas integrais.

Fica claro que as doenças, quando caracterizadas no corpo biológico, estão notificando desequilíbrio no mundo psíquico da criatura.

Com a atual visão holística da sociedade, os terapeutas devem, para obter o sucesso desejado, ou seja, as curas dos seus pacientes, dar mais atenção aos doentes, já que eles são responsáveis pelas causas. As doenças são apenas efeitos materializados no universo exterior da criatura em função da desarmonia no funcionamento do seu sistema chácrico, que causa descenso vibratório das energias provenientes do seu mundo íntimo, ou seja, do perispírito da alma enferma.

Por ser da Lei de Deus que *a quem mais é dado mais é cobrado* (Lucas 12:48), o espiritualista, conhecedor das duas leis fundamentais da Criação — a Lei da Reencarnação e a Lei de Causa e Efeito —, deve procurar ser o mais honesto possível diante da sua própria consciência, para evitar, enquanto encarnado, ser tombado pelo remorso e levar para o outro lado da vida o avassalador *sentimento de culpa.*

❀❀❀

"É preferível rejeitar 99 verdades a admitir-se uma só mentira no Espiritismo." (Emmanuel, Chico Xavier)

Pergunta: Devido à atual evolução espiritual, bom percentual da sociedade já não tem dúvida de que as perturbações mentais, emotivas e sentimentais também alteram profundamente o cosmo orgânico gerando doenças. Será que os homens das ciências biomédicas acatarão essa nova realidade?

Resposta: Tal realidade não é nova, pois já faz parte inconteste de bom percentual do conjunto social terreno, e também dos terapeutas de um modo geral, incluindo os médicos da medicina clássica.

É importantíssimo que os educadores esclareçam a sociedade, desde a juventude, que a saúde advém de dentro para fora, ou seja, da alma para o corpo biológico. Daí a imperiosa necessidade de o ser humano que estiver doente conscientizar-se de que a sua cura definitiva virá do seu espírito, da sua força interior, do seu reequilíbrio, pois é sempre do mundo íntimo para a periferia.

Com o avanço da ciência e da tecnologia, o homem-espécie de todos os pilares da sociedade concluirá que verdade, alegria, otimismo, ternura, brandura, humildade, bondade, amor, paciência, tolerância, docilidade são remédios de altíssimas dinamizações fabricados no laboratório da mente sadia para prover o funcionamento equilibrado do seu organismo. Na verdade, tais virtudes formam a energia-força que alimenta e mantém a vida.

Os seres humanos de todas as ciências sabem que os estados mórbidos da mente são altamente prejudiciais ao desempenho do sistema chácrico ou pontos vitais responsáveis pela saúde do corpo.

Pergunta: Nesse roteiro para a vida plena do ser humano, a homeopatia como tratamento altamente eficaz, vai se sobrepor à alopatia?

Resposta: Já falamos que a homeopatia não é a última palavra para o tratamento do nosso corpo, embora, atualmente, seja o meio que melhor atende às necessidades das pessoas que não têm os corpos energéticos sobrecarregados de toxinas mórbidas, geradas não apenas pelos vícios, mas também pela má vida mental, emocional e sexual.

Com o término da varredura apocalíptica pela qual a humanidade está passando, os espíritos que nela continuarem serão os melhores espiritual e biologicamente. Daí a homeopatia, de maneira natural, ir assumindo a vanguarda, tendo em vista que o progresso e a purificação das criaturas exigirão melhores condições energéticas. Até mesmo porque a alopatia não tem acompanhado esse progresso, considerando que os medicamentos da alopatia, de um modo geral, atuam mais sobre os efeitos e pouco sobre as causas.

Poderíamos considerar a homeopatia como sendo o "remédio para a nossa alma", atuando de dentro para fora, já que, agindo da alma para o corpo, vai refazendo os campos energéticos mais sutis até atingir, numa última etapa, o físico. Em certos casos, o tratamento é, sem dúvida, mais demorado, pois o físico só ficará verdadeiramente refeito quando a nossa alma estiver curada daquele mal.

O homem terreno de agora em diante passará a ter outra concepção de vida em vários aspectos. A alimentação, por exemplo, será muito mais "energética" do que "material" e, então, suas doenças poderão ser consideradas como carência de energia vital. Nesse novo estágio, a criatura com mais consciência do seu poder mental, emocionalmente mais equilibrada e com o corpo físico menos denso, terá melhores condições para absorver da Natureza maior quantidade de prana puro.

Reconheçamos, portanto, que no tratamento da saúde do ser humano os espíritos superiores representantes do Criador vão empregando várias técnicas compatíveis com o seu próprio progresso científico, mental e espiritual, mas visando sempre a sua maior elevação de ondas mentais causadas pela cura psíquica.

Pergunta: É possível fornecer mais detalhes sobre as razões de a homeopatia ter caráter seletivo, sendo assim mais bem absorvida por determinadas pessoas?

Resposta: O universo dinâmico é todo feito da mesma "matéria" — o éter cósmico —, que recebe nomes diferentes de acordo com a sua idade sideral[48]. O hidrogênio, como primeiro elemento químico da nossa tabela periódica, e que tem apenas um elétron, com o passar do tempo recebe o nome de hélio, de nitrogênio, tório, rádio, urânio etc. Ou seja, com a "velhice" dos elementos que têm como "pai-mãe" o hidrogênio, vão surgindo, progressivamente, novos elétrons, devido à desintegração atômica natural, a qual ocorre do núcleo para a periferia. Assim é que o urânio, que tem 92 elétrons, é o mesmo hidrogênio envelhecido, conforme consta em *A Grande Síntese*, de Pietro Ubaldi, 11ª edição em 1979, publicado pela Fundapu.

Sabemos que a luz se propaga com velocidades diferentes de acordo com o meio. Da mesma forma, a energia contida nos remédios se propaga com maior velocidade quando os corpos humanos são mais sutilizados e, evidentemente, estão em melhores condições para retê-la.

Ao recorrermos à física einsteiniana, encontraremos o pensamento de Pietro Ubaldi citado em *A Grande Síntese*, que diz: *a massa é função da velocidade*. Em assim sendo, com o aumento da velocidade da mente, a massa corpórea vai ficando mais rarefeita, o que faculta melhor fluidez das energias pelos corpos sutis das criaturas. Com a "massa perispiritual"[49] cada vez mais "fluídica" por tornar-se mais luz e menos matéria em função da dinâmica mental do ser humano, sua luminosa aura esférica vai se expandindo e adquirindo proporções cada vez mais abrangentes e tendendo ao infinito.

$$m = \frac{1}{\sqrt{1-\frac{v^2}{c^2}}} m_0$$

mo = massa inicial
m = massa final
c = velocidade da luz
v = velocidade do corpo

Na equação de Einstein, observemos que, quando a velocidade do corpo (v) atinge a velocidade da luz (c), a massa final (m) tende ao infinito (∞).

Transladando esse pensamento para os planos extrafísicos, concluiremos que os efeitos da homeopatia dependem não apenas do seu princípio ativo, mas também e principalmente da condição perispiritual das criaturas.

Pergunta: Por que na Terra temos tão poucos orientadores espirituais sinalizando um roteiro para a vida plena da criatu-

---

[48] Assunto didaticamente explicitado por PietroUbaldi em *A Grande Síntese*.
[49] Entenda-se aqui o sentido de dilatação.

ra humana, o que evitaria ações que geram doenças?
Resposta: Embora na Terra exista um número considerável de cientistas da matéria, poucos são os cientistas do espírito. Podemos observar inúmeros e magníficos fisiologistas da anatomia humana, enquanto há poucos fisiologistas da alma.

No caso específico da medicina clássica, é necessário que os médicos aperfeiçoem a sua sensibilidade psíquica para auscultar o conjunto alma-corpo. Que façam uso dos sentidos conhecidos, mas que se conscientizem e utilizem as faculdades paranormais. Que estejam convictos de que bom estado psíquico e emocional, bom caráter e condições morais superiores propiciam aos seres humanos uma melhor ligação com o Cristo, Senhor Nosso e Irmão Maior — a Fonte inesgotável da inspiração divina.

O ser humano que não tem dúvida de que é portador da Essência do Cristo, considerando a elasticidade de suas concepções morais, ou seja, por conceber a participação dos Prepostos de Deus nas suas ações nobres, pois iluminativas, consegue penetrar na intimidade da alma do consulente, extraindo dela uma sinopse do seu estado psicofísico. Tal indivíduo, por ser espiritualista, consciente ou inconscientemente, vai além do corpo material para diagnosticar a irregularidade funcional psicossomática e desempenhar, também, o papel de cientista das Leis da Vida. Assim, deixa de ser tão somente médico da fisiologia corpórea e passa a ser também educador e fisiologista do espírito eterno e imortal.

Fica visível que do cientista sensível à medicina natural e divina que é *amar ao próximo como a si mesmo* a Lei do Criador também exige certa cota de espiritualização, mansuetude, pacificidade, misericórdia, para que não dê vazão à comercialização da dor alheia. Assim, a criatura vibra em melhor harmonia com o Deus do mundo e com o mundo de Deus.

Pergunta: O homem-espécie, seguindo o roteiro apresentado pelos Adventos Crísticos, deixará de ter doenças?
Resposta: À medida que o espírito vai evoluindo, seus hábitos, suas atitudes, ações e reações vão, nas mesmas proporções, acompanhando essa evolução. Entretanto, não ignoramos que muitas criaturas continuam presas a milenares ancestralidades, tradições culturais, costumes e vícios, o que não permite a renovação de valores, embora ninguém possa negar o eterno transformismo do universo físico e metafísico.

É proposto pelo Advento do Cristo-Pai que vivenciemos a es-

Cura e Autocura à Luz do Evangelho

sência do Evangelho do Nazareno Mestre, pois, pautando a trajetória da vida seguindo a Sua orientação, não teremos ações cujas reações sejam corretivas e disciplinadoras. Não fiquemos presos à letra que consta na Bíblia, mas à sua cósmica mensagem evangélica, por sabermos que, em muitas citações, os responsáveis pela escrita e pelas traduções reduziram o Divino Mestre a uma criatura de atitudes e ações primárias.

Pergunta: Por que a espiritualidade não consegue curar todos os doentes?

Resposta: Uma pessoa que ainda não domina as suas paixões inferiores, portadora de raciocínio raquítico, de sentimentos rudes, avessa à fé e biologicamente imatura, sem predisposição mental nem orgânica para enfrentar os embates da vida, ainda não tem como recepcionar o energismo delicado das essências rarefeitas utilizadas pelos terapeutas espirituais superiores. Não há nada de errado com ela; entretanto, a sua evolução psicossomática, por ainda ser primária, necessita de elementos químicos mais densos, que atendam melhor à sua ancestralidade animal, à sua tessitura perispiritual. Observemos a alimentação e o ambiente em que vive a figura poética do beija-flor e comparemos com a alimentação e o habitat em que vive o hipopótamo, embora todas sejam criaturas de Deus.

Na autocura, a pessoa:

> ➢ Para recompor o seu equilíbrio biomagnético, deve acionar o seu Deus interior, plasmar mentalmente as mais ricas paisagens do universo conhecido e imaginar as magníficas belezas dos universos metafísicos, considerando que nas mansões celestiais não existem espíritos doentes.
> ➢ Não deve ficar focada na doença, pois, além do esgotamento neuropsíquico por falta de repouso mental, dificultará a ação salutar dos elementos medicamentosos.
> ➢ Deve manter o bom humor e a alegria, além do entusiasmo e de estados mentais peculiares às criaturas que sabem que a vida é eterna, e o espírito, imortal.

Quando a cota de toxinas no perispírito do doente é muito alta, a maneira mais didática para eliminá-las ainda é por meio das doenças, as quais podem produzir-lhe efeitos especiais de renovação íntima. Assim, ele melhora a sua frequência mental e elimina as toxinas por esforço próprio. É a sagrada tarefa da dor atuando em nós, mesmo que não a aceitemos.

Pergunta: *Quer dizer então que as pessoas intoxicadas têm menor possibilidade de serem curadas pela espiritualidade?*

Resposta: O estado psíquico altamente atravancado do homem moderno que vive, principalmente, nas regiões metropolitanas, onde o estado de tensão é muito grande, que com mais assiduidade plasma em sua mente os enfermiços quadros dantescos e bestiais de muitos integrantes da sociedade, que ingere alimentos grosseiros e em estado de putrefação, leva-o com mais facilidade a praticar atos que contrariam as Leis da Criação. Tais condutas tornam muito difícil a penetração das delicadas substâncias manipuladas pela espiritualidade superior.

Curar é ascender o espírito aos planos paradisíacos do amor.

A quem hei de comparar esta geração? É semelhante a meninos sentados nas praças que gritam aos seus companheiros: "Tocamos a flauta e não dançais, cantamos uma lamentação e não chorais." João veio; ele não bebia e não comia, e disseram: "Ele está possesso de um demônio." O Filho do Homem vem, come e bebe, e dizem: "É um comilão e beberrão, amigo dos publicanos e dos devassos." Mas a sabedoria foi justificada por seus filhos. Vinde a mim, vós todos que estais aflitos sob o fardo, e eu vos aliviarei. Tomai meu jugo sobre vós e recebei minha doutrina, porque eu sou manso e humilde de coração, e achareis o repouso para as vossas almas. Porque meu jugo é suave e meu peso é leve." (Mateus 11:16-30)

A pessoa que chora na hora certa e ri na hora certa demonstra saúde emocional, pois muitas das nossas doenças advêm da má vida emocional, do mau humor que acalentamos em nosso íntimo, da inflexibilidade, do rigor na condução da vida. Daí a advertência para os portadores de travas psicológicas: *Tocamos a flauta e não dançais, cantamos uma lamentação e não chorais.*

Por ser *a semeadura livre, mas a colheita obrigatória*, analisando a logicidade da Lei de Ação e Reação, deveríamos ser mais atentos às nossas ações e reações, pois não temos dúvida de que o homem, para tornar-se integral, deve adquirir equilíbrio entre a razão e o sentimento. Em assim sendo, vamos dançar ou chorar de acordo com o momento, para mantermos a nossa saúde psicossomática e emocional.

A esfera áurica da pessoa acabrunhada, sem vida, sem entusiasmo, sem emoção, sem o calor do afeto, desprovida da saudável simpatia e do estimulador sorriso, portando o semblante da tristeza, da melancolia, da autopiedade é muito doentia, e dificulta qualquer tipo de tratamento.

❀ ❀ ❀

Roteiro para a vida plena – A alma, quando espontaneamente vibra na faixa que identifica *amor a Deus sobre todas as coisas e ao próximo como a si mesmo*, sente que a sua própria luz clareou seu íntimo. Assim, a pessoa envolta nas vibrações harmoniosas que partem do seu mundo íntimo, quando doente, terá todo o seu organismo beneficiado devido à melhora das suas ondas mentais, o que lhe facultará a produção de elementos químicos adequados para o movimento dos vórtices e o consequente reequilíbrio da saúde. Caso não tenha doença caracterizada, tal conduta é preventiva.

Visto que a falta de saúde é um desajuste espiritual, procuremos sempre, antes de tudo, curar a nossa alma para, naturalmente, o nosso corpo biológico ser curado.

Um fator que dificulta a vida plena é a pessoa sentir-se escrava do tempo, mesmo sabendo que a vida no plano da existência é consumida num diminuto período. Por assim ser, aproveitemos o tempo e, frequentemente, olhemos para o céu, contemplemos o azul-celeste e entremos em meditação para, no nosso silêncio, ouvirmos a Voz de Deus. O azul-celeste, por ser atemporal, simboliza a eternidade. Também o azul, para o olhar humano terreno, por ser eterno na abóbada celeste, produz deotropismo em nós, e sentimos "saudade de Deus". Sentimos vontade de trabalhar conscientemente o nosso *religare*, a nossa **reversão**, ou seja, o nosso retorno consciente a Deus, conforme consta na parábola *do Filho Pródigo*.

Capítulo 17
Êxtases espirituais

Pergunta: Há pessoas que não procriam por motivos quaisquer de ordem sexual, psicológica ou de outros males, e procuram os amigos espirituais para tratamento. Pelo que sabemos, tais pessoas estão cumprindo a Lei do Carma em função de condutas de vidas pretéritas. Em sendo a má vida sexual uma das causas do desajuste da humanidade, por que os espíritos superiores aceitam curar pessoas nessas condições?

Resposta: Não nos esqueçamos da Infinita Bondade de Deus. Por causa da nossa pouca evolução espiritual, não devemos ter os nossos conceitos fechados em si mesmos, pois a falta da procriação não ocorre necessariamente tão só por causa das más condutas de vidas passadas. Os fatores são vários e, entre eles, a programação espiritual de determinados indivíduos elaborada pelos seus mentores. Francisco de Assis e seus discípulos não procriaram porque estavam obedecendo a um planejamento específico para desempenharem as suas tarefas espirituais. O mesmo aconteceu com os nossos contemporâneos Francisco Cândido Xavier e Divaldo Pereira Franco.

Consta nos registros da sociedade Paulo de Tarso ter dito: *Se eu não tiver caridade, de nada me valerá o saber.* A alma fica ligada a tudo que cria com a própria mente e, à proporção que o tempo passa, surgem as oportunidades para reajustar suas próprias obras, pois somos espíritos na busca da nossa evangelização e perfeição. A criatura que erra, se não procurar restabelecer o seu equilíbrio, permanecerá atrelada às suas condutas de outras vidas, e assim estará se autopunindo. Também alguém recusar-se a soerguer um decaído que não foi bem-sucedido nos seus investimentos em vidas passadas não é atitude evangélica. Onde ficaria a prática da caridade? Onde ficaria a infinita Bondade de Deus? O que estaríamos fazendo com os ensinamentos de Jesus?

Que bela é a existência sempre que, amando a grandiosidade da vida espiritual mais pura, sabemos tolerar, suportando nossa condição de aprendizes das Leis Divinas e amparando-nos mutuamente!

Quando alguém estende a mão à caridade, demonstra que, pelo menos, já está a caminho do exercício da humildade.

Os espíritos superiores reconhecem a grandiosidade da mensagem do Mestre Jesus ao dizer:

> "Há mais alegria no Céu pela regeneração de um pecador do que pela chegada de um justo." (Lucas 15:7)

Pergunta: Ao considerar que a má vida sexual da sociedade, e em especial dos seres femininos, tem causado tantas doenças de ordem psíquico-emocional e somática, de que forma o Cristianismo Renovado poderá superar esse obstáculo, a fim de que as criaturas vivam melhor e se soltem para os grandes voos, os grandes êxtases espirituais?

Resposta: Os **Adventos Crísticos** estão sendo implantados em todo o mundo, independentemente de teologias, ideologias, graus evolutivos, crenças religiosas, aceitação ou rejeição, tendo em vista que a proposta adventista é do Cristo, o Criador da Terra. Logicamente, não existe força-energia nos espíritos terráqueos que consiga impedir a sua implantação. Isso porque a renovação do Cristianismo faz parte de um Planejamento Sideral voltado para a Terra, o qual foi previsto ser apresentado à sociedade exatamente agora, nesta fase de transição planetária. Pelo fato de sermos portadores de livre-arbítrio, *muitos serão chamados, mas poucos serão escolhidos* (Mateus 22:14). Em outras palavras: Pela Bondade de Deus a todos será dada oportunidade, mas, em função da Sua Justiça, poucos estarão graduados para continuar reencarnando na Terra na Era de Aquário. Ou seja, nem todos conseguirão se graduar num nível evolutivo de vivenciar placidamente o Evangelho do Porta-Voz do Cristo — Jesus de Nazaré.

As mudanças na vida das criaturas serão, infalivelmente, magníficas, pois que altamente motivadoras em todos os aspectos. Daí a segurança quanto ao que acontecerá maravilhosamente na Era do Mentalismo, do despertar da Força Superior do espírito eterno e imortal.

É de conhecimento geral que a maior trava psicológica que descaracterizou o ser humano da sua saudável vida afetivo-sexual adveio das religiões, sobretudo por causa dos dogmas infantis e infundados que criamos.

A proposta do Cristo, por ser planetária e renovadora, engloba os humanos que compõem os quatros pilares da sociedade, sendo que, após a integral *separação do trigo do joio*, na Terra não reencarnarão espíritos portadores de estigmas bloqueadores das sagradas emoções propiciadas pela saudável vida sexual, conceptiva e humana. Atualmente já concebemos que a abstinência sexual só acontece, verdadeiramente, em função da graduação espiritual, e nunca por convenção religiosa ou de qualquer outra procedência.

A atual renovação do Cristianismo, prevista desde a gênese da Terra, por se tratar de um planejamento que está sendo executado pelos Representantes do Cristo Terráqueo, inquestionavelmente será concretizada dentro do tempo preestabelecido para esta fase de Transição Planetária. Acontecerá que, com os seres humanos masculinos renovados, as mulheres serão sexualmente realizadas e, progressivamente, as doenças, aquelas que forem filhas da má vida afetivo-sexual e causadoras de tantas dores ético-morais e corpóreas, deixarão de existir.

Em assim sendo, o ideal é o ser masculino ir despertando da sua latência o magnetismo da gratidão aos espíritos superiores responsáveis pela sua encarnação e pela sua vida relacional. Mesmo sob as vibrações apocalípticas e com o diminuto tempo que ainda temos para trazermos ao consciente os Atributos Divinos dos quais somos portadores, com um bom empenho e entusiasmo nos qualificaremos para, meritoriamente, continuarmos reencarnando na Terra — este Santuário Sagrado quando comparado ao "planeta higienizador", para onde bilhões de espíritos terráqueos, inexoravelmente, serão exilados.

Em todas as épocas na Terra, a mulher, de um modo geral, não foi tratada pelos homens com a sacralidade que sempre mereceu. E, quando o foco é a vida sexual, os seres masculinos, na sua maioria, não tiveram sensibilidade para realizá-las e levá-las aos êxtases espirituais.

No percurso de Aquário, após a saída dos espíritos mais instintivos que serão transferidos para o planeta higienizador, a vida relacional afetivo-sexual terá um cunho de sacralidade, tendo em vista que os espíritos ávidos pela luxúria, atendendo ao tropismo da besta apocalíptica, deixarão a Terra e irão para uma escola planetária que atenda melhor às suas rudimentares e ancestrais aspirações.

Vejamos:

➢ Por *não existir ética superior à vida,* conforme consta no livro

Princípios de Uma Nova Ética, de Pietro Ubaldi, 2ª edição em 1983, publicado pela Fundapu, o "primeiro" instinto de preservação da vida que a mônada, quando ainda na condição de animal irracional, manifesta é por meio da alimentação, surgindo-lhe os bruxuleios de autoamor. Em seguida, como "segundo" instinto, para a mônada na condição de espírito individualizado, pois humano, vem a procriação, mas sem abdicar da sagrada emoção proporcionada pela troca de energias de polaridades contrárias e complementares. Na condição humana, também prevalecem os dois instintos fundamentais, sendo que o sexual serve para o espírito exercitar a sua capacidade de amar-se e amar a outrem, dando ensejo, em especial, à procriação. Assim é que a mônada, quando na condição de espírito humano, inicialmente, manifesta o prazer de forma egoística, pois individual. Mesmo assim, estará se graduando para, através das múltiplas reencarnações, conseguir manifestar o amor altruístico e de amplitude universal[50].

> A sociedade conceberá a vida sexual como meio sagrado para a alma enriquecer-se de valores ético-morais. Evidente que sem os espíritos ignóbeis reencarnando na Terra a vida sexual não será mais responsável por tantos descalabros, conforme ainda acontece atualmente, gerando desarmonia no sistema chácrico e, como consequência, as doenças.

> Em Aquário, o ser humano, mais empenhado em trabalhar a sua consciência individual para ampliá-la progressivamente, projetar-se-á para o eterno vir a ser; assim, a ancestralidade egoística do animal que foi vai perdendo força-energia, e passa a surgir nele, de maneira gradual e segura, a manifestação do amor universal.

Justifica-se, dessa forma, quanto ao porquê de o ser humano masculino, quando ainda estagia numa faixa evolutiva de pouca experiência com Deus, buscar o prazer pessoal. Este aspecto na evolução espiritual é mais notório na vida sexual dos casais quando formam uma família, tendo em vista que o ser masculino terreno, de um modo geral, por causa do seu nível de egoísmo de pouca abrangência, só se preocupa consigo próprio e, assim, não realiza, afetiva e sexualmente, as suas companheiras[51].

[50] As pesquisas internacionais mostram que bom percentual dos espíritos masculinos que estão encarnados na Terra continuam desatentos a esse sagrado aspecto na vida das mulheres — a realização afetivo-sexual.
[51] Relembremos que os vícios caracterizam o nosso nível de egoísmo, segundo Allan Kardec. Em assim sendo, quando o ser masculino busca o seu prazer sexual sem ater-se às necessidades da sua companheira, deve procurar um terapeuta gabaritado.

Pergunta: Uma vez que a vida sexual bem direcionada também é um meio para o espírito, através das milenares reencarnações, chegar à plenitude do amor, por que milhões de criaturas, em especial as femininas, perdem o sentido sagrado da atração, da química sexual, e vivem infelizes, melancólicas, sem vida, com o semblante carregado, olhando para o chão?

Resposta: A história terrena registrou no percurso dos milênios que as mulheres, em sua maioria, pela falta da troca de energias por meio do sagrado orgasmo[52] — o prazer gerado pela divinal relação sexual entre pessoas de polaridades contrárias e complementares —, ficaram sem realização pessoal nessa questão, o que as levou a sentirem-se meros objetos para o ser masculino dar vazão aos seus instintos. Mesmo frustradas nesse aspecto, porém, elas não abdicaram da sagrada maternidade.

Em pleno século XXI, quando ainda acontece à mulher de relacionar-se sem o prazer sexual, com o passar do tempo, na mesma encarnação, ela vai se fechando em si própria, e os órgãos responsáveis pela produção dos elementos químicos para o sagrado ensejo vão deixando de receber os divinos estímulos da sua mente para acionar e manter a libido, a produção adequada de adrenalina etc. Ora, considerando que *a função faz o órgão*, o desestímulo passa a ser processo natural à abstinência forçada por falta da crística emoção que o evento requer e propicia.

Ao serem observadas as projeções das sublimes cores áuricas das pessoas sexualmente realizadas, por questões óbvias, pelo menos a partir da década de 1970, com o surgimento da kirliangrafia[53], que cientificamente prova a sublimidade da vida sexual, o ser masculino deveria ter procurado informar-se sobre o valor divino e sagrado da realização sexual feminina[54].

Os séculos e milênios passaram e, atualmente, mesmo com as informações científicas e psicológicas, ainda existem homens desatentos, que não dão atenção à saúde psicoemocional e corpórea das mulheres quando sexualmente realizadas. Justifica-se, dessa forma, a razão de muitas das doenças na região sacra, nas mamas,

---

[52] É sempre bom nos conscientizarmos, para não nos punirmos, de que fomos criados por Deus, a Perfeição Absoluta. Portanto, além da sagrada procriação, o ato sexual quando realiza os humanos que o praticam é saúde psicoemocional.

[53] A kirliangrafia, atualmente também conhecida como bioeletrografia, tem sido confundida com a foto do perispírito, porém ela é **apenas a fotografia do campo elétrico**.

[54] Aconselhamos um estudo criterioso do livro *Princípios de Uma Nova Ética*, de Pietro Ubaldi, 2ª edição em 1983, no qual o autor trata, também, da sexofobia e da sexofilia.

na tireoide etc. advirem da má vida sexual. Da má vida dessa troca sublime de energias entre o macho e a fêmea.

No livro *Dias Gloriosos*, de Joanna de Ângelis, psicografia de Divaldo Pereira Franco, publicado pela Livraria Espírita Alvorada Editora, consta:

> O uso adequado da função sexual — sintonia entre o psicológico e a fisiologia — proporciona bem-estar e facilita o crescimento espiritual sem gerar amarras com a retaguarda do instinto, assim como também com as entidades perversas e viciadas que a ela se vinculam.
> A sua abstinência, quando a energia que exterioriza é trabalhada e transformada em força inspirativa e atuante pelos ideais de beleza, de cultura, de sacrifício pessoal, igualmente propicia equilíbrio e empatia, já que o importante é o direcionamento dos seus elementos psíquicos, que têm de ser movimentados incessantemente, porquanto para isso são produzidos.

❀ ❀ ❀

No livro *Amor, Imbatível Amor*, de Joanna de Ângelis, 2ª edição em 1998, psicografia de Divaldo Pereira Franco, Livraria Espírita Alvorada Editora, consta:

> Criado o espírito simples, para adquirir experiências a esforço próprio, e renascendo para aprimorar-se, as realizações se transferem de uma para outra vivência, dando curso aos impositivos da evolução que, enquanto não viger o amor, se imporão através dos processos aflitivos. Inevitavelmente, porém, momento surge no qual há um despertamento para a emoção superior, e o amor brota, a princípio como impulso conflitivo, para depois agigantar-se de forma excelente, preenchendo os espaços emocionais e liberando as tendências nobres, enquanto dilui aquelas de natureza inferior.
> O sexo, nesse imenso painel de experiências, na condição de atavismo predominante dos instintos primários essenciais, desempenha papel importante no processo da saúde psicológica e mental, não olvidando também da natureza física.

Pergunta: Existem pessoas que dizem ter sublimado a energia sexual. Será que verdadeiramente a sublimaram, ou apenas criaram escudos para se protegerem da sagrada vida íntima? Resposta: Por ser a energia sexual a primeira da vida existencial para a procriação, pois foi assim que Deus nos criou para que, pelo ensejo do sagrado ato sexual, a espécie fosse perpetuada e se motivasse para desfrutar da sublime emoção, será a última a ser sublimada no sentido da abstinência. Na verdade, nas escolas planetárias primárias, mesmo em fase de transição como é o caso da escola-Terra, poucos são os exemplares humanos em condições evolutivas para, por processo natural, ou seja, sem sofrimento nem angústia, sublimarem a vida sexual. Não confundamos, portanto, nossos traumas psicológicos, nossas frustrações ou decepções, desta ou de outras vidas, como sendo evolução espiritual a ponto de sublimarmos a manifestação da sacratíssima energia biopsicoenergética — a sexual.

Avaliemos usando da lógica:

> ➤ Pelo autoamor, surge na alma, inicialmente de maneira instintiva, porque inconsciente, a preservação da espécie, e ela, intuitivamente, dá vazão à atração pelo sexo oposto, advindo do divinal conúbio a procriação como o mais sagrado resultado do ato sexual.

> ➤ De onde se deduz que o impulso natural do instinto sexual realiza excelente trabalho de renovação espiritual e expande a capacidade de amar, pois o que a princípio era apenas amor egóico vai se dilatando com o surgimento da prole e dos demais descendentes. Na verdade, é a força-energia geradora da vida corpórea em ação e a serviço do Autor da Vida — Deus.

> ➤ Já estamos vislumbrando um novo horizonte para a sociedade terrena compreender, cientificamente, que o equilíbrio da vida sexual é altamente libertador, capaz de aproximar o Cristo-criatura do Cristo-Criador. E, tendo em vista que Cristo é sinônimo de Amor Incondicional, por meio do sagrado ato sexual sem culpa, pois de natureza divina, o nosso Cristo Interno estará expandindo a sua capacidade de amar as individualidades para adquirir condições de amar as coletividades planetárias e universais, trazendo a lume do seu Eu Divino a essência de Deus.

Observemos que é proposta do Cristianismo Renovado desfazer os nossos bloqueios psicológicos de qualquer natureza, sendo que, inquestionavelmente, o sexual é o que tem trazido maiores danos à vida humana do conjunto planetário de todas as épocas e, entre eles, inúmeras doenças psicossomáticas e emocionais.

Desfeito esse quadro patológico da mente de uma humanidade, veremos no sexo oposto, pelas razões descritas, a possibilidade de aprimorarmos a nossa capacidade de amar *amando a Deus sobre todas as coisas* para termos condições reais de *amarmos aos nossos semelhantes como a nós mesmos.*

Pergunta: Sabemos que as mulheres terrenas, por motivos diversos, inclusive por causa da má vida sexual, desenvolveram melhor e com mais abrangência o sentimento religioso. Será que de agora em diante elas conseguirão conduzir a sociedade aos êxtases espirituais?

Resposta: Os bloqueios psicológicos que os homens causaram às mulheres são inquestionáveis. Mas, como na Criação existem o ponto e o contraponto, *na Natureza nada se cria, nada se perde, tudo se transforma*, segundo Antoine Lavoisier[55]. Assim foi que o ponto negativo causado pelos homens às mulheres serviu de positivo para acelerar o mundo íntimo dos espíritos femininos na incessante busca da autoiluminação. Então, pode-se concluir que não há falha na Criação, pois até em nossos desencontros Deus encontra recursos para o nosso crescimento interior.

Imensa parcela dos seres masculinos, ignorando a sacralidade da vida sexual e, em especial, da divinal necessidade de realizar sexualmente as suas companheiras através do contato recíproco para a troca de energias de polaridades contrárias, criaram engenhos fabulosos, numa tentativa de agradá-las e realizá-las externamente. Os seres masculinos não atentaram que as realizações externas são perecíveis, razão pela qual não conduzem a alma à plenitude do amor.

De agora em diante:

> Os homens, mesmo arrastando, consciente ou inconscientemente, suas caracterizadas máculas de vidas anteriores de quando a sua brutalidade era inata, desenvolverão a docilidade e serão excelentes colaboradores no sentido de estimular e propiciar as

---

[55] Antoine Laurent de Lavoisier (1743-1794) foi um químico francês, considerado o pai da química moderna. É reconhecido por ter enunciado o princípio da conservação da matéria, apesar de o russo Mikhail Lomonossov tê-lo feito 14 anos antes. Além disso identificou e batizou o oxigênio, refutou a teoria flogística e participou na reforma da nomenclatura química. Célebre por seus estudos sobre a conservação da matéria, mais tarde foi imortalizado pela popular frase: "Em uma reação química feita em recipiente fechado, a soma das massas dos reagentes é igual à soma das massas dos produtos." Fonte: Wikipédia.

realizações das almas femininas.

➤ Eles também reconhecerão que a mulher é "coparticipante da Criação"na sua sacrossanta condição de intermediar a Vontade Suprema e a necessidade de manipular, por meio do seu casulo sagrado, as forças mantenedoras da vida para dar continuidade à espécie humana por meio da reencarnação dos espíritos. Identificarão que a mulher é médium da Vida pela sua divinal condição de entregar-se à maternidade. A mulher entregue à maternidade é médium de Deus.

➤ Já que o ser feminino desenvolveu com mais amplitude o sentimento em detrimento da razão, a própria Natureza utilizará os seus predicados para desempenhar a função de iluminar a razão do homem, a fim de que ele se torne mais operante na Obra do Criador, não apenas na criatividade vinculada ao plano concreto, mas também amparando emocionalmente as mulheres nos seus sagrados momentos de modeladoras de almas, oportunizando espíritos à vida existencial.

Para caracterizar um dos fatores que impedem os seres humanos de alcançar os êxtases espirituais, focamos a má vida sexual, pois, conforme escreveu Joanna de Ângelis, psicografia de Divaldo Pereira Franco, no livro *Amor, Imbatível Amor*, 2ª edição, Livraria Espírita Alvorada Editora: *Os maiores carrascos da humanidade tinham problemas sexuais.*

Não queiramos sufocar o instinto sexual na vã ilusão de aspirarmos sublimá-lo, porque o máximo que conseguiremos será inibi-lo temporariamente, visto que não obteremos sucesso integral, uma vez que as forças da Natureza não permitem que alguém sem evolução compatível anule prematuramente as forças-energias da vida sexual latentes no homem-espécie.

O ser humano, caso não tenha alcançado a plenitude do amor e se sinta no direito de sufocar o instinto sexual por razões quaisquer, demonstra a sua desarmonia íntima, a sua guerra sem adversários, pois ainda não tem graduação para sublimá-lo. Quem já alcançou tal graduação não precisa sufocá-lo. Certo é que quem possui evolução para sublimar a vida sexual necessariamente não abraça a abstinência, nem foge dessa sublime emoção — apenas conduz a vida afetivo-sexual dentro dos princípios ético-morais cristãos[56].

---

[56] Grandes luminares foram casados e não precisaram sufocar a vida sexual. Exemplos: Buda, os pais de Jesus, Maria e José, PietroUbaldi, Allan Kardec, Bezerra de Menezes, Mahatma Gandhi, Helena Blavatsky e muitos outros.

Cura e Autocura à Luz do Evangelho

❋❋❋

Faz parte da história de São Francisco de Assis a passagem em que Santa Clara enviou ao seu pai espiritual, quando ele voltou do Oriente de sua visita ao sultão Kammel, após ter estado ausente por alguns meses, um recado afirmando estar com muita saudade. Francisco, de imediato, solicitou dos seus discípulos que preparassem uma ceia para receber Clara e algumas clarissas.

No momento da ceia dentro do casebre:

> ➢ Francisco pegou do pão, partiu-o e deu uma parte para Clara segurar. Juntos, elevaram os nacos de pão e pediram a Jesus para abençoar o sagrado alimento.
> ➢ Enquanto oravam, tanta foi a luz emitida do casal que se propagou por todas as fendas do casebre, com tamanha intensidade, que a vizinhança achou que a casa dos frades franciscanos estava pegando fogo.
> ➢ Todos foram convocados para ajudar a apagar o fogo e, quando chegaram ao casebre, o suposto fogo eram luzes que saíam do mundo íntimo de São Francisco e de Santa Clara. Luzes que contagiaram e emocionaram a todos.

Podemos deduzir:

> ➢ A repercussão axiomática[57] gravada na consciência daqueles encarnados e desencarnados que participaram do grande fenômeno espiritual provocado por Francisco e Clara. A cientificidade real que o sublime evento registrou e que perdurará para a eternidade na memória subjetiva de todos que estavam nas imediações do casebre franciscano, e também nas demais criaturas da cidade de Assis e muito além, pois, na sequência do tempo, emocionou aqueles que passaram a conhecer o sagrado evento.
> ➢ O que verteu do íntimo das pessoas ao ver o incêndio interior de Francisco e Clara, ou saber dele, quando puderam constatar a assertiva do Nazareno Mestre ao afirmar: *Vós sois luzes!*
> ➢ O impulso que sofreram os encarnados e desencarnados que se encontravam nas imediações do casebre! Quanto aquele luminoso episódio serviu para despertar o Cristo-Luz latente no âmago de todas as criaturas...

---
[57] Axiomático é algo evidente, inquestionável, incontestável, é relativo aos axiomas.

Êxtases espirituais – O cristão, convicto de que vive embebido na esfera áurica do Cristo terráqueo, deve elevar-se em pensamento e empenhar-se na sua harmonização com a vida e com o Criador da Vida — Deus — para ter condições de conectar-se com os espíritos superiores que habitam as dimensões dos bem-aventurados, sabedor que é de que, mesmo encarnado, ao alimentar-se de sentimentos nobres, conseguirá entrar em êxtases espirituais.

Continuemos focados na essência de *Cura e Autocura à Luz do Evangelho*, mantendo-nos num nível elevado de aspirações realizadoras no campo dos sentimentos puros, e assim não permitiremos que a racionalidade enfraqueça o nosso ideal, que é acendermos com mais amplitude a nossa luz interior pela emoção e, dessa forma, clearearmos a nossa trajetória existencial.

Procuremos direcionar o máximo da nossa luz para o coração e transformá-lo em farol que possa iluminar consciências.

Para que aconteçam êxtases espirituais é indispensável à criatura, além de acionar a sua vontade visando entrar em ação criadora, dilatar o tempo emocional e, assim, não sair do foco, que é sentir as supremas palpitações do Universo Vivo, na condição sagrada de "corpo" dos Criadores de Mundos. Sentir o Universo pulsar em ressonância com o seu coração. Sentir-se integrada ao Todo. Ao Supremo Artífice da Vida — Deus.

Capítulo 18
Saltos quânticos e a autocura

Pergunta: O ser humano, quando doente e mergulhado no seu mundo íntimo, para encontrar força-energia e vencer a sua deficiência orgânica, torna-se mais sensível aos Haveres dos Céus. No exercício da autocura, podemos admitir que a dor desenvolve um dos mais importantes papéis para acelerar a integração do homem à vida cósmica?

Resposta: Enquanto o ser humano não desintegrar a sua personalidade, não conseguirá integrar-se ao Todo Cósmico. A *persona* faz com que o indivíduo fique com a visão reduzida e, por falta de criatividade para vislumbrar o motivador espaço sideral, só conseguir enxergar pequena parte do Todo, ainda sem condição para amar de maneira abrangente e universal. Por não ter visão mais panorâmica, ele apenas ouve falar que a luz existe, mas não é capaz de iluminar-se, pontilhando de luz a sua estrada, para servir de farol aos que vêm na sua retaguarda. Assiduamente, desvia-se da trajetória da vida em que deve caminhar um cristão. Contrai carma negativo com facilidade, e daí surge a dor para norteá-lo ao Cristo-Amor.

Mais cedo ou mais tarde, o indivíduo compreende que a dor aquebranta a rudeza e humilha o orgulhoso, obrigando o espírito a centralizar em si mesmo mais força-energia para enfrentar os desafios da vida e a procurar aceitar carinhosamente a dor, porque compreendeu a Lei de Ação e Reação.

Ramatís, na sua obra, através de Hercílio Maes, nos esclarece que a dor desempenha função sagrada na Criação, pois, além de aquecer a intimidade do espírito eterno e imortal para a sua ligação consciente com a Divindade Suprema, ajuda a acelerar a sua vida mental para drenar, o mais breve possível, as toxinas deletérias do perispírito.

Não basta ao homem ter o conhecimento da luz, é preciso ter a luz do conhecimento para viver em harmonia com as Leis da Vida, e ir progressivamente penetrando vibratoriamente na essência do Criador. O ideal seria que desde a infância já se recebesse a orientação pedagógica dos educadores esclarecidos sobre a vida além da vida. Daqueles que já concebem o corpo físico como ponto de apoio para a alma exemplificar na carne a finalidade precípua da vida existencial. Por certo, o ser humano não participaria do desequilíbrio da ordem moral e do mau uso dos direitos espirituais, mas se empenharia em manter um padrão vibratório harmônico, porque superior.

De um modo geral, os nossos pedagogos informam, mas não formam um bom caráter na infância, na adolescência nem na juventude, pois lhes faltam conhecimentos que transcendam à vida corpórea.

Por ignorância ou falta de tempo para a aquisição de ensinamentos libertadores, a maioria dos espíritos encarnados precisa da dor em sua vida no plano físico para, como bússola de segurança biológica e psíquica, assinalar o desvio perigoso que deve ser abandonado e, ao mesmo tempo, convidar o imprudente a reajustar o seu equilíbrio que fora perturbado e tomar o caminho do dever.

"Se cada passo de tua vida for uma centelha de luz, no final de tua vida terás iluminado o mundo." (Osho)

Pergunta: Em termos científicos, como se processa a anomalia com a descida das toxinas do perispírito para o corpo físico?

Resposta: Embora os religiosos ortodoxos integrantes das religiões oficializadas pouco divulguem o desempenho vital dos chacras humanos, eles não deixaram de ser estudados pelos componentes de outros segmentos, e os resultados adquiridos através das pesquisas foram difundidos entre os povos, chegando aos nossos dias.

Das pesquisas tiraram-se ilações importantíssimas, e hoje, nem mesmo os refratários aos grandiosos conhecimentos da teosofia e do espiritualismo de um modo geral podem negar que os chacras, como pontos vitais do homem, poderão sofrer aceleração ou desaceleração, dependendo da vida mental de cada indivíduo.

Ramatís, um mestre fisiologista da alma humana, tecendo comentário sobre o assunto, esclarece que:

O morbo invisível incrustado no períspirito se transfere primeiro pelo duplo etérico e, de início, afeta o trabalho delicado dos chacras, perturbando-lhes as funções e as relações vitais. Depois, tange o conjunto nervoso, infiltra-se pelas glândulas endócrinas, afeta o sistema linfático, insinua-se pela circulação sanguínea e produz a proliferação microbiana ou as lesões orgânicas.

(...) O mesmo pântano que pode ser motivo de euforia para o batráquio satisfeito com as emanações mefíticas do gás de metano será de cruel tortura para o pássaro, que deve suportá-lo apenas por alguns minutos. (Do livro *Mediunidade de Cura*, 12ª edição, psicografia de Hercílio Maes, Editora do Conhecimento).

Pergunta: Existem pessoas que, mesmo vivendo em ambientes inóspitos, não contraem doenças com facilidade, e outras, vivendo em ambientes requintados, não têm resistência à menor investida microbiana. Existe alguma explicação nesse sentido?

Resposta: Quando desiste de competir visando os valores efêmeros e renuncia à personalidade humana, o homem desenvolve poderes espirituais magníficos. Ele não se apega ao que conquista como patrimônio material, porque sabe que deve ser apenas um administrador do bem adquirido, convicto de que, num átimo do tempo, terá que comparecer aos planos dos desencarnados sem os *tesouros que a traça corrói e o ladrão rouba*. Intuitivamente sente que a ideia central da vida é a harmonia com as Leis do Criador da Vida.

A alma que possui bons créditos na contabilidade divina é naturalmente protegida, energeticamente "isolada" e não precisa de defesas externas contra os ataques virulentos, uma vez que a sua própria esfera áurica é a melhor defesa. Como não existe incongruência na pedagogia sideral, a criatura que não faz parte do antifraternismo fica automaticamente imunizada, e os agentes patogênicos não encontram, com tanta facilidade, a condição psíquica na faixa vibratória de que precisam para a sua proliferação.

Observemos que a pessoa espiritualmente mais lúcida, ao conhecer a mensagem evangélica do Sublime Nazareno, sente que o Divino Sintetizador Sideral veio ao mundo para clarear o caminho interno da alma, visando a que ela não saia do prumo na trajetória da vida, tendo a certeza de que, quando se extinguem as causas negativas, os efeitos molestos deixam de existir. Por assim ser, adotemos o Evangelho do Nazareno Mestre como o parâmetro mais nobre para a ascensão humana, principalmente vivenciando a *misericórdia do ver, ouvir e falar.*

Mesmo passando por momentos difíceis, precisamos conceber a logicidade da Lei de Causa e Efeito e, assim, receber, com semblante rosado e dignidade cristã, os reveses da vida.

O homem tem livre-arbítrio, mas não deve valer-se dessa regalia para fins antifraternos, pois a Lei de Ação e Reação é automática. Também precisa evitar pensamentos dantescos e o uso de toxinas para não aumentar o peso específico do seu perispírito e, assim, permanecer ligado compulsoriamente aos ciclos reencarnatórios para adquirir disciplina na condução da vida.

Existem também pessoas que, além da sua própria deficiência psicofísica, são muito vulneráveis às influências de outros orbes filiados à mesma ronda planetária. Assim é que a mais simples alteração no campo de força magnética interplanetária perturba o campo íntimo dessas criaturas[58]. Outras existem, conforme afirmam os Espíritos Superiores, que, por causa do péssimo estado emocional, têm acentuada irregularidade na sutilíssima movimentação dos vórtices vitais, o que facilita a desvitalização energética do organismo. Visto que Deus é Perfeito, na sequência dos séculos e milênios todos vão se fortalecendo e adquirindo a fé inabalável do mártir.

Pergunta: Os tumores, ainda que extirpados por cirurgiões, em muitos casos apresentam-se reincidentes. Isso ocorre porque a cirurgia foi malfeita ou pelo fato de o estado mental do doente ter reativado outra cota das toxinas que estavam latentes e aderidas ao perispírito?

Resposta: O cirurgião extirpa o efeito, mas se a causa permanece, por certo, mais cedo ou mais tarde, as toxinas que estiverem no perispírito terão, inexoravelmente, que "descer" ao corpo físico. O tempo para a reincidência vai depender não só da quantidade de matéria deletéria armazenada no corpo perispiritual como também do estado mental e emocional da pessoa. Há criaturas que mudam de humor com muita constância, o que acontece por serem doentes da alma, e que, com facilidade, poderão ficar do mesmo modo doentes do corpo.

[58] Existem pessoas altamente influenciáveis, por exemplo, pelo magnetismo da lua.

Após a cirurgia, é possível que o doente aparentemente fique bem se o elemental fluídico que ficou no seu organismo permanecer circulando tranquilamente pelo seu perispírito. No entanto, um ato de ódio, raiva, mágoa, violência física ou mental serve de detonador psíquico, e as energias que antes fluíam harmonicamente pelo corpo etérico-perispiritual podem sofrer brusca "coagulação", vindo a se materializar no corpo físico em forma de tumores ou outros males. Inclusive, se essa "descida" for muito violenta, poderá dificultar ou até mesmo impedir o desempenho dos chacras e levar a criatura a óbito. É evidente, portanto, que, de acordo com o caráter, o estado mental e as condições psíquicas do enfermo, o elemental primário responsável pela tumoração encontrará campo favorável ou desfavorável para a sua ação, conforme ensinamentos de Ramatís, através de Hercílio Maes.

A extirpação dos tumores, evidentemente efetuada na periferia, elimina apenas a massa energética necrosada que já se encontra mais densa no mundo externo, pois não há possibilidade de, com equipamentos materiais, se operar no mundo oculto. Mas é lógico que, enquanto o fluido mórbido permanecer circulando pelos corpos sutis, há possibilidade da formação de novos tumores, muitas vezes em outras partes do corpo, recebendo nomes diferentes.

Para que não haja reincidência, o homem deverá integrar-se alegremente, embora sem fanatismo, aos postulados da vida espiritual, seguindo os princípios evangélicos. Sem essa integração irrestrita e definitiva, uma forte alteração emocional poderá acelerar a "descida" do fluido que se encontrar em seus corpos sutis. Com a cirurgia externa, o médico apenas promove o alívio ao enfermo, pois a cura tem que ser, necessariamente, do interior para o exterior. Não esqueçamos que nem mesmo os mais sofisticados equipamentos utilizados pela ciência médica são capazes de renovar o espírito imortal e eterno que habita naquele corpo doente, considerando que a Lei de Deus exige autorrenovação.

Vale ressaltar que o ser humano, enquanto não conseguir pautar a vida com fidelidade às Leis da Criação, poderá, a qualquer instante, ser visitado pela dor para drenar a massa tóxica aderida aos seus corpos. E, por ser Constante Universal, nenhum espírito conseguirá adentrar os planos paradisíacos enquanto o seu perispírito não estiver translúcido, formando a sua *túnica nupcial*.

Necessário se faz que o homem, por esforço próprio, adquira consciência cósmica a fim de ter, por correspondência vibratória, o direito de mentalmente viver numa dimensão que identifique a pureza dos espíritos luminosos, mesmo estando encarnado na Terra, uma escola em transição de primária para secundária. Daí a necessidade do polimento espiritual do indivíduo para diminuir o peso específico da sua tessitura perispiritual. Então, podemos concluir que a simples remoção da matéria realizada pelo cirurgião, por mais habilidoso que ele seja, não será suficiente para acionar a consciência angélica latente no homem-espécie.

Em breve, o cientista do corpo será também cientista do espírito, e a Terra terá homens orientando homens para a sua definitiva integração à pulsação das Leis do Cosmo. O médico-cirurgião do futuro, conhecedor da Lei de Causa e Efeito, vai extirpar a ignorância dos seus irmãos menos esclarecidos, usando o Evangelho do Sublime Jesus para substituir o bisturi, e, assim, produzir efeitos especiais na consciência dos seus pacientes, para que, desarmados, tornem-se receptivos à Luz do Cristo-Criador.

❀ ❀ ❀

"Quanto mais se conhece, mais se aprecia." (Leonardo da Vinci)

Pergunta: Existem médiuns que se dizem de "cura" e, na verdade, não produzem nenhum efeito curador quando magnetizando um paciente. Devemos então considerar que é falta de merecimento do paciente ou que o médium não tem condição para exercer a tão sublime tarefa que é a de aliviar a dor alheia?

Resposta: Do passista ou magnetizador não depende apenas a sua capacidade vital-magnética, mas também a sua alimentação, condição moral-ética, vida mental e emocional etc.

A penetração dos fluidos na hora da aplicação realizada pelo médium depende muitíssimo de uma vida sã, alimentação mais energética e menos tóxica, excelente estado mental e emocional. Ele, ao aplicar o passe, por exemplo, estará insuflando o seu potencial magnético, e se esse for de fraco teor por falta de evolução espiritual, ou devido às toxinas dos vícios e da desarmonia mental, o paciente poderá até piorar.

O terapeuta que tem segurança no que faz expressa simpatia para com todos, sente-se alegre e feliz por estar servindo ao próximo desinteressadamente, além de inspirar confiança ao seu paciente. Dessa forma, o padrão psíquico do doente é automaticamente elevado e ele passa a ser coparticipante do passe ou da energização.

Cura e Autocura à Luz do Evangelho

Essa cooperação consciente e dinâmica do paciente, aliada ao seu otimismo, o auxilia a formar clareiras na aura do seu perispírito, favorecendo a penetração do magnetismo do passista. Com isso o doente ajuda a volatizar do seu perispírito maior quantidade de massa fluídica perniciosa que se acumulou no seu mundo íntimo em função dos desvios morais, da melancolia, da descrença, dos pensamentos depressivos, dos vícios ou de outros males quaisquer.

Evidentemente, outros fatores são importantes para se curar ou ser curado. É inquestionável que, para ser curada, a pessoa precisará apresentar condições morais receptivas para captar o magnetismo sublime manipulado da Divindade pelos Seus Emissários.

Embora a mediunidade inconsciente seja rara nos dias atuais, certo é que o médium, mesmo quando de efeito físico, fica no meio, como todos os demais, entre o doente e o plano espiritual, servindo de ponte para que os benfeitores espirituais, ao receberem da Usina Divina a essência da cura, a transformem vibratoriamente para o nível dos encarnados de acordo com as necessidades dos pacientes.

Para desintegrar dos doentes as excrescências anômalas, o magnetizador de cura deve ter em sua função terapêutica, além do conhecimento técnico, a condição moral, a conduta que lhe permita interagir com os espíritos das dimensões superiores. É indubitável que existem médiuns magnetizadores sem nenhum conhecimento técnico, mas que são almas "puras" nos seus propósitos e portadoras de fé inabalável, capazes de produzir verdadeiros "milagres". Nesse caso, a intenção do magnetizador se sobrepõe ao seu conhecimento intelectivo. São médiuns humildes por natureza.

Continuemos refletindo sobre as inquestionáveis curas realizadas pelo Nazareno Mestre, a fim de que permaneçamos atentos à nossa vida mental e emocional, evitando assim que a vaidade e sua irmã gêmea, a soberba, invadam o nosso coração. Por ser da Lei de Deus que é *pelo fruto que se conhece a árvore*, não nos preocupemos com a identidade do espírito terapeuta, mas *com os frutos da sua semeadura.*

Apresentaram-lhe, depois, um possesso cego e mudo. Jesus o curou de tal modo que este falava e via. A multidão, admirada, dizia: "Não será este o filho de Davi?" Mas, ouvindo isto, os fariseus responderam: "É por Bee-

lzebul, chefe dos demônios, que ele os expulsa." Jesus, porém, penetrando nos seus pensamentos, disse: "Todo reino dividido contra si mesmo será destruído. Toda cidade, toda casa dividida contra si mesma não pode subsistir. Se Satanás expele Satanás, está dividido contra si mesmo. Como, pois, subsistirá o seu reino? Ou dizeis que a árvore é boa e seu fruto bom, ou dizeis que é má e seu fruto mau; porque é pelo fruto que se conhece a árvore."
(Mateus 12:22-33)

Estamos no exercício do *ver, ouvir e falar com misericórdia*, com o Evangelho cristão para nos nortear. Devemos então continuar *orando e vigiando*, tendo em vista a imensa quantidade de doenças que geramos quando somos portadores de ciúme, inveja, maledicência, crítica, julgamento. Se a nossa alma não se curar, o nosso corpo continuará debilitado.

No episódio citado por Mateus:

> Interiorizemos o exemplo deixado pelo Nazareno Mestre ao ouvir os impropérios emitidos pelos fariseus. É possível deduzirmos que, devido à tranquilidade, segurança e harmonia do Anjo Planetário não reagindo às provocações dos desprovidos da suprema fé, o Seu organismo não sofreu as alterações químicas que desarmonizam o funcionamento dos pontos vitais dos encarnados, provocando como consequência doenças emocionais e psicossomáticas.
> Visto que já concebemos a Lei de Ação e Reação, sejamos autênticos, transparentes, convictos das nossas verdades, para que não haja reação que dificulte o funcionamento harmônico do nosso organismo.
> Ao identificarmos que os *frutos da nossa semeadura* são de boa qualidade, evidentemente dentro da nossa atual capacidade de realizações, já não reagiremos negativamente diante das situações circunstanciais e próprias das escolas primárias.

Assim, por termos nomeado o Nazareno Mestre o nosso angelical modelo, tenhamos em mente que, pela reação, a sociedade identificará a nossa idiossincrasia, porque deixaremos transparecer a nossa realidade, uma vez que é na reação que notaremos quem está predominando em nosso universo íntimo: o *cordeiro* ou o *lobo* que somos.

Saltos quânticos e a autocura – Mesmo que a pessoa, temporariamente, seja capaz apenas de conceber o universo concreto, ela não consegue se impedir de ser bafejada pelas ondas produzidas pelo coração. Assim é que, fazendo uso dos conceitos estritamente lógicos e científicos no campo da razão, não podemos negar a capacidade de, mentalmente, entrarmos em sintonia com as luminosas dimensões povoadas pelos espíritos angelicais.

Nesses divinos momentos de enlevo, sofremos saltos quânticos, já que a nossa mente é acelerada e entra em dimensões mais luminosas.

Com o aumento da nossa frequência mental:

- ➤ O nosso Cristo Interno identifica com mais abrangência o Cristo-Pai, e, por ressonância, sente centuplicar a sua capacidade realizadora, pois a sua divina luz se torna mais intensa, mais luminescente e associada à luz Dele — o Cristo.
- ➤ Não temos dúvida de que individualmente somos capazes de realizar maravilhas. No entanto, quando acoplados por sintonia às consciências superiores, o nosso universo de ação e realização é magnificamente ampliado, centuplicado.
- ➤ Naturalmente passamos a vibrar em planos energéticos mais elevados. Caso o nosso corpo biológico esteja em desarmonia caracterizada por alguma doença, surge o refazimento de maneira segura, pois realizada de dentro para fora, ou seja, da alma para o corpo somático.

Capítulo 19
A dor para elevar a frequência da alma

Pergunta: Como entendermos que a dor consegue elevar a nossa frequência mental através das sucessivas reencarnações?
Resposta: Antes de entrarmos no mérito da questão, precisamos considerar alguns pontos importantes. Para encadear melhor o entendimento, é necessário sabermos que o espírito, essa centelha cósmica da Divina Chama Criadora — Deus —, não cresce, não envelhece, não morre, nem é destruído, pois é eterno e imortal. Portanto, o nascer ou renascer do espírito humano é apenas uma "descida" vibratória ao mundo carnal que visa desenvolver a consciência para ele aperceber-se de si mesmo perante Deus. Ele passa a existir como entidade individualizada, embora permaneça ligado ao Todo, como uma Centelha Imaculada de Deus que é. Assim, o espírito, essa Fagulha Divina que somos, não obedece às leis de tempo e espaço conforme acontece ao corpo físico. Logicamente, a Essência Divina é adimensional, atemporal e utiliza o seu sagrado casulo carnal como instrumento de trabalho e aprendizado consciente no plano da existencialidade para trazer ao consciente, progressivamente, os Atributos Divinos.

Para despertar da latência os Atributos de Deus, a dor desempenha excelente papel no homem-espécie de pouca evolução, pois eleva a sua frequência mental, e ele vai se desatrelando do plano físico e se vinculando emocionalmente ao plano extrafísico. Vai abrindo mão da racionalidade e despertanto a emotividade pela transcendência.

Pergunta: Por que nem os médicos encarnados nem os terapeutas desencarnados conseguem curar a obesidade de certas pessoas?
Resposta: Das doenças, por serem elas geradas pela desarmo-

nia da alma, não é suficiente tentar curar os efeitos sem conhecer as causas. Daí a razão de os terapeutas encontrarem dificuldades para curar determinadas obesidades.

Para ilustrar o assunto, comparemos o perispírito com um balão de aniversário infantil. Como é do conhecimento de todos, só podemos encher de ar o balão até certo limite, além do qual ele não resistirá. Com o perispírito acontece coisa parecida. Devido às fortes alterações emocionais e de outras procedências, o sistema endócrino fica alterado na sua harmonia, passando a executar um trabalho além da sua capacidade normal.

A hiperfunção do sistema endocrínico provoca dilatação volumétrica no perispírito. Assim, após preencher o molde perispiritual, o homem não deve oscilar tão frequentemente nas suas emoções, porque o coeficiente de dilatação da contextura molecular própria da Terra é de baixa resistência. Quando dessas dilatações, há o que poderíamos chamar de uma "ruptura" na tessitura perispiritual.

Aqui na Terra, o tempo normal para "encher" o perispírito do encarnado, após a sua redução no plano espiritual antes de encarnar, é de 21 anos. Observemos que, de um modo geral, é mais comum acontecerem essas grandes alterações após os 21 anos de idade, que se tornam muito mais acentuadas principalmente dos 49 anos em diante, idade em que se "perde a garantia", pois se caminha sorrateiramente em direção à inquestionável decrepitude. Há casos em que, numa encarnação, o distúrbio é tão grande que o espírito pode reencarnar com o perispírito já dilatado e, naturalmente, obeso ou desfigurado desde a infância.

É de bom alvitre relembrar que o perispírito não resiste a grandes impactos emocionais nem a constantes alterações químicas sem sofrer alterações danosas. Daí, em muitas circunstâncias, surgirem as deformidades biológicas desde a formação fetal por causa dos reflexos condicionados trazidos de vidas anteriores. Justifica-se assim o motivo de a pessoa ser obesa desde os primeiros anos de vida.

Não basta trocar de corpo, é preciso aprender a viver em harmonia com as Leis da Vida para curar definitivamente a obesidade do homem desequilibrado da superfície da Terra que somos.

Concluímos daí que curar determinados tipos de obesidade fica difícil para os terapeutas, levando-se em consideração que a correção do perispírito pode exigir algumas reencarnações. Assim é que, quando desencarnamos com o nosso perispírito dilatado em grandes proporções, não se pode prever de quantas vidas precisaremos para corrigi-lo. Em casos dessa natureza, os médicos encarnados podem conseguir, no máximo, inibir a dilatação do corpo perispiritual na tentativa de frear a obesidade. Nas ocorrências de grandes distúrbios, o obeso pode desencarnar antes da sua sagrada graduação à velhice, considerando o excessivo e forçado trabalho desempenhado pelo sistema endócrino, que sobrecarrega principalmente o coração.

Envolvendo o espírito, existe um corpo menos denso do que o físico, chamado perispírito, responsável pela configuração humana e que tem tamanho delineado de acordo com a sua ancestralidade terrena ou trazido do seu planeta de origem. Em condições normais, é o perispírito que determina o "tamanho" de cada ser humano. Na superfície[59] da Terra existem alturas diversificadas, sendo que parte é por causa da péssima alimentação usada pelos povos ditos civilizados, e, também, ao número ainda muito grande de espíritos que emigraram de outros orbes do nosso sistema solar, ou de fora dele, trazendo, evidentemente, os seus perispíritos.

Um espírito de origem planetária marciana reencarnando aqui na Terra, em condições adequadas, inicialmente seria uma pessoa alta, porque o seu perispírito é grande; se, no entanto, um espírito emigrar de Ganimedes, um dos satélites habitados de Júpiter, e reencarnar na Terra, terá pouca altura, porque as pessoas daquele mundo, quando adultas, têm apenas 30 centímetros de altura, segundo Ramatís, através de Hercílio Maes, conforme consta na 15ª edição do livro *A Vida no Planeta Marte e os Discos Voadores*, Editora do Conhecimento.

Pergunta: A juventude atual do nosso planeta passa pela pior crise social de todos os tempos. Existe alguma força oculta determinante ou é motivada por falta de orientação dos pais? Será que a dor conseguirá curar esses delinquentes da sociedade?

Resposta: Se os pais não têm boa formação, dificilmente conseguirão passar para os seus filhos as informações fundamentais adequadas à primeira infância, à adolescência e à juventude, perío-

---
[59] Em Argos, no interior oco da Terra, conforme descrevemos nos livros *O Fim dos Tempos e os Discos Voadores* e *A Predestinação Espiritual do Brasil*, os seres humanos têm, em média, 1,50 metro a 1,60 metro de altura.

dos em que há maior possibilidade de o espírito encarnante expressar violentamente seus próprios instintos, além de carregar consigo uma cota de hereditariedade genética da linhagem da família carnal anterior, também mal ajustada principalmente se predominou a ancestralidade animal. Quando se trata de pais bem formados, seus jovens filhos, mesmo quando dão vazão aos instintos inferiores, recebem uma freada salutar e passam, gradativamente, a moderar seus pensamentos e atos, suas ações e emoções, até atingirem a graduação de uma juventude regrada, pois tiveram bons exemplos.

Como são relativamente poucos os espíritos superiores encarnados na Terra, os pais deveriam dar o exemplo-base para os seus filhos, uma vez que o próprio ambiente planetário, composto por espíritos, na sua grande maioria, de natureza primária, influencia negativamente no psiquismo em formação.

Os pedagogos e os psicoterapeutas da nossa sociedade têm plena consciência de que as tendências da ancestralidade animal de todas as épocas na história do mundo predominaram sobre o espírito humano de todas as idades. No entanto, foi mais acentuada na fase infantil e na adolescência. Daí a necessidade de os pais orientarem com palavras e, sobretudo, com exemplos os primeiros passos de seus filhos na caminhada terrena, a fim de que eles possam alicerçar a nova existência em terreno firme para que não precisem inibir com violência os impulsos do instinto inferior caracterizados pelas frustrações e pelos recalques.

Se os nossos filhos não forem imunizados das pregressas manifestações instintivas logo na infância, com disciplina vigorosa, firme, embora doce, sem dúvida, quando adultos, haverá grandes dificuldades para lhes ativar o amor, o respeito, as qualidades sublimes do espírito, latentes em seus âmagos.

As virtudes que foram adquiridas pelos espíritos em vidas pretéritas poderão, na vida seguinte, caso sejam bem orientados, pontilhar a tela mental na infância, na juventude e na adolescência com parâmetros salutares e que certamente os ajudarão a dominar os seus impulsos inferiores. Por sermos filhos de Deus, possuímos a Sua imaculada Essência Divina, e, portanto, os bons exemplos dados pelos educadores servem de força-energia acionadora de latências crísticas.

Para obter expressivo êxito na cura dessa juventude desarticulada, viciada e sem base para a boa formação de caráter, o terapeuta terá que fazer um levantamento de dados, pelo menos da última encarnação, para ter subsídios e montar um roteiro com novos dados pedagógicos, buscando facilitar a orientação e substituição de valores. Tendo em vista que nem todos os terapeutas conseguem alcançar o universo íntimo dos seus clientes, é preciso que analisem as suas naturais inclinações para, observando as suas idiossincrasias, recolherem dados importantes para o tratamento. Para tal, é suficiente consultar-lhe o mundo íntimo e observar as suas naturais inclinações atuais.

Se o terapeuta não for além da concepção freudiana, se não analisar a vida ou as vidas pretéritas, o êxito de cura será menor. E quando nos referimos às vidas anteriores, não se trata, necessariamente, de fazer regressão de memória — basta uma introspecção do terapeuta para sentir, intuitivamente, o mundo íntimo do doente. Ao conhecer a maneira de cada indivíduo conduzir a vida atual e as suas tendências é possível ter boa noção do seu passado, das suas vidas anteriores, porque, como a evolução não retroage, nas nossas vidas pregressas fomos, sem dúvida alguma, menos evoluídos.

Consta em Mateus 10:36: *Os piores inimigos do homem são seus irmãos de casa.* Assim, quem não se harmoniza com aqueles que formam as suas famílias biológicas, atualmente reencarnados para restabelecerem os laços de afeto, ternura, brandura, docilidade, bondade, amor, certamente vivem em conflitos familiares.

Analisemos:

> ➢ Os pais ou terapeutas que não possuem essas informações decerto encontram dificuldades para conduzir os ajustes psíquicos dos jovens, e, por consequência, não têm como colaborar com os educadores para dominar o inato instinto animal, ou a hereditariedade da linhagem carnal da vida anterior.
> ➢ Os filhos que portam esses estigmas na memória latente precisam de uma vigorosa e enérgica disciplina que, embora pautada na doçura evangélica, deve ser imposta pelos pais, para frear, desde o berço, as manifestações do instinto inferior.
> ➢ Sem muito esforço, todos podem concluir pela simples observação que, por estar a Terra ainda embebida numa esfera vibracional de escola primária em transição para secundária, de

um modo geral, o filho que é criado pela mãe é bem diferente daquele criado pela babá, pelos avós, parentes. À medida que vai crescendo, se o espírito não tiver boa bagagem das vidas anteriores, é bem provável que seja mais um inconformado, rebelde e desajustado transitando na sociedade moderna. Assim sendo, é preciso tratar não só dos jovens, mas também dos pais, quando ainda não têm vivência harmonizada para servir de exemplo no encaminhamento dos seus filhos. Qual o modelo que os filhos vão ter, por exemplo, dos pais quando viciados?

➢ Na área da educação, os jovens enfrentam outros problemas não menos importantes: muitos professores com apelido de educadores, por falta de bons princípios, interferem negativamente na conduta e formação dos seus alunos. Uns com uma linguagem supermoderna, mas fora dos princípios ético-morais ensinados e vividos pelos Instrutores Espirituais Superiores; outros, sem tendência nem formação pedagógica, sem psicologia educacional, sem mérito e sem bom caráter, conduzem os seus pupilos ao abismo, instigando-os à viciação, ao desregramento sexual etc. Depois, esses malformados jovens buscam os médicos, psicólogos, orientadores espirituais, líderes religiosos, e em nenhum encontram a cura definitiva. Isso porque pouco adianta cuidar do efeito sem conhecer profundamente a causa.

➢ Visto que os educadores exercem forte influência na formação da juventude, seria importantíssimo que os "donos de colégios" fossem educadores, e não empresários da educação; que os governantes fossem eleitos não porque fizeram maior número de promessas vazias, mas porque possuem maior sensibilidade, vivem dignamente, demonstram à luz do dia que são verdadeiramente capazes de manter em equilíbrio as suas emoções — que têm visão de conjunto mais ampla, que são portadores de uma doutrina sã, que se preocupam em educar **todos** os jovens e o jovem **todo**. Governantes dessa estirpe colocariam a educação no mais alto patamar da sociedade, e a Terra, no fluxo da correnteza de uma escola secundária, não mais alfabetizando homens rudes e ignorantes da realidade da vida planetária.

➢ Outra falha, ainda na área da educação, é a de os pais não participarem, passo a passo, do que acontece com seus filhos nos estabelecimentos de ensino; não conhecerem a índole dos professores; não exigirem dos diretores a mínima condição para exercerem a função; não contestarem publicamente a falta de cumprimento das Leis de Diretrizes e Bases; não exigirem dos desatentos chefes das nações uma educação de melhor qualidade, já que ela é tão importante para a formação de uma sociedade cristificada sem doentes da alma, e tão essencial quanto o ar que o homem precisa respirar para sobreviver. Vamos curar os "velhos" homens, e os próximos jovens crescerão sadios.

➢ Verdade é que reeducar uma sociedade planetária é trabalho árduo para o qual se devem unir todas as forças humanas e não humanas com uma finalidade ímpar — o bem-estar do planeta e de sua humanidade.

Deveria haver um pensamento único dos líderes das nações com a finalidade de somar todos os recursos humanos aos esforços dos Pedagogos Siderais responsáveis pela evolução do planeta Terra.

Mas alegrai-vos no fato de serdes participantes das aflições de Cristo.(I Pedro, 4:13)

Pergunta: Existem adolescentes e adultos que expressam claramente a sua revolta para com os pais, alegando que sofreram maus-tratos quando crianças, que foram castigados impiedosamente e que seus genitores descarregavam suas tensões e seus recalques sobre eles. Quais os artifícios usados pelos terapeutas espirituais para curar os doentes dessa natureza?

Resposta: Educar não é punir. O nosso grau de compreensão sobre o verdadeiro sentido da vida planetária é muito pequeno. Nós, os terráqueos — por falta de intercâmbio interplanetário com civilizações mais evoluídas, já que o nosso egoísmo ainda não nos permitiu admitir a pluralidade dos mundos habitados —, não conseguimos chegar, no mesmo intervalo de tempo, aonde humanidades de outras escolas planetárias e que têm a mesma idade sideral da Terra já chegaram e compreenderam.

Pais sem graduação espiritual superior não devem ser condenados, pois não poderão ensinar aquilo que ainda não viveram. Por isso, muitos pais praticam atos demonstrando seu temperamento colérico porque são ignorantes, não têm bagagem vivencial para raciocínios e emoções de alto nível espiritual. Suas mentes não conseguem abranger uma área maior do conhecimento humano, razão pela qual são avessos aos sistemas educacionais mais modernos. Apesar de estarem envergando uma roupagem de "civilizados", longe estão de vivenciar os princípios evangélicos. Existem aqueles com capacidade mimética que se alimentam da sua camuflada aparência como se fossem socialmente polidos, quando na verdade ainda são bem instintivos. Assim é que, diante da sociedade, têm conduta de acordo com as conveniências, mas perante os seus jovens filhos demonstram a má formação de caráter e a animalesca intolerância.

Observando a nossa conduta por esse ângulo, é possível reconhecermos o sagrado papel da dor na economia do Universo. A dor serve para despertar a consciência individual no seio da Consciência Cósmica de Deus, ativando a chama angélica palpitante na intimidade de cada alma, operando a metamorfose do animal terrestre para o Anjo destinado à eterna glória celeste.

❀ ❀ ❀

"Nada temas das coisas que hás de padecer." (Apocalipse, 2:10)

❀ ❀ ❀

Quem, em encarnação anterior, desfrutou de uma série de regalias, mas não se evangelizou, ocupou posição de destaque perante a sociedade, obteve fama, boa situação econômico-financeira e, no entanto, não exercitou o desapego, pode ter desencarnado com vários distúrbios, sobretudo se desencarnou longevo. Naquela vida essas transitórias vantagens lhe aguçaram o orgulho, a prepotência, a vaidade, a soberba, o desrespeito. Na atual, devido aos reflexos condicionados freudianos, tais distúrbios podem interferir na sua conduta, uma vez que aqueles acontecimentos anteriores foram vividos ostensivamente. Se na atual encarnação a Lei de Causa e Efeito o tolheu de tais regalias para uma disciplinadora e providencial correção psíquica, a criatura poderá seguir duas trajetórias mais comuns: ir pelo caminho da humildade exercitando a sua capacidade de amar os tesouros eternos e se desvincular emocionalmente dos transitórios, ou querer impor o seu poderio, atualmente sem império.

Na segunda hipótese, ela se sente frustrada nas suas investidas, e dá vazão ao seu instinto inferior. É capaz de castigar fisicamente os filhos e a sociedade, ser áspera e violenta e, até mesmo, usar os filhos para a desforra, provando a sua inferioridade moral e também a sua impotência para se reeducar e adquirir condições para educar os seus filhos. Caso lhe seja oportunizado algum tipo de mando, naturalmente agredirá seus semelhantes com palavras grosseiras e desprovidas da ética cristã. Por isso, nem todos os pais conseguem exercitar a sua sagrada tarefa de amparar, orientar e educar aqueles que precisam dos seus exemplos. Preferem despejar o seu azedume e ressentimento sobre os filhos indefesos. Quando esses crescem e adquirem certa liberdade de expressão, podem recolher-se à depressiva submissão ou revoltar-se contra os seus pais e contra o mundo.

Num planeta como o nosso, o ideal seria que os pais tivessem, obrigatoriamente, cursos de boas maneiras, que lhes dessem formação pedagógica de acordo com o nível espiritual das individualidades e lhes despertassem os valores transcendentais da vida em família. Na grade do curso deveriam constar as disciplinas básicas para espíritos primários, sendo a cadeira fundamental, para promoção em todos os níveis, a evangelização do ser humano.

Evangelizado, o homem-espécie estaria apto a colar grau em níveis progressivos e eternos na escala da evolução. O "anel" da sua formatura expressaria a sua integridade diante das Leis da Evolução. Fraternalmente, com suavidade, ternura e mansuetude, ele estenderia a sua suave mão portando o brilho do seu anel para laços fortes de afeto, fraternidade e amor cristãos. Dessa forma, estaria em condições de receber os espíritos como filhos, em qualquer nível de evolução, e integrá-los à vida real divulgada e vivida por Jesus — o Sublime Pedagogo Sideral a serviço do Cristo na Terra.

Num lar com tal estrutura, o filho encontraria dificuldades para considerar-se hóspede ou turista, pois se sentiria parte real e importante da família. Assim é que, sustados os seus ímpetos na base, nos primeiros vislumbres de entendimento, em breve ele atuaria decisivamente a favor do seu conjunto familiar, e com o passar do tempo estenderia essa conduta positiva a outras criaturas além dos restritos laços consanguíneos. Pais que corrigem a eclosão dos impulsos ofensivos e doentios de seus filhos quando pequenos têm a grata satisfação de vê-los ingressar na escola da vida portando distintivo de cristãos.

Pergunta: Conhecemos pais que têm mais afinidades com determinado filho, o que causa mal-estar em toda a família porque os demais se sentem preteridos. É muito comum estes, ao crescerem, buscarem a fuga nos tóxicos e em outras experiências menos dignas, procurando vingar-se dos pais ou lhes atrair a atenção. Por que os psicólogos encarnados ou desencarnados

Cura e Autocura à Luz do Evangelho

encontram tanta dificuldade para ajustar esses doentes à sociedade?

Resposta: Os pedagogos siderais não permitem a encarnação num mesmo lar de espíritos com o mesmo grau de evolução, a fim de que as diferenças entre os familiares criem campo propício para a evolução do conjunto. Os menos evoluídos buscam os mais evoluídos como exemplos, e, pela Lei dos Polos Contrários, há possibilidade de haver equilíbrio no conjunto familiar. É exercício para aprendermos a conviver com as diferenças.

Os algozes do passado, ao serem reunidos no mesmo lar, quando se deparam com os seus antepassados, sentem como que uma "recordação" dos conflitos pretéritos imantados pelo ódio e por outros sentimentos mesquinhos. Os pais, se forem de pouca evolução da consciência, quando não seguem um sistema educacional à altura das necessidades dos filhos mais rebeldes, dão vazão ao instinto animal e, com isso, castigam, espancam, maltratam, demonstrando que a sua mente é primária, deficiente e, em consequência, inexperiente na sagrada tarefa da educação de almas.

João, o Evangelista, foi considerado o "discípulo amado"[60] de Jesus, o que nos leva a admitir que é perfeitamente válido os pais sentirem mais conexão com um determinado filho. São registros afetivos e efetivos trazidos de vidas anteriores. Nesse caso, os demais filhos não devem se considerar preteridos, mas exercitar a capacidade de amar incondicionalmente.

No estágio evolutivo em que se encontra a humanidade terráquea, é comum que os pais ressaltem as qualidades dos filhos quando são educados, carinhosos, estudiosos, disciplinados, sem vícios, e têm os pais como verdadeiros amigos. Quando se trata dos "filhos-problema", por mais cuidado que se tenha, comentários sobre os seus aspectos negativos são quase automáticos, apesar de os pais terem consciência de que estão cometendo um grande e grave erro. Mais à frente, esses filhos poderão se revoltar, e, quando tiverem meios próprios para a sobrevivência, é provável que prefiram sair da companhia dos pais, indo morar com parentes, colegas ou sozinhos. Com o tempo, calejados das decepções e ingratidões, talvez rejeitem a si mesmos e passem a seguir os mais escabrosos caminhos da perdição.

Os pais devem tentar uma reaproximação ao reconhecer que

---

[60] Segundo Ramatís, no livro ***Mensagens do Astral***, 17ª edição, psicografia de Hercílio Maes, Editora do Conhecimento, João, o Evangelista, viveu na Atlântida há mais ou menos 26 mil anos, chamava-se Josuelo e foi um discípulo de Antúlio de Maha Ethel. Jesus era reencarnação de Antúlio. Justifica-se, assim, a milenar ligação afetiva dos dois.

falharam na educação básica dos seus filhos, apesar de a possibilidade de recuperá-los ser pouca, principalmente quando se tratar de espíritos cuja cota de orgulho é elevada.

Se for portador de faculdades mediúnicas superiores, o psicoanalista sentirá, intuitivamente, a causa do desajuste e terá chance de amenizar o mal. A cura integral só poderá ocorrer através das reencarnações.

❀ ❀ ❀

"Se sabeis estas coisas, bem-aventurados sois se as fizerdes." (João 13:17)

Pietro Ubaldi, sabendo que a dor faz parte da economia do Cosmo, conforme consta em *A Grande Síntese*, capítulo LXVII, 11ª edição da Fundapu, na sua lucidez e verdadeiramente consciente dessa realidade, assim orava:

> Senhor! Bendito sejas, sobretudo pela **dor irmã**, pois ela de Ti me aproxima. Prostro-me diante de Tua obra imensa, ainda que a minha parte, nela, seja o cansaço. Nada posso pedir-Te, porque tudo já é justo e perfeito na Tua Criação, mesmo o meu **sofrer**, mesmo a minha imperfeição, que é passageira. Aguardo, no meu dever, o meu amadurecimento e, na Tua contemplação, busco o repouso.

Devido à falta de amplitude mental, ainda não conseguimos abraçar a dor na sua sagrada condição de acionadora das formas latentes da alma, embora já reconheçamos que é da Lei da Evolução que as grandes criações nas escolas primárias sejam filhas das grandes dores, dos grandes sofrimentos e das grandes lutas entre as forças contrárias. Isso porque, se por um lado a força "motriz", atendendo à Lei da Impermanência, nos impulsiona para o eterno vir a ser, a "contramotriz", gerada pela nossa ancestral biologia, tenta anular os laboriosos impulsos latentes em nossa alma.

❀ ❀ ❀

"Bem-aventurados os que sofrem perseguição por causa da justiça, porque deles é o Reino dos Céus." (Mateus 5:10)

Cura e Autocura à Luz do Evangelho

Por ser o amor o fundamento essencial da vida, é suficiente a nossa adesão incondicional ao ritmo constante desse amor vivenciado pelos grandes homens para que, em breve, a saúde completa do nosso espírito tenha eliminado a dor e o sofrimento.

> A posição de maior vantagem e de menor prejuízo em relação à dor é a de aceitá-la, não passivamente, mas para pôr-nos a seu lado construtivamente, com ela colaborando para nosso benefício. (Pietro Ubaldi, no livro *Evangelho e Evolução*, editado pela Fundapu.)

Os grandes líderes da sociedade terrena de todas as épocas sempre reconheceram a dor como sublime alavanca para a ascensão humana, pois compreenderam que ela nasce em função do desequilíbrio entre a alma e o sentido benfeitor e educativo do mundo e de sua humanidade.

Embora ainda não tenhamos evolução espiritual para compreendermos o sagrado papel da dor, certo é que ela é responsável pelo direcionamento dos espíritos desalinhados diante da Lei da Evolução.

❀ ❀ ❀

A dor para elevar a frequência da alma – No universo existencial tudo é relativo, pois enquanto uns reclamam da dor e do sofrimento, outros seres, também humanos, entram em júbilo quando da sua disciplinadora presença na vida. Tudo vai depender do grau de compreensão adquirido.

As dores de um espírito que ainda se encontra na fase evolutiva de *provas e expiações* são cármicas, pois ele ainda se encontra absorvendo efeitos de causas pretéritas. A partir do momento em que, por evolução, recebe as reações das suas ações com semblante primaveril e, evidentemente, sem reclamar, ele pode sentir a dor física, mas sem sofrimento. Nesse grau de compreensão, a dor serve para elevar a sua frequência mental.

Fica evidente que, para o aprimoramento íntimo, a Lei da Evolução exige esforço próprio do indivíduo que pretender evoluir para ascensionar. Em assim sendo, aceitemos as nossas dores com brilho nos olhos e com o sorriso da compreensão, tendo a certeza de que na Obra de Deus não há acaso. Dessa forma estaremos caminhando em direção aos novos horizontes evolutivos e ascensionais.

❀ ❀ ❀

"A dor tem sido a moldura viva das mais grandiosas interpretações e conquistas espirituais na Terra." (Ramatís, no livro *Mensagens do Astral*, 17ª edição, psicografia de Hercílio Maes, Editora do Conhecimento)

Capítulo 20
As doenças psicossomáticas

Pergunta: Qual a causa oculta que faz com que um casal, quando deseja e não tem filho, sofra certa alteração nas suas emoções, dando a perceber claramente que existe, em muitos casos, um grande vazio na vida, provocando até mesmo o divórcio?

Resposta: Quando se trata de pessoas que conhecem a Lei de Causa e Efeito, dificilmente há revolta e muito menos a separação. O reencarnacionista é sabedor de que um casal que não tem filho, ainda que muito deseje, não deve analisar este fato por um único prisma. Certo é que, assim como pode ser espírito que em vidas pretéritas, de alguma forma, negligenciou os deveres da paternidade ou da maternidade, pode ser, também, que esteja em reencarne direcionado para desenvolver outras habilidades. Nos eventos, em especial nos naturais, precisamos considerar o ponto e o contraponto. E, quando não alcançarmos o contraponto, a atitude mais cristã é silenciar.

Quando se trata de não procriarmos porque estamos "cumprindo carma negativo", não devemos nos dar por satisfeitos, cruzar os braços e abraçar a resignação como se, resignados, conseguíssemos resolver o problema. Ao contrário, temos que procurar todos os recursos para o nosso refazimento psicossomático e emocional, de preferência sem ansiedade. A mulher principalmente, porque, na ânsia de ter os seus filhos, ela pode dificultar a ação do organismo para a concepção, uma vez que a mente dela não muda de foco.

É muito comum acontecer de, após terem passado longo período no plano espiritual recebendo novas instruções sobre os nobres e sagrados valores das encarnações de espíritos nos nossos lares, pessoas voltarem à corporificação para dinamizar o sentimento — essas mesmas pessoas que, agora encarnadas, estão temporariamente sem o direito da procriação. Nesse caso, embora o casal tenha sido informado, quando ainda no plano espiritual, de que não teria filhos, ao reencarnar sente vontade incomum de tê--los. É o subconsciente que, apesar de inibido pelo consciente, está querendo candidatar-se à aprendizagem de valorização da vida. Em muitas oportunidades a vontade de ter filhos é tão grande que o casal adota e os ama como se fossem seus. Essa decisão espontânea e amorosa, sem a preocupação de nenhum favorecimento divino ou compensação aos equívocos das vidas anteriores, pode desatar as algemas psíquicas que impediam a concepção e, em consequência, ela vir a acontecer após a adoção. Assim, fica evidente que o casal venceu o carma negativo, se foi o caso, pois resgatou o seu passado com a adoção festiva e consciente. Isso demonstra que a natureza revitaliza o organismo humano quando este segue o mandamento divino apresentado por Jesus: *Amai-vos uns aos outros!* (João 15:12) Há, também, situações em que um terapeuta pode desbloquear a mente do casal candidato à procriação e energizar os ventres, principalmente o feminino, para facultar a sagrada concepção.

Quem adota uma criança, além de dinamizar a sua capacidade de amar, dá a sua valiosa contribuição às criaturas desprovidas de uma família que, também pelo imperativo da Lei de Causa e Efeito, nasceram sem um lar. Quem ampara uma criança abandonada, proporcionando-lhe um lar carinhoso e com o calor do afeto, treina a libertação da sua consciência atrelada às desilusões e vicissitudes geradas em encarnes anteriores.

Aquele que no passado repudiou o lar amigo dos seus genitores pode, atualmente, ser recebido em outro lar sem ligação consanguínea para, pelo bom exemplo, amalgamar outra estrutura psicológica com possibilidade de também deixar os seus rastros luminosos como exemplos para a sociedade, amando outros filhos de Deus.

No balanço final realizado pela Lei do Carma, quem mais lucrou foi o casal que fez a adoção, ao oferecer ao adotado a bênção do amor fraterno. E ele, se criar o hábito da sagrada gratidão, tornar-se-á um cristão operante na obra do Criador.

Observemos que as doenças psicossomáticas devem ser tratadas com seriedade e sinceridade diante das Leis do Criador. Nunca se deve ficar contemplando os erros do passado sem ação renovadora, tendo em vista que o passado deve ser vencido no presente, pois não temos dúvidas de que o ponto final da evolução é Deus.

Cura e Autocura à Luz do Evangelho

❀❀❀

"Conhece-se o espírito pela sua incessante transformação moral." (Allan Kardec)

Pergunta: Por vezes acontece a concepção e, em seguida, o aborto natural. Nesse caso a Lei do Carma está "punindo" os pais ou o espírito reencarnante?

Resposta: Comentamos em outra oportunidade que a Lei do Carma[61] não pune e que apenas faz um balanço entre os atos positivos e negativos do espírito. Na verdade, a Lei do Carma proporciona, a cada indivíduo, o desfecho, o resultado entre o saldo positivo e o negativo contabilizado pela Lei de Ação e Reação em cada encarnação. Em assim sendo, procuremos melhorar as nossas ações a fim de desencarnarmos com saldo positivo perante a Lei do Carma.

Mesmo "autorizada" pela Lei do Carma a conceber seus filhos, se a pessoa fez ou faz uso de determinadas toxinas abortivas, pode sofrer o aborto dito "natural", que na verdade foi provocado artificialmente por causa de vícios, ingestão de determinados "medicamentos", alimentação inadequada, conduta mental de baixo nível, fatores esses que dificultam o trabalho oculto da Mãe Natureza no organismo feminino — sem considerar que, em muitas situações, há a má qualidade do material fecundante fornecido pelo organismo masculino.

No caso de baixa ou desarmonizada frequência mental, o aborto também pode ser provocado por obsessores, por espíritos que querem se vingar, pois se consideram prejudicados em outras oportunidades. Evidentemente, não eliminamos a possibilidade de uma falha técnica do processo reencarnatório, tendo em vista que o planeta Terra ainda é uma pequena escola de aperfeiçoamento moral e científico-espiritual, onde os espíritos da crosta terrestre por enquanto não atingiram acentuado nível de evolução e perfeição.

A Terra é um diminuto laboratório onde os Emissários de Deus fazem ensaios, procurando auferir novos conhecimentos para aplicar na evolução do orbe e de sua humanidade.

O espírito, quando está muito onerado perante a Lei do Carma e após ter ficado muito tempo aguardando autorização para reencarnar, pode ter o estado emocional muito ruim por causa da ansie-

---

[61] Palavra de origem sânscrita, que significa **fazer**. Portanto, toda ação gera carma, positivo ou negativo.

dade e da preocupação em não perder a sagrada oportunidade de nova reencarnação. Tais sentimentos também podem desarticular a vida mental da futura mãe, modificando seu fluxo normal de energias vitais, e daí advir o aborto. Portanto, não podemos padronizar o motivo do aborto dito "natural".

❀ ❀ ❀

Aqui o espírito lava com suas próprias lágrimas os seus trajes perispirituais, para depois participar das núpcias do Céu[62].

Pergunta: O casal que, por livre e espontânea vontade, adota um filho demonstra que o fez porque tem certa capacidade de amar ao próximo sem nada exigir. No entanto, boa parcela dos filhos adotados não tem conduta normal, chegando até a serem agressivos para com os pais adotivos. A doutrina espírita esclarece que os filhos que são rejeitados pelos pais biológicos, de um modo geral, são portadores de carma negativo de alguma natureza. Por que esses espíritos, que deveriam ser altamente agradecidos tendo em vista que ganharam um lar após o abandono de seus legítimos pais, têm conduta familiar-social fora dos padrões normais?

Resposta: Nem sempre alcançamos as verdadeiras causas do comportamento às vezes hostil, pois nem todos são abandonados, considerando as diversificadas circunstâncias. Precisamos levar em conta que ainda somos alunos de uma escola primária, num planeta de *provas e expiações*, em fase de transição para escola secundária. Relembremos que, logicamente, não só os filhos adotados, mas todos nós temos carma negativo.

A complexidade do assunto não nos permite ir muito longe, porque os fatores são muitos, e cada caso merece um estudo específico. Os diferentes graus de evolução dos espíritos adotados como filhos não permitem que tenhamos um parâmetro que atenda a todas as situações.

Mesmo assim, analisemos alguns aspectos sobre adoção e filhos adotados:

➢ Devido à divergência de opiniões da sociedade quanto ao fato

---

[62] Ramatís, no livro *Mensagens do Astral*, 17ª edição, psicografia de Hercílio Maes, Editora do Conhecimento.

Cura e Autocura à Luz do Evangelho

de os pais adotivos comunicarem ou não que seu filho é adotado, cria-se uma insegurança muito grande nos pais adotivos. Eles vivem preocupados, tensos e com medo da reação que o filho terá quando souber que seus pais não são legítimos. No dia a dia, o filho recebe dos pais inseguros o que poderíamos chamar de "mensagens telepáticas", geradas pela preocupação da possível descoberta e, mesmo não podendo interpretá-las, aquelas mensagens-avisos vão imantando a sua memória objetiva, que, com o tempo, atinge a subjetiva. O filho é incapaz de expressar a situação de maneira clara, mas sente no "fundo d'alma" que existe alguma anormalidade no ar, e isso poderá causar desarmonia a sua vida mental.

➢ As alterações de comportamento podem surgir quando o filho só constata que é adotado depois de já crescido ou adulto, acarretando problemas talvez mais sérios. Se o filho interpretar que foi enganado durante muitos anos e julgar que seus pais são irônicos, falsos, mentirosos, existe a possibilidade de haver rompimento nas relações afetivas. Aqueles que antes ele abraçava carinhosamente como seus pais poderão ser rejeitados até mesmo como amigos.

➢ Os Pedagogos Siderais, através dos seus emissários, nos orientam que é preferível falar claramente logo na infância, evitando conflitos maiores quando adolescentes ou adultos. Existem filhos que desconfiam, outros que até sabem que são adotados, mas preferem negar a si mesmos para não terem que enfrentar a realidade. Com isso vivem divididos entre o real e o irreal, modificando ostensivamente as suas relações com a família e com o meio social.

Refletindo bem sobre esses tópicos, podemos concluir que os problemas da juventude têm raízes muito profundas. Assim, é necessário que os sociólogos criem uma doutrina espiritualizante para orientar o orgulhoso espírito terráqueo, seja ele filho natural ou adotado.

Ao considerar que há possibilidade de os adotados não compreenderem de imediato os mecanismos da Lei de Causa e Efeito, que sejam esclarecidos quanto à sagrada oportunidade da reencarnação, independentemente das situações familiares ou sociais. O mais importante para o espírito que ainda não tem evolução abrangente, enquanto estiver no plano material, é aproveitar a sagrada oportunidade para ajustar-se às Leis do Criador, agradecendo a Deus pelo ensejo de ter um corpo biológico para desenvolver a sua consciência visando alcançar a libertação íntima e alçar voo rumo ao Infinito, sem se deter nas questões menores e passageiras.

Pergunta: Quando visitamos um hospital psiquiátrico percebemos determinados casos esquisitos e quase sem definição. Existem situações em que nem o médico consegue determinar o que está acontecendo com seu paciente e, no entanto, esse mesmo paciente tem momentos em que assume toda a sua lucidez, comportando-se como uma pessoa verdadeiramente normal. Há alguma explicação lógica dentro das doutrinas espiritualistas para esses casos?

Resposta: Esse é um mal que poderia ser considerado o mais simples, mas que é um tanto complexo para a visão científica — a mediunidade quando não orientada adequadamente. Nós vivemos num planeta com mais de 20 bilhões de espíritos desencarnados, e mais da metade se encontra num grau evolutivo em que precisam da reencarnação compulsória para seu progresso. Entre os que estão na erraticidade em torno da Terra, existe elevado percentual de viciados, guerreiros, imbecilizados e outros, necessitando também reencarnar para se esclarecer, embora os próximos encarnes desses desqualificados para a Era do Mentalismo ocorrerão em mundos inferiores à Terra. São mundos mais adequados para atender às suas incipientes aspirações.

O Planeta Terra está chegando novamente a mais um *Fim de Ciclo*, e os espíritos desencarnados de pouca evolução sabem que resta pouco tempo para as grandes mudanças geofísicas e a inquestionável *separação do joio do trigo* dos dois planos. Eles sabem também que, logicamente, ficou mais difícil reencarnar, porque o número dos que aguardam na fila é muito grande. Assim, surgiu no plano astral o que vamos chamar de "ansiedade pelo reencarne".

Ora, como o Departamento de Reencarnação do Planeta Terra não permite a reencarnação em massa para não acarretar maiores problemas à nossa primária humanidade, muitos corpos, no plano físico, poderão estar servindo a mais de um espírito pelo processo da obsessão: um reencarna como "dono" do corpo, mas o "empresta" aos espíritos portadores das mais variadas doenças psíquicas para usá-lo mediunicamente. Com isso queremos dizer que um corpo físico portador de uma alma desarmonizada pode servir de um meio para vários espíritos desencarnados saciarem-se dos seus anseios, desejos, vícios, conúbios sexuais. Daí a importância

Cura e Autocura à Luz do Evangelho

do *orar e vigiar*.

As pessoas portadoras de certa abertura mediúnica, mas sem controle emocional, podem fazer a conexão com o plano dos desencarnados e passar a sofrer assédio do mundo invisível. Se não procurarem um orientador espiritual de bom nível para educar a sua mente e, como consequência, a sua mediunidade, é possível que sejam recolhidas a hospitais psiquiátricos como alienadas mentais ou portadoras de outras doenças do espírito.

A paranormalidade deveria ser uma das disciplinas dos currículos escolares desde o ensino fundamental, considerando que é fenômeno natural para todos os níveis evolutivos, sendo mais acentuado e notório em determinadas criaturas portadoras da mediunidade sensória.

Necessário se faz que indivíduos espiritualmente gabaritados assumam a liderança das nações e da educação, reciclando o *homem velho* e ortodoxo, pois as humanidades de todos os orbes no Espaço Sideral, ao chegarem à fase evolutiva em que se encontra a terráquea, passam a identificar com mais abrangência as faculdades mediúnicas e também a progressiva "abertura sensorial", o que faculta a ligação consciente ou inconsciente com o plano espiritual. Não é, portanto, um privilégio nem castigo para as humanidades espalhadas pelo Cosmo, mas uma Constante Universal.

A paranormalidade sempre existiu, mas poucas eram as pessoas que tinham conhecimento do fenômeno. Hoje, a Terra tem, conscientemente, no mínimo, 70% dos seres humanos com sensibilidade mediúnica nos diversos níveis e modalidades.

Nesta fase de Transição Planetária que estamos vivendo, com milhões de espíritos do Astral Inferior totalmente desarmonizados, se a mediunidade não for seriamente "tratada" os médiuns, inevitavelmente, terão problemas de saúde, alterações no comportamento, alienações mentais etc. O ideal será um tratamento emergencial, considerando que a Terra se encontra em transição de escola primária para secundária e o tempo que nos resta para os inadiáveis ajustes é exíguo.

Se mais de 80% dos que estão internados em manicômios fossem tratados desde o início da desarmonia considerando também a mediunidade, muitos estariam curados, e outros tantos, em melhores condições. Como nem todos os médicos tiveram acesso à ciência do espírito, à fisiologia da alma, nesses casos, as pessoas que fazem opção pelo tratamento apenas com a medicina convencional, sem recorrerem à orientação espiritual, de modo geral, permanecem doentes, pois não adianta tratar tão somente do corpo se a "doença" for da alma. O médico que só estudou a fisiologia do corpo não tem, evidentemente, condições para cuidar da fisiologia da alma.

❀ ❀ ❀

Feito isso, subiu à montanha para orar na solidão. E, chegando a noite, estava lá sozinho. Entretanto, já a boa distância da margem, a barca era agitada pelas ondas, pois o vento era contrário. Pela quarta vigília da noite, Jesus veio a eles, caminhando sobre o mar. Quando os discípulos o perceberam caminhando sobre as águas, ficaram com medo: "É um fantasma!", disseram eles, soltando gritos de terror. Mas Jesus logo lhes disse: "Tranquilizai-vos, sou eu. Não tenhais medo!" Pedro tomou a palavra e falou: "Senhor, se és tu, manda-me ir sobre as águas até junto de ti!" Ele disse-lhe: "Vem!" Pedro saiu da barca e caminhava sobre as águas ao encontro de Jesus. Mas, redobrando a violência do vento, teve medo e, começando a afundar, gritou: "Senhor, salva-me!" No mesmo instante, Jesus estendeu-lhe a mão, segurou-o e lhe disse: "Homem de pouca fé, por que duvidaste?" Apenas tinham subido para a barca, o vento cessou. Então aqueles que estavam na barca prostraram-se diante dele e disseram: "Tu és verdadeiramente o Filho de Deus." (Mateus 14:23-33)

Embora para nós, espíritos menores, "andar sobre as águas" expresse algum fenômeno extraordinário, para quem vive sincronizado com as Leis da Criação é acontecimento corriqueiro no Universo de Deus, pois a *fé*, no sentido sagrado de fidelidade às Leis da Legislação Divina, *remove montanhas, vulcões, tempestades, tsunamis.*

Após séculos de estudos e pesquisas, a ciência terrena conseguiu equacionar o equilíbrio dos corpos para flutuarem na água e no ar. Assim, conhecendo as leis da hidrodinâmica e da aerodinâmica, realizaram e realizam maravilhas. Jesus, naquela época, já era conhecedor de todas as Leis da Criação. Logicamente poderia criar campo gravitacional à Sua volta e Se deslocar livremente como Lhe aprouvesse. Também, porque Ele vivia conectado permanentemente

Cura e Autocura à Luz do Evangelho 249

ao Cristo, era suficiente Ele dar ordem mental ou comando verbal e a Natureza, por mais furiosa que estivesse, Lhe obedecia.

Fica para nós a reflexão sobre a emoção que os discípulos tiveram diante do esplendoroso acontecimento. A elevação de suas frequências mentais. A motivação íntima para despertar-lhes os seus Cristos Internos.

Em *Cura e Autocura à Luz do Evangelho*, focamos a necessidade de, desarmados, abrirmos os nossos corações e deixarmos as emoções superiores os invadirem para o nosso autorrefazimento, e, assim, termos condições para auxiliar na cura dos nossos companheiros de jornada reencarnatória.

❀ ❀ ❀

As doenças psicossomáticas – Já temos evolução para compreender a Perfeição das Leis do Supremo Legislador — Deus. No entanto, a maioria dos que compõem a sociedade terrena, por negligência, descaso ou outros fatores quaisquer, prefere empregar suas habilidades e energias para as conquistas externas.

Tendo em vista que a glândula pineal é a base fundamental da vida corpórea e residência da alma, devemos zelar com muito carinho pela nossa vida psíquica, elaborando pensamentos e tendo ações condizentes com a nossa atual capacidade de discernir o certo do errado, para não continuarmos infringindo as leis que regem a nossa evolução e ascensão.

Para evitarmos doenças psicossomáticas, nos permitamos, sem inibição, ser arrebatados pela beleza da abóbada celeste pintalgada com as cores da Criação Divina, tendo no fundo o azul-celeste, a cor que expressa eternidade e produz em nós o deotropismo.

Capítulo 21
Curar-se para curar

*Pergunta: Em que consistem os trabalhos de curas espiri-
tuais e o que requerem dos médiuns?*
Resposta: As curas espirituais sempre existiram, pois, por ser
Deus a Perfeição Absoluta, ninguém nunca ficou nem ficará de-
samparado da Sua misericórdia.
Em épocas mais recuadas, quando éramos bem mais inexpe-
rientes de Deus, não tínhamos evolução espiritual nem científica
para compreendermos o fenômeno da mediunidade. Atualmente,
no entanto, já conseguimos distinguir Deus dos Seus Prepostos,
dos Seus emissários celestes que cuidam das humanidades espalhadas pelo Universo.
Nos trabalhos de cura:

> A equipe espiritual de atendimento faz uma avaliação da situa-
> ção do paciente, começando pela alma, para verificar seu estado
> psicoemocional antes de atuar no somático.
> Concluída a avaliação, se for observado que o doente tem pos-
> sibilidade de, recebendo a bênção da cura, trabalhar-se inti-
> mamente no sentido de substituir valores para não continuar
> infringindo as Leis da Evolução, ele será parcialmente curado.
> Os mentores do próprio doente vão acompanhá-lo durante a
> fase de transição entre o *homem velho,* pois doente, e o *homem
> novo* em perspectiva, buscando auxiliá-lo para que não sofra
> recaída. Por isso, o doente deve criar forte alicerce evangélico
> como forma de segurança interior, considerando que as oscila-
> ções mentais e emocionais enfraquecem a maturação psíquica
> para a sustentação da saúde e, evidentemente, da vida.
> O ser humano terreno, em especial aquele que ainda estiver
> na fase de refazimento da saúde psicoemocional ou somática,
> por estar atravessando Aquário, Era do Mentalismo, da nova

consciência espiritual, se pretende adquirir condições para continuar reencarnando na escola-Terra, deve empenhar-se na sua renovação íntima. Isso porque não será suficiente o desejo de livrar-se do mal, sem dedicação pessoal, para conhecer as leis que regem o Universo, tendo em vista que, enquanto as ignorarmos, continuaremos errando.

➢ Os terapeutas espirituais percebem que muitos doentes são portadores de bloqueios energéticos provocados pelo sentimento de culpa. Mesmo conhecendo o ensinamento de Paulo de Tarso quando afirma que *tudo lhe é lícito, mas nem tudo lhe convém*, não conseguem ficar livres dos vícios e de outras mazelas mentais com o objetivo de sutilizar os corpos densos e, também, os energéticos para ampliar a visão interior. Como curá-los, já que continuam ingerindo toxinas ou alimentando panoramas mentais antivitais?

➢ Por ser da Criação que *a função faz o órgão*, é evidente que, em muitos casos, os benfeitores da cura espiritual não conseguem recompor o funcionamento da região ou do órgão afetado devido ao longo período em que ficou sem desempenhar integralmente a sua função para manter a harmonia no conjunto orgânico. Nesses casos, os chacras, por causa dos demorados bloqueios energéticos, encontram dificuldade para fazer circular adequadamente o prana pelo corpo etérico, e deixam, como consequência, o corpo somático com carência dos fluidos vitais.

➢ Nos trabalhos de cura não há milagres, mas muitos não são curados porque não oferecem a mínima condição para isso, ao criar expectativa de mudança de conduta para usufruir da Infinita Bondade de Deus representada pelos terapeutas desencarnados. Justifica-se, assim, a razão de nem mesmo Jesus ter curado a todos.

Quanto aos médiuns:

➢ Que sejam estudiosos e disciplinados para com a vida mental, emocional e corpórea, além de trabalharem-se no sentido sagrado de colocar o Evangelho na pauta da vida. Que abracem a honestidade em todos os seus momentos, principalmente quando estiverem conectados com os planos espirituais em serviços de assistência à dor alheia, pois se deve ter muito respeito às dores e aos sofrimentos dos nossos semelhantes.

➢ Que mantenham alegria, entusiasmo e bom humor, para que os espíritos terapeutas desencarnados encontrem campo propício e magnetismo adequado no mundo íntimo dos seus pupilos e também nos assistidos, para, desse modo, poderem desempenhar o que são capazes.

> Que não abracem o mau humor na condução da vida, pois esta disposição demonstra que são almas doentes. Ora, considerando que curar é um ato de amor ao próximo, que procurem amar a si mesmos para ter condições energéticas de auxiliar os benfeitores espirituais no trabalho de auxílio aos doentes. Que busquem colocar motivação e entusiasmo na existência para que o seu magnetismo possa influenciar positivamente aqueles que vão solicitar a sua ajuda.

A tristeza do médium, além de ser estafante e desvitalizante para o seu próprio organismo, dificulta sensivelmente a fluidez das essências de que os espíritos precisam para ativar o prana latente nas criaturas doentes, harmonizá-las e mantê-las com vitalidade corpórea.

O médium que ainda não despertou a gratidão pela oportunidade de servir ao próximo e, dessa maneira, minimizar o seu carma negativo, deve fazer uma autoterapia evangélica, refletindo sobre a mensagem terapêutica do Nazareno Mestre para se posicionar da melhor maneira possível, já dinamicamente motivado pela causa crística de cuidar dos seus semelhantes.

A falta de motivação íntima bloqueia a circulação do prana ou fluido vital no corpo físico do médium de cura, o que, em muitos casos, justifica a razão de ele viver doente. Como os estados mentais da criatura têm correspondência vibratória com os seus órgãos, quando determinada região do organismo deixa de receber estímulos positivos ensejados pela alma convicta de que é portadora dos Atributos Divinos, fica doente. Repetindo a assertiva milenar: uma vez que *a função faz o órgão*, vale relembrar que os órgãos podem atrofiar por falta de elementos químicos produzidos pelo próprio organismo que são responsáveis por mantê-lo ativo e saudável. Portanto, é esperado do médium de cura que ele antes procure curar-se para ter condição de curar os seus companheiros de jornada.

Pergunta: Quer dizer então que o médium, quando estiver doente, não deve atuar mediunicamente nos trabalhos de cura?

Resposta: Partindo do princípio universal de que o organismo físico quando doente está notificando de que dentro de si tem uma alma desarmonizada com as Leis da Vida e, portanto, carente de vitalidade, é saudável e lógico que o médium procure refazer-se para, em melhores condições, cuidar dos seus semelhantes — não apenas nos trabalhos de cura, mas em todas as atividades mediúnicas que exijam harmonia interior.

O medianeiro deve estar física, emocional e espiritualmente bem para desempenhar o mediunato com sucesso, pois ele sabe que vai servir, no plano dos encarnados, de condutor dos fluidos advindos das dimensões dos benfeitores desencarnados. No momento do intercâmbio com os espíritos das esferas luminosas, ele precisará estar bem polido para refletir com fidelidade a luz dos terapeutas divinos e a imagem Daquele que é a *Luz do Mundo, o Sal da Terra, também Caminho, também Verdade e também Vida* — Jesus de Nazaré.

Pergunta: É do conhecimento espiritualista que nos trabalhos de cura as irradiações partem das luminosas esferas espirituais, mas que há necessidade de um médium encarnado para, além de servir como ponto de apoio aos terapeutas desencarnados, ser referencial emocional para as pessoas em tratamento. Procede tal questão?

Resposta: A fonte alimentadora da vida de todos os reinos do planeta é o Cristo Terráqueo. No entanto, quando Ele quis Se tornar audível e visível às criaturas humanas, utilizou-Se da mediunidade de Fo-Hi, Confúcio, Maomé, Anfion, Moisés, Buda, Aziz, Isaías, Jesus e muitos outros. Na verdade, os médiuns do Cristo serviram de referenciais encarnados para manipular e refletir a Essência do Cristo em benefício da sociedade. Em assim sendo, procuremos sacralizar a nossa mediunidade, seguindo o conselho do Nazareno Mestre quando disse: *Dei-vos o exemplo para que, como eu vos fiz, assim façais também vós.* (João 13:15)

O trabalho mediúnico voltado para a cura da alma e do corpo requer equilíbrio mental e emocional, além da saúde corpórea do paranormal, considerando que qualquer desarmonia no seu mundo íntimo vai influenciar na eficiência terapêutica, já que dificultará a circulação, pelo corpo etérico, dos fluidos benéficos e harmoniosos para o restabelecimento da saúde dos pacientes.

Aos que, em nome de Deus, utilizam suas mãos, seus olhos, seus ouvidos e sua boca para aliviar a dor dos seus semelhantes, nunca se deem por satisfeitos com as suas aquisições, pois a mediunidade evolui eternamente e exige a conscientização sobre a necessidade de burilar a nossa alma num trabalho contínuo de superação das dificuldades momentâneas, pois passageiras.

Pergunta: José Arigó e Oscar Wilde, dois médiuns brasileiros que serviram carinhosamente à equipe de Dr. Fritz, eram pessoas sem conhecimentos científicos na área biomédica e, no entanto, realizaram excelentes trabalhos. A falta de conhecimento não dificulta a tarefa do terapeuta espiritual?

Resposta: Não devemos considerar tão somente os conhecimentos adquiridos na vida atual, tendo em vista que as aquisições das vidas anteriores jazem no subconsciente ou no inconsciente profundo das criaturas e podem aflorar ao consciente em determinadas situações ou ocasiões. Tal acontecimento é mais comum quando o médium é evangelizado e sente-se gratificado pela oportunidade de, em nome das Potestades Celestiais, praticar a caridade desinteressadamente.

Visto que os conhecimentos adquiridos nas sucessivas reencarnações constituem patrimônio inalienável do espírito eterno e imortal, quando o médium é humilde e tem o sagrado hábito da oração pedindo ajuda aos Céus para melhor sintonizar-se com os seus Guias, além do próprio manancial que estava latente nele, naturalmente surge-lhe a inspiração superior advinda das consciências espirituais que o assessoram.

Conclui-se, por conseguinte, que o médium do século XXI, portador da mediunidade consciente, precisa estudar para facilitar a atuação dos Mentores através da sua mente. Ressaltemos que, no percurso do signo de Aquário, a mediunidade tornar-se-á cada vez mais psíquica, de forma que, no momento do intercâmbio com as dimensões dos desencarnados, ele, intuitivamente, possa fazer uso dos seus conhecimentos adquiridos nas vidas pretéritas e na atual.

Pergunta: Muitos seres humanos se colocam como terapeutas, portadores de dons excepcionais e conhecimentos transcendentais para curar, de maneira irrestrita, as doenças dos seus semelhantes. Pela Lei de Causa e Efeito, é possível serem realizadas tais curas, mesmo que o doente ainda não tenha mérito para ser curado? E o terapeuta, se não for uma pessoa de conduta ilibada, oferecerá condições para os espíritos curarem?

Resposta: Não é saudável acatarmos *ipsis litteris* determinados prenúncios, considerando que muitos encarnados, mesmo sem

Cura e Autocura à Luz do Evangelho

estarem integralmente curados das suas mazelas, serviram de sensitivos para os benfeitores espirituais realizarem magníficas curas. O que falta a muitos dos que se autointitulam terapeutas é a humildade, e, assim, se sentirem verdadeiramente apenas intermediários das falanges espirituais que cuidam da saúde humana.

Devemos ter em mente que, em toda a Criação, há o ponto e o contraponto. Assim é que mesmo os negociantes das dores alheias, aqueles que não seguem os princípios ético-cristãos, sem condição moral para curar-se, muito menos ainda para curar outras pessoas, podem servir de referencial humano para o doente receber ajuda dos espíritos misericordiosos. Nesse caso, os mentores recorrem a outros mecanismos, pois o médium torna-se inoperante, passando a ser apenas um ponto de apoio emocional para os olhos dos pacientes. Existem situações em que os Guias captam as energias dos participantes bem-intencionados que estão no ambiente dos atendimentos para aplicá-las aos doentes, considerando que, quando a intenção é nobre, a graduação espiritual fica em segundo plano.

Por ser irrefutável que todo efeito teve a sua causa:

- ➢ O praticante responsável pela causa é a alma, portanto, a cura acontece da causa para o efeito. Daí a necessidade de o doente que almejar curar-se precisar investir no autoamor e procurar imunizar-se contra as doenças do espírito, tais como mágoas, ressentimentos, angústias, ira, inveja, ciúme, maledicência, raiva, preguiça, vingança, mentira, falta do perdão, vaidade, soberba, vícios.
- ➢ A criatura, portadora da divinal oportunidade de servir ao próximo, não deve se dar por satisfeita com a sua atual condição, pois a evolução é eterna. Aprimoramento é a palavra de ordem, considerando que, para evoluir e ascender, é preciso desapegar-se do ontem buscando alcançar condições psicológicas de aceitar, com harmonia íntima, as mudanças de valores solicitadas pela Lei da Evolução.
- ➢ Toda criatura que for convocada a participar de tarefas ligadas à cura da alma e do corpo do ser humano tem o dever cristão de dedicar-se com afinco, entusiasmo e bom humor ao seu polimento espiritual, adquirindo conhecimentos libertadores a fim de não incorporar a vaidade nem a soberba, sua irmã gêmea. Na condição de médium, precisa incorporar o Evangelho do Guia dos nossos guias — o Nazareno Mestre.

Pergunta: Existem pessoas esclarecidas que, mesmo doen-

tes, não têm força para abandonar determinados hábitos ou vícios que prejudicam a saúde. O que devem fazer?

Resposta: Devem evangelizar-se! Para tal, cada qual de *per si*, procure mergulhar no oceano do seu universo interior, tendo em vista que apenas o esclarecimento, devido à aquisição dos conhecimentos externos, sem vivenciamento evangélico não liberta a alma para que ela possa empreender nos seus exercícios rumo à transcendência.

Há pessoas que, embora consideradas portadoras de conhecimentos sobre os ensinamentos da existencialidade e que se consideram apologistas[63] das verdades eternas, têm condutas antifraternas, vivem em suas guerras íntimas, sem tolerância nem paciência, e não aceitam o salutar diálogo para se conscientizar de que são ainda acanhadas quando se trata de valores espirituais.

Para fazer-se uma análise mais apurada das personalidades humanas, consideremos:

➤ Segundo Allan Kardec, os vícios identificam o nível de egoísmo em que a criatura se encontra. Por isso devemos compreender e respeitar aqueles que, mesmo doentes, continuam se intoxicando. Este comportamento é natural para eles, pois ainda não têm evolução para sacralizar o corpo biológico. Não têm evolução para agradecer a Deus pela oportunidade de mais uma reencarnação.

➤ Quando os indivíduos recebem algum tipo de acusação, é possível chegar a elucidativas conclusões analisando apenas sua idiossincrasia, pois o grau de serenidade ou de irritabilidade demonstrado em suas reações fornece uma boa ideia quanto à sua evolução espiritual.

➤ O apego a valores e conquistas externas confirma o modo de viver das criaturas que, enquanto mantiverem os conhecimentos tão somente no cérebro, não conseguirão expressar nobres sentimentos, porque, no caso de o coração se encontrar impermeável às elevadas emoções, a alma ainda não terá despertado da sua latência as sublimes habilidades emocionais para ouvir as melodias universais.

Por ser processo natural que quanto mais a criatura evolui espiritualmente, mais exterioriza suas divinais características internas, não percamos tempo divagando sobre a conduta alheia, pois os espíritos celestes esperam que celebremos as nossas núpcias terrestres e celestes o quanto antes. E, conforme sugestão do Divino

[63] Seguidores ou partidários fervorosos de uma ideia, doutrina ou movimento.

Cura e Autocura à Luz do Evangelho

Mestre Jesus, não critiquemos nem julguemos para não adiarmos o nosso ingresso às esferas dos bem-aventurados, convictos de que *pelo fruto se conhece a árvore que o gerou*.

✤✤✤

> As pessoas do lugar o reconheceram e mandaram anunciar por todos os arredores. Apresentaram-lhe, então, todos os doentes, rogando-lhe que ao menos deixasse tocar na orla de sua veste. E todos aqueles que nele tocaram foram curados. (Mateus 14:35-36)

Ainda é uma dádiva quando somos "curados" dos nossos males físicos. Mas o foco centralizador das aspirações do Nazareno Mestre era curar a nossa alma. No entanto, com a cura do corpo somático, o espírito tem possibilidade de refletir e dar sentido divino à vida. De despertar em si a gratidão pela dádiva recebida e dedicar-se à prática silenciosa da caridade. De procurar estudar para entender os mecanismos do funcionamento das leis que regem o Universo. De aprimorar a sua sensibilidade para identificar o Criador em toda a Criação e tornar-se *também Caminho, também Verdade e também Vida*.

✤✤✤

É propósito destes apontamentos que os encarnados e desencarnados deem vazão à emoção por tudo que é belo, por tudo que denote carinho, ternura, brandura, mansuetude, esperança, amor e expresse a presença da Divindade.

Com os olhos da imaginação, vamos ver Francisco de Assis ao chegar ao outro lado da vida:

- ➢ O êxtase, o estado de emotividade que experimentou ao ser recebido por Jesus e por uma corte de espíritos evoluídos e ascensionados.
- ➢ O energizante abraço que ganhou do Nazareno Mestre num gesto de gratidão pelo seu empenho e desempenho na obra da evangelização do homem-espécie.
- ➢ Vejamos e ouçamos a salva de palmas de teor divino dos discípulos de Francisco e dos seus companheiros de jornada reencarnatória que já tinham retornado à pátria espiritual.

No livro *Francisco de Assis*, de Miramez, 12ª edição, psicografia de João Nunes Maia, Editora Espírita Cristã Fonte Nova, comentando sobre o seu desencarne, consta:

> ➤ Pai Francisco, empenhado na força da gratidão, foi levado pelo desejo aos pés do corpo físico que acabara de deixar como roupa imprestável, e beijou-os comovido, agradecendo-lhes pelo tanto que serviram para andar nos caminhos do mundo, na luta de levar o Evangelho aonde quer que fosse.
> ➤ Beijou em seguida as mãos, que lhe serviram de valioso instrumento para alimentar o corpo, para trabalhar, para cumprimentar os outros, para transmitir a força do Cristo nas curas dos enfermos, para abençoar quando era tomado pela luz de Nosso Senhor.
> ➤ Beijou a sua própria boca com ternura e respeito, e nela deixou duas lágrimas de luz, oriundas do coração, e falou, comovido: "Eu te agradeço, instrumento de luz que me serviu para transmitir a Verdade e que me ajudou a apaziguar; tu és porta grandiosa por onde a misericórdia se manifestou, não por mim, mas pela graça de Jesus, em nome de Deus.

Fica para nós a lição de quanto é sagrado o nosso corpo só em imaginarmos *Francisco-espírito agradecendo ao Francisco-corpo em outra dinâmica do verbo.*

Curar-se para curar – Ainda é muito comum no universo dos médiuns, e também entre os terapeutas holísticos de um modo geral, a vontade de querer curar os seus semelhantes. Mas o ideal é primeiro nos curarmos para termos condições reais de auxiliarmos a outrem.

Para o melhor êxito no nosso empreendimento terapêutico, verifiquemos quais os pontos que precisam de um polimento mais apurado em nós mesmos. As arestas da nossa alma que solicitam uma carinhosa poda. Os vícios mentais ou orgânicos dos quais devemos abdicar em prol da nossa saúde psicoemocional e corpórea e de melhores condições energéticas para ajudar o próximo.

Sem as tradicionais culpas, estaremos em melhores condições para representarmos a Divindade Suprema, tendo Jesus como nosso Instrutor Espiritual. Evidentemente, não nos sentiremos inibidos, pois, seguindo os princípios ético-morais do Cristo, Senhor Nosso e Irmão Maior, sem dúvida que, com nossa consciência livre, nos sintonizaremos melhor com espíritos superiores. E assim teremos o Universo agindo positivamente, não apenas a nosso favor, mas também em benefício daqueles que forem amparados por nós.

Seguindo a nossa vida sem ferirmos as Leis do Imponderável, o nosso pensamento torna-se muito mais penetrante nas dimensões dos benfeitores luminosos. Nossa alma, alimentada pela sagrada vontade de servir ao próximo, aciona a nossa pineal, que, por ser a glândula que comanda as atividades dos centros receptores de ondas, de maneira mais nítida e consistente faz a conexão e capta as ondas rarefeitas emitidas pelos terapeutas celestes a serviço dos homens terrestres.

Capítulo 22
Sentir o pulsar da Criação

Pergunta: Observa-se na literatura espiritualista que os espíritos ascensionados não se detêm nas causas menores das sociedades planetárias. Por quê?

Resposta: Em cada estágio evolutivo o Cristo Planetário Se fez presente através dos Seus emissários na história da Terra. Durante o tempo em que este planeta percorreu o signo de Peixes, por exemplo, quantos espíritos superiores reencarnaram neste abençoado orbe para ensinar lições de libertação íntima? Quantos vivenciaram à luz do sol os postulados superiores trazidos ao nosso atual mundo pelos Emissários Celestes de todas as épocas, desde que na Terra existem seres humanos?

Acontece que:

> Atualmente, em Aquário, Era da Força Superior, da Força da Alma, os espíritos ascensionados, de um modo geral, por estarem vibratoriamente numa frequência mais distante do plano material, estão empenhados em libertar consciências, razão pela qual, nas comunicações mediúnicas, não tratam de assuntos pertinentes ao dia a dia. Existe vastíssima obra espiritualista, nos quatro cantos da Terra, para esclarecer a humanidade a respeito das questões rotineiras e condizentes às escolas primárias.

> A preocupação dos espíritos superiores, nesta fase de Transição Planetária, é auxiliar as criaturas a trazer ao consciente os Atributos Divinos de que somos portadores. É divulgar o Reino de Deus latente no homem, para que, por esforço pessoal, ele sinta vontade de se esclarecer a respeito da vida depois da vida, e assim ter condições de integrar-se, por ressonância, à pulsação cósmica.

> Conhecedores que são das infalíveis Leis que regem o Univer-

so — bem como de que a evolução espiritual não dá saltos e que não há mais tempo para continuar falando à humanidade sobre a educação dos instintos animais comuns aos espíritos primários —, e considerando ainda que tais ensinamentos já foram fartamente lecionados e exemplificados pelos homens mais polidos, eles, os espíritos ascensionados, preferem investir nas criaturas mais sensíveis à transcendência. Aquelas que estão mais atreladas ao Céu do que à Terra; que se emocionam mais com os tesouros celestes do que com os terrestres. Não é por falta de amor, mas por falta de tempo para se dedicarem às questões menores e corriqueiras quando estamos em pleno momento apocalíptico de Transição Planetária.

Pergunta: O ser humano, caso paute a vida seguindo a mensagem do Nazareno Mestre, conseguirá sentir o pulsar harmônico da Criação e, consequentemente, se motivar para a aquisição dos valores transcendentes, a ponto de não ter ações que contraiam dores ou sofrimentos?

Resposta: Por ser do conhecimento da sociedade planetária que o Evangelho é a síntese das Leis de Deus, quem vivencia a mensagem do Pedagogo Sideral a serviço do Cristo na Terra — Jesus de Nazaré — não tem ações cujas reações causem dores ou sofrimentos. Logicamente suas ações não geram reações que desarmonizam o funcionamento dos seus pontos vitais, principalmente os chacras.

À medida que as pessoas vão, espontaneamente, exteriorizando amor puro pelo Criador e pelas criaturas, nas mesmas proporções vão sinalizando que são portadoras de objetivos reais, pois transcendentais, para conduzir a vida. Trata-se de criaturas cujas construções são edificadas sobre a rocha da convicção de serem elas portadoras dos Atributos da Divindade Suprema — Deus. Para elas, o foco central e motivador da vida é alcançar a Bonança, isto é, sentir o Cristo-Pai, tendo Jesus como força impulsionadora das suas sublimes aspirações.

É notório os seres humanos que se devotam naturalmente às causas espirituais de cunho moral superior não gerarem carma negativo. Por já possuírem certo grau de consciência e equilíbrio emocional, são capazes de se manter num estado mental que identifica claridade interior.

Pergunta: Mesmo encarnado na Terra — uma escola em

transição do seu curso primário para secundário —, o espírito consegue sentir, identificar e absorver as energias geradas pelo eterno pulsar do Cosmo, a ponto de, motivado pelo eterno vir a ser, não contrair carma negativo?

Resposta: A partir do momento em que o ser humano adquire a frequência mental que provoca harmonia íntima, sente brotar, paulatinamente, sem sofrimento, o desprendimento das aquisições relativas à transitoriedade do plano da existencialidade. Sua maior aspiração passa a ser o aprimoramento da sua harmonia interior para vivenciar as emanações advindas das Consciências Cósmicas que habitam as dimensões da essencialidade plena.

Assim é que a criatura terrena, ao conscientizar-se do eterno transformismo do Universo criado e também das Leis da Reencarnação e de Ação e Reação, adota para a sua existência a psicoterapia do autoamor.

Ela passa a sentir o dever cristão de:

> - Praticar a **autoterapia moral**, *amando a Deus sobre todas as coisas*, e, em consequência, ter condições naturais para praticar a **terapia ética**, *amando ao próximo como a si mesma*.
> - Cantar hinos de exaltação ao Autor da Vida.
> - Declamar poemas que enlevem as almas ouvintes.
> - Adotar a paciência como a ciência da paz, para ter condição moral de representar os espíritos bem-aventurados com a placidez dos convictos.
> - Não infringir as leis soberanas da Vida.
> - Aproveitar cada oportunidade para conquistar tesouros celestes, usufruindo divinamente da sua estada no plano terrestre.
> - Transformar a sua vida num poema de gratidão Àquele que é a *Luz do Mundo, o Sal da Terra* — Jesus, o Nazareno.

Fica evidente que *Cura e Autocura à Luz do Evangelho* não combate diretamente as doenças, pois o seu foco central é esclarecer o ser humano, doente ou não, de forma que ele possa dar sentido sagrado à vida por considerar que as patologias do corpo são geradas pela desarmonia da alma diante das Leis de Deus — o Supremo Legislador. Isso porque o homem-espécie, ao graduar-se na arte sagrada de interpretar a vida, deixa de ter atitudes e ações responsáveis pelas psicogêneses das doenças emocionais, espirituais e somáticas.

Cura e Autocura à Luz do Evangelho

Pergunta: Por ser da Lei da Evolução que a criatura, à medida que vai se enriquecendo moralmente, vai perdendo a pujança da sua condição aguerrida e das ações inconsequentes, qual a maneira mais rápida para que ela adquira claridade e harmonia interior para, assim, não praticar atos que contrariem as Leis da Criação?

Resposta: No presente momento não há como padronizar o comportamento humano, tendo em vista a heterogeneidade evolutiva da sociedade terrena.

Se a humanidade já tivesse graduação espiritual superior para não ter comportamento atávico[64], as diretrizes constantes no Evangelho do Nazareno Mestre seriam a melhor opção. Mas, por enquanto, o maior percentual da humanidade não tem evolução para vivenciar plenamente a mensagem doutrinária do Pedagogo Sideral a Serviço do Cristo na Terra — o Meigo Jesus.

A vida dicotômica[65] em que a sociedade vive dividida entre a Terra e o Céu, entre os tesouros terrestres e os celestes, entre a sombra e a luz, não propicia uma única linha de conduta para o conjunto planetário.

O ideal ocorrerá quando o ser humano perceber que está dando vazão ao atavismo, ou seja, tendo ações e atitudes que fizeram parte de épocas remotas, entrar em oração e se projetar mentalmente para a eternidade que o aguarda, a fim de não atender aos empuxos das experiências ancestrais, de quando era um espírito de evolução rudimentar.

Portanto, para não irmos contra as Leis da Evolução, procuremos colocar na pauta da nossa vida os divinos ensinamentos lecionados por Jesus, o Instrutor Espiritual da humanidade terráquea, e, dessa forma, estaremos construindo a nossa ascese sob a solidez moral da convicção de que somos Oniscientes, Onipresentes e Onipotentes. Com o Evangelho em nossas ações, deteremos os impulsos da nossa ancestralidade, nos empenharemos em nossas realizações evangélicas e, assim, de maneira mais rápida, estaremos edificando um *homem novo* com sentimentos nobres e emoções superiores.

---

[64] Hereditário; transmitido ou adquirido de maneira hereditária. Reaparecimento, num descendente, de um caráter presente só em seus ascendentes remotos. [No texto tem o sentido de sinalizar a conduta de determinadas pessoas que vivem em estados mentais de Céu e inferno.]

[65] Dividida, separada em duas partes, geralmente contrárias.

❀ ❀ ❀

Vós sois o sal da terra. Se o sal perde o sabor, com que lhe será restituído o sabor? Para nada mais serve senão para ser lançado fora e calcado pelos homens. Vós sois a luz do mundo. Não se pode esconder uma cidade situada sobre uma montanha nem se acende uma luz para colocá-la debaixo do alqueire, mas sim para colocá-la sobre o candeeiro, a fim de que brilhe a todos os que estão em casa. Assim, brilhe vossa luz diante dos homens, para que vejam as vossas boas obras e glorifiquem vosso Pai que está nos céus. (Mateus 5:13-16)

A palavra do Mestre foi ouvida por muitos, mas nem todos já tinham evolução espiritual para, de imediato, entrar em ação renovadora e, com a mesma disposição, trabalhar servindo ao próximo ou divulgando a proposta cristã.

Após três anos de convivência com o Nazareno Mestre, Simão tornou-se, verdadeiramente, Pedro — uma rocha moral.

Na Última Ceia, Simão Pedro ouviu de Jesus, conforme descrito por Silvestre, em nome das Sagradas Fileiras, psicografia de Therezinha Teixeira Pereira de Carvalho:

Não vos preocupeis com o inusitado, com o insólito, posto que o martírio transforma a carnadura do homem, mas não lhe altera o espírito intocável. Não vos envergonheis pela negação que vos surgirá como espinho. Ela surgirá, bem o sei, mas despida da traição e da pusilanimidade que lhes serão atribuídas, como peso dos fatos. A densidade do momento promoverá o acaso e a pressão. Não vos confineis à dor, pois asseverado está que o amor que devotais hoje ao enviado dos Céus ressurgirá imaculado, após a tempestade, para dar continuidade à obra agora esboçada, e que vos tomará por artífices da renovação.

Rogo-vos, por fim, no dispersar deste proveitoso concílio, ao odor azeitado que impregna o ar, nesta chama simbólica, quando a consumação se impõe, na hora final:

— Não vos intimideis com ameaças e efetivação das práticas da flagelação que sofreremos em nossa integridade carnal, pois que transcendemos aos males físicos e ao jugo moral dos que tomamos por semelhantes.

Cura e Autocura à Luz do Evangelho

— Sobre vós estarei pairando, como a bruma que vos umedece a pele.
— Acima das convenções, estaremos nós, eu e meu pai, para vos guiar[66].

Por volta do ano 67, Simão Pedro foi preso e acorrentado para ser morto[67]. No momento do martírio, os soldados deram-lhe a oportunidade de dizer as suas últimas palavras. Ele pediu-lhes para ser crucificado de cabeça para baixo, pois não se sentia digno de ser crucificado na mesma posição em que foi Jesus. Ao levantar suas mãos aos Céus, as correntes dos braços e das pernas se partiram, caíram no chão e, de maneira "mágica", se soldaram sozinhas, para o espanto de todos.

Com o "milagre" das correntes, deduzamos a emoção que sentiram as pessoas presentes à barbárie. As criaturas extáticas[68] diante do espetáculo dos Céus no *fenômeno das correntes*, no momento do martírio de um fidedigno cristão representando Jesus na Terra.

Desenhemos na nossa tela mental a corte de espíritos luminosos acompanhando o vitorioso desfecho daquela evangélica existência de Simão Pedro. Desenhemos, na nossa tela mental, os espíritos da Sacra Ordem orientadora do planeta Terra formando um paradisíaco ambiente perfumado com essências edênicas, para o Nazareno Mestre receber Simão Pedro do outro lado da vida, com um energizante abraço. Com a vibração da gratidão, em meio às ondas de angelicais melodias e as cores da vida, criadas pelo Autor da Vida — Deus.

Ao considerar que somos *o sal da Terra*, façamos, periodicamente, uma autoanálise para verificarmos se, a exemplo de Simão Pedro, estamos operantes na Obra do Cristo-Pai. Ainda na condição de *sal da Terra*, se temos conservado as nossas amizades e dado sabor à vida daqueles com quem convivemos. Na condição de *luz do mundo*, verifiquemos se está surgindo a nossa autoiluminação para nos desvencilharmos das dependências psicológicas e influências externas, certos de que a autonomia é resultante do

---
[66] A mensagem completa consta no livro *Adventos Crísticos*, do mesmo autor, Editora do Conhecimento.
[67] Nero foi Imperador romano entre 54 e 68. Logo, Simão foi morto sob o seu comando.
[68] Em êxtase; enlevadas.

autoencontro que leva a criatura a encontrar mais motivos para amar do que para ser amada, e, assim, libertar-se da neurótica dependência de alguém ou de alguma coisa ou situação para conduzir a vida e ser feliz. Tal condição emocional é conquistada quando o indivíduo é rico em autoestima, está disposto a aprender a autoamar-se, sente-se feliz em servir e em viver os princípios éticos do bem e da saúde integral.

※ ※ ※

Com a alma focada no propósito de *Cura e Autocura à Luz do Evangelho*, que induz a criatura a curar-se pela superior emoção para ter condição de curar a outrem fazendo uso do elixir sagrado manipulado no laboratório do coração — o amor —, avaliemos o episódio descrito por Miramez, através de João Nunes Maia, no livro *Francisco de Assis*, Editora Espírita Cristã Fonte Viva, num dos momentos em que Antônio de Pádua falava sobre o Evangelho do Sublime Peregrino — Jesus de Nazaré.

Acompanhemos:

Alguns galhofeiros prepararam uma cilada para o fracasso do frade, por urdidura das trevas. A praça improvisada regurgitava de pessoas crédulas. A fé se irradiava nos corações como ondas de luz, como se fossem instaladas luzes nos dias de hoje, nas metrópoles mais modernas, para grandes festejos.

Os dois homens, preparados para o nefando golpe, ficaram cada um de um lado do palanque para, na hora aprazada, cortarem as amarras do elevado de madeira para que o pregador caísse, caindo com ele a fama e a fé dos filhos do Calvário que ali se postavam em massa, para ouvir as leis de Deus, enfeixadas nas palavras santas do filho adotivo de Pádua.

Muitas mil pessoas de toda a sorte se acumulavam à espera do consolo do Evangelho do Cristo. Antônio de Pádua subiu no estrado e começou a falar. O silêncio era o toque de beleza e os ouvidos — como assimiladores automáticos — não perdiam uma só nota de entendimento, dos sons articulados pelo grande discípulo de Francisco de Assis.

Ante a expectativa dos fiéis, num dado momento, notou-se um sinal entre os dois corvos humanos e em seguida,

um grande estalo. Ruíram as cordas e o madeirame caiu de uma só vez. O espanto foi geral, alguns correram para dar assistência ao tribuno, mas caíram de joelhos ao verificar o espetáculo do fenômeno espiritual. Deus usou a maldade das trevas para infundir mais fé naquelas criaturas ali postas, esperando que algo as consolasse.
Frei Antônio pairava nos ares, na altura do palanque, sem que a queda da madeira o interrompesse, e, nesta postura, pregou por duas horas. Sem que ele tocasse nos enfermos, muitos saíram curados pelo poder da fé.
Daí a dois dias, os dois asas negras procuraram o frade para confessar o erro cometido que colocara em perigo a vida do franciscano. E ele os abençoou.

Não há como conceber a emoção que tiveram os integrantes da assembleia de ouvintes ao contemplar o *Antonius da eloquência divina* "pendurado no ar" e continuando a falar sobre o Evangelho do Sublime Anjo — Jesus de Nazaré. No entanto, há como imaginar quantas almas foram curadas ao contemplar o inusitado espetáculo na Terra causado pelos Céus, através do humilde Antônio de Pádua — o *Antonius da eloquência divina*.

Sentir o pulsar da Criação – O salutar propósito de *Cura e Autocura à Luz do Evangelho* é acionar os Atributos de Deus latentes em nós para sentirmos o pulsar da Criação. Assim, procuremos aumentar a nossa sensibilidade psíquica para termos condições de receber as inspirações advindas do recôndito Eu do Universo. Para tal, nos desvinculemos emocionalmente, de maneira gradativa para que seja segura, do universo existencial e voltemos, com as asas da imaginação, pelo universo essencial.

Estando nós com a nossa mente hipersensível às emanações do Criador e os chacras ativados pela ação dos nossos pensamentos superiores, brotam do nosso íntimo os sentimentos nobres para conduzirmos a nossa vida.

Assim é que a pessoa, com a hipersensibilização processada pela ativação consciente da glândula pineal, consegue identificar o pulsar do Criador ao sentir a divina essência da Sua Criação — o Amor.

Capítulo 23
Integrar-se à correnteza da vida

Pergunta: Em que fase evolutiva o espírito encarnado dirá "Pai, em tuas mãos entrego o meu destino" e, assim, por convicção, não irá arbitrar por ações que conduzam a reações desarmonizadoras, as quais geram bloqueios do fluido vital no seu organismo?

Resposta: Embora o espírito humano seja portador de livre-arbítrio, à medida que ele vai se conscientizando do seu papel diante do Criador e das criaturas também vai se integrando à correnteza da vida universal mesmo estando encarnado, o que lhe faculta discernir a melhor trajetória para a sua caminhada. Quando ascensionado, por compreender a Perfeição das Leis de Deus, não hesita em dizer: *Pai! Que seja feita a Tua vontade, e não a minha.* (Lucas, 22:42)

Para não arbitrarmos por ações cujas reações possam gerar carma negativo e, como consequência, as doenças da alma e do corpo:

> ➤ É indispensável estudarmos as doutrinas espiritualistas para conhecermos as infalíveis Leis da Evolução dos mundos e de suas humanidades, considerando que a maioria erra por ignorância. Vale ressaltar que não só as ações e reações mas também as omissões podem causar doenças sérias, como, por exemplo, o avassalador *sentimento de culpa*. A culpa é autodestrutiva, principalmente quando retornamos ao plano dos desencarnados.

> ➤ Não devemos ser omissos nem indecisos, pois há criaturas que, ao desencarnarem, nem vão para o Céu nem para o "inferno". Não tiveram ações, foram contemplativas, usufruíram dos esforços de outrem e não deram a sua cota de contribuição para

o bem-estar dos seus semelhantes. Não compreenderam que os Céus são conquistados por esforço pessoal.

➤ Precisamos estar conscientes de que, na trajetória reencarnatória, enquanto não interiorizarmos que, para evoluir e ascender, as Leis do Criador apresentam progressivos desafios, não conseguiremos abraçar as dificuldades existenciais com harmonia interior convictos de que elas serão responsáveis, se compreendidas, pelo nosso crescimento ético-moral.

É evidente que o indivíduo, ao se acovardar a ponto de não investir em novas empreitadas com medo de contrair carma negativo, logicamente também não evoluirá a ponto de ascender, e muito menos ainda de transcender. Para tal, necessita adquirir a *misericórdia do ver, ouvir e falar*. E, como se sabe, esses *três divinos sentidos* são responsáveis pela nossa ascese ou derrocada.

Visto que a criatura humana foi criada para desfrutar da Glória Eterna no seio de Deus, almejemos conquistar novos horizontes que nos propiciem progressivos níveis de felicidade, sem medo de errarmos. O importante é medirmos as consequências das nossas ações, termos boa intenção e coragem para nos atirarmos no ignoto.

Pergunta: Consta no Evangelho do Nazareno Mestre que "o escândalo é necessário, mas ai daquele que o faça". Podemos considerar que, enquanto a pessoa praticar escândalo, julgar ou criticar a conduta alheia, não terá mérito para integrar-se à correnteza da vida universal, razão pela qual continuará tendo doenças psicossomáticas?

Resposta: Tendo em vista que nas escolas primárias *o escândalo ainda é necessário*, conforme consta em Mateus 18:7, a própria Lei dos Afins encontrará sempre alguém que, por ressonância à conduta de outrem, entrará em ação para escandalizar, julgar ou criticar. E por ser processo natural, os indivíduos com tais condutas, embora recebam integralmente as reações, não sofrem com a mesma intensidade que aqueles que já conhecem as Leis do Criador, pois não têm o remorso nem o sentimento de culpa. Em outras palavras: quem ignora as Leis de Deus e tem ações ou reações contrárias à Legislação Divina "sofre menos", apesar de receber integralmente as reações das suas ações. No entnto, não nos esqueçamos de que o ignorante não ascenderá enquanto não adquirir ensinamentos libertadores e, com naturalidade, enfrentar os desafios da vida. É salutar relembrar que a Lei da Impermanência não admite a estagnação eterna.

Avaliemos o que consta em Lucas, 12:48: *A quem muito foi dado, muito será exigido; e a quem muito foi confiado, muito mais será pedido.* Podemos concluir que a reação à ação de quem censura a conduta alheia sofre um substancial acréscimo gerado pela culpa do próprio agente quando este reconhece que não possui autoridade moral para apontar erros da sua sociedade. Portanto, aquele que mais conhece, mais precisa amar para não contrair doenças nem sofrimentos.

O ideal para nós que ainda estamos numa fase evolutiva de erros e acertos é que nos empenhemos em adquirir conhecimentos libertadores e, assim, deixaremos de projetar em nossos semelhantes nossa inferioridade moral. Mas não nos esqueçamos de que o conhecimento sem o vivenciamento não liberta a alma.

Pergunta: Constam nas doutrinas espiritualistas que, quanto mais o espírito evolui, mais admira e se emociona com a beleza, os ideais crísticos, os ambientes claros, ensolarados. Tais estados mentais são terapêuticos porque facilitam a integração da alma às dimensões luminosas?

Resposta: É processo natural à criatura humana ir se autoiluminando à medida que for despertando, do seu mundo pessoal, os Atributos Divinos. Da mesma forma, sintonizada com os benfeitores espirituais, sentir-se divinamente inspirada e mais motivada para a aquisição de bens imperecíveis, naturalmente entregue ao empuxo que identifica beleza e sacralidade.

Pela Lei da Ressonância, a pessoa, ao entrar em contato vibracional com as mentes dos espíritos luminosos, percebe centuplicar a sua capacidade de identificar o que antes para ela era imponderável, razão pela qual se desarma ao constatar o Empuxo Divino.

O ser humano mentalmente vibrando nessa dimensão:

➢ Em paz e impulsionado à aquisição de novos conhecimentos libertadores, vai, vibratória e emocionalmente, se distanciando dos tesouros terrestres e se vinculando aos celestes.

➢ Por ser processo natural, ele também experimenta fluir do seu âmago exuberantes emoções ao contemplar tudo que é belo, colorido, que expressa vida e que identifica a presença do Autor da Vida. Dessa forma, torna-se uma pessoa alegre, festiva, agradável, em melhores condições para respirar o *Hálito da Vida* e manter a sua vitalidade corpórea.

➢ Ora, devido a ser o amor a argamassa da Criação para o Criador sustentar a vida no Universo, não percamos tempo aguardando momentos propiciatórios para amarmos, tendo em vista que Jesus, nosso eterno modelo, exteriorizou amor em todas as circunstâncias.

Concluímos, assim, que os estados mentais que facultam entrar em sintonia com as consciências espirituais superiores são terapêuticos por facilitarem a integração da alma aos planos luminosos de beleza edênica e habitados pelos espíritos plenificados.

Pergunta: Por que os cristãos, de um modo geral, mesmo sabendo que outros luminares passaram pela Terra, só exaltam a presença de Jesus?
Resposta: Acontece que os espíritos superiores de todas as hierarquias, exatamente por serem superiores, vivem tranquilamente de mãos dadas entre si e com o Nazareno Mestre, pois, sem disputas de nenhuma natureza, reconhecem a Sua Magnitude. Todos os espíritos evoluídos, iluminados, luminosos e os ascensionados em torno da Terra, e milhões de outros vindos de diferentes redutos do Universo de Deus, independentemente das suas hierarquias, sabem da autoridade moral que é o Meigo Jesus, além de ser Ele o Instrutor Espiritual da humanidade terrena, eleito pelo Cristo Terráqueo.
O Nazareno Mestre:

➢ Deu sentido à vida dos integrantes da humanidade terrena portadores de boa vontade, sem deter-se em crenças, seitas ou religiões, deixando patenteado que o indivíduo, despertando o autoamor, é capaz de *amar a Deus sobre todas as coisas* para ter condições naturais de *amar ao próximo como a si mesmo*.
➢ Implantou na consciência do ser humano a autoterapia do altruísmo, da prática silenciosa da caridade, do vivenciamento de sentimentos nobres à luz do sol, além da Sua realização orquestral ao declamar o Seu poema de amor — o Sermão da Montanha — tendo o planeta Terra como sagrado palco.
➢ Libertou milhões de consciências dos seus cativeiros psíquicos usando apenas as armas do coração, implantando nova mentalidade psicológica ao ter "matado a morte" quando, após o Seu desencarne, Se apresentou aos encarnados, deixando claro para sempre que a morte não interrompe a vida.

Milhões de milhões de criaturas nesses últimos dois milênios, só em se reportarem à comportamental vida messiânica Dele — o Nazareno Mestre —, sentiram-se e sentem-se emocionalmente enriquecidas de valores ético-morais. Outros tantos milhões de milhões de indivíduos se autocuraram e se autocuram ao entrar em sintonia com Ele, que, por sua vez, encontra-Se permanentemente em ressonância com a Fonte da Vida Planetária — o Cristo Criador da Terra.

Portanto, o homem *integrar-se à correnteza da vida* é sabedoria, pois assim mais facilmente identificará o seu Criador, o que lhe causará vontade de se autodescobrir para trabalhar a sua autoiluminação, adotando o Nazareno Mestre como norteador das suas aspirações iluminativas.

> Tendo Jesus concluído todos os seus discursos ao povo que o escutava, entrou em Cafarnaum. Havia lá um centurião que tinha um servo a quem muito estimava e que estava à morte. Tendo ouvido falar de Jesus, enviou-lhe alguns anciãos dos judeus, rogando-lhe que o viesse curar. Aproximando-se eles de Jesus, rogavam-lhe encarecidamente: "Ele bem merece que lhe faças este favor, pois é amigo da nossa nação e foi ele mesmo quem nos edificou uma sinagoga." Jesus então foi com eles. E já não estava longe da casa, quando o centurião lhe mandou dizer por amigos seus: "Senhor, não te incomodes tanto assim, porque não sou digno de que entres em minha casa; por isso nem me achei digno de chegar-me a ti, mas dize somente uma palavra e o meu servo será curado. Pois também eu, simples subalterno, tenho soldados às minhas ordens; e digo a um: 'Vai ali!' E ele vai; e a outro: 'Vem cá!' E ele vem; e ao meu servo: 'Faze isto!' E ele o faz." Ouvindo estas palavras, Jesus ficou admirado. E, voltando-se para o povo que o ia seguindo, disse: "Em verdade vos digo: Nem mesmo em Israel encontrei tamanha fé." Voltando para a casa do centurião os que haviam sido enviados, encontraram o servo curado. (Lucas 7:1-10)

Para quem estiver doente ou pretende manter a sua saúde:

> Estaremos em Deus, encarnados ou desencarnados, pois Ele é Onipresente. Assim, a pessoa que foi curada por Jesus, mesmo inconscientemente, estava criando elos com a Divindade. Naquele abençoado encarne, se vinculou a Ele — o Nazareno Mestre — e Nele permanecerá para sempre, pois quem se liga a outrem pelos elos sublimes do amor nunca mais se aparta.

> Observemos que o Mestre Jesus aproveitava todas as oportunidades e situações para levar as criaturas à reflexão, para exaltar a presença de Deus, sendo que, para tal, fazia a ponte com o Cristo-Pai — a Fonte da Vida Planetária —, para curar os seus corpos. Na verdade, em muitos casos Ele curava apenas parcialmente e, com tais prodígios, as motivava para se autocurarem integralmente — para curarem as doenças das suas almas.

> O Divino Anjo produzia efeitos especiais nas consciências encarnadas e desencarnadas, objetivando que cada qual trouxesse à tona a sua Força Superior — o seu Cristo Interno.

Era magnífica e impressionante a confiança que as pessoas tinham em Jesus, a ponto de o centurião dizer-Lhe: *Senhor, não te incomodes tanto assim, porque não sou digno de que entres em minha casa; por isso nem me achei digno de chegar-me a ti, mas dize somente uma palavra e o meu servo será curado.*

❀❀❀

Não é suficiente aspirar a ser um condutor de almas ao Reino de Deus representando um Emissário Celeste, mas ser fiel à causa crística a ponto de inspirar confiança na sociedade através das pregações, e sobretudo das ações, tendo sempre em mente que não existe ensinamento superior à exemplificação.

Para atender ao sagrado propósito de *Cura e Autucura à Luz do Evangelho*, vamos reproduzir mais uma passagem emocionante da vida de São Francisco. Miramez, através de João Nunes Maia, no livro *Francisco de Assis*, Editora Espírita Cristã Fonte Nova, 12ª edição em 1997, descreveu o seguinte sobre os últimos momentos de vida corpórea do Radioso FRANCIS:

> Enfermos de todas as procedências enfileiravam-se, esperando a sua vez, confiantes na paciência do velho discípulo de Jesus[69], que não os deixaria famintos da

[69] Ressaltemos que Francisco de Assis e Antônio de Pádua eram médiuns

> sua palavra consoladora. A madrugada já estava despedindo as estrelas que faiscavam no infinito, já perdendo o brilho.
> O sol, no seu carro de ouro, ansiava por esplender no novo dia.
> Os discípulos de Pai Francisco se movimentavam de lado, trocando impressões, no reencontro fraterno de velhos amigos.
> O vozerio vibrava no espaço. À luz da pátria italiana, como que esperando ordens do mundo da Verdade, para que pudesse cumprir a vontade do Senhor, Francisco quedou-se meditativo.
> Nisso, parece que no ar rasgou-se alguma coisa invisível aos olhos dos presentes: era o impacto de fluidos divinos com magnetismo humano, cedendo lugar à luz espiritual.
> Pai Francisco tornou-se iluminado perante todos os presentes, que se ajoelharam movidos por suave impulso, e foi suspenso no ar como um colibri, a poder de vibrações de voltagens imensuráveis de seu Espírito, isolando-se da gravidade. Movimentou-se em todas as direções, abençoando os presentes.

Não temos palavras que possam descrever as emoções sentidas pela multidão presente ao ver o Santo de Assis sobrevoar a assembleia dos que aguardam a sua bênção.

Naquele emocionante e sagrado episódio:

> ➢ Quantas muletas foram abandonadas?
> ➢ Quantos membros atrofiados adquiriram movimento e vida?
> ➢ Quantos olhos passaram ou voltaram a ver a magnificente obra dos Arquitetos Siderais?
> ➢ Quantos espíritos desencarnados, vendo o magnífico e inusitado quadro, acionaram a sua Força Superior, o seu Cristo Interno, e se refizeram, tomados por sublimes emoções?
> ➢ Quantos, vendo o Francisco humano voando como um beija-flor, tomados por indescritível emoção, ajoelharam-se e choraram a lágrima da gratidão, a lágrima que brota dos olhos com a suavidade de um beijo de mãe?
> ➢ Quantos despertaram a sua Chama Crística e abandonaram definitivamente as suas mazelas?
> ➢ Quantos se autoperdoaram e adquiriram força-energia para

de Jesus.

Cura e Autocura à Luz do Evangelho   275

perdoar os seus semelhantes ao contemplar o esplendoroso espetáculo que Francisco realizou na presença daquela seletiva assembleia humana?

❀ ❀ ❀

Antes de falar, procura viver o que ensinas aos outros, porque o exemplo é força de Deus, que nunca se apaga da visão humana, e, quando é eivado no Bem, jamais deixa de brilhar na eternidade. (Miramez, no livro *Francisco de Assis*)

❀ ❀ ❀

Integrar-se à corrente da vida – Quando o espírito adquire evolução a ponto de integrar-se, por ressonância, à correnteza da vida, é capaz de dizer: *Pai! Em tuas mãos entrego o meu destino!* E, mais ainda: *Pai! Que seja feita a tua vontade, e não a minha!*

Para que haja a integração do homem à correnteza da vida, há necessidade de substituirmos valores, ideias e conceitos que em épocas recuadas foram considerados como verdades absolutas, mas que na atual fase da evolução terrena já não atendem, pois não possuem nutrientes para alimentar a vontade do espírito que vislumbra horizontes novos na Nova Era que já estamos vivendo.

O novo homem, por comungar, pela lógica, com a imortalidade do espírito eterno, com as vivências pluridimensionais, e comungando com o eterno vir a ser não aceita mais consumir séculos ou milênios na incessante busca do nada, desencarnando e reencarnando empenhado em adquirir tão somente valores sem valor para a alma imortal.

O nosso empreendimento mais sagrado neste momento apocalíptico de Transição Planetária é evocarmos da nossa memória espiritual a Onisciência, Onipresença e Onipotência de Deus, latentes em nosso âmago. É trazermos ao consciente a luz do nosso Cristo Interno para iluminar a nossa viagem rumo às paragens cósmicas.

Capítulo 24
O sentido sagrado da vida

Pergunta: Por que a pessoa, mesmo conhecendo o sentido sagrado da vida, vive fora da Lei de Deus, com condutas que contrariam os princípios ético-morais cristãos, cujas reações lhe trarão desarmonia íntima que causam doenças?
Resposta: A criatura, quando, consciente do que é certo e errado, insiste em viver fora da Lei da Evolução, demonstra que o seu orgulho está se sobrepondo à sua razão. Nesse caso, o remédio mais aconselhável, em doses maciças, é a evangelhoterapia aplicada na veia, com o fim de que a alma adquira coragem para trabalhar a sua autotransformação moral à luz do Evangelho e em plena luz do dia.
A criatura de orgulho exacerbado tem grande possibilidade de ser externamente tímida para com os valores espirituais, embora seja internamente explosiva e temperamental.

Pergunta: Observa-se que a maioria da sociedade planetária terrena é portadora de vícios os mais variados. Qual a causa que leva uma pessoa a viciar-se e, assim, conscientemente, negar o sentido sagrado da vida?
Resposta: A mônada, mesmo na roupagem humana, mas com pouca idade sideral, evidentemente inexperiente de Deus, ainda não dilatou o seu egoísmo[70] de forma a ter condições de praticar o altruísmo, daí dar vazão aos vícios, os quais lhe propiciam a egossatisfação.

---

[70] No livro de Pietro Ubaldi *A Grande Síntese*, capítulo LXXXIX, "A Evolução do Egoísmo", 11ª edição da Fundapu (1979), consta: "O altruísmo nada mais é do que um egoísmo mais amplo, tanto mais amplo quanto mais estiverem ampliados a consciência individual e o campo que esta abrange. ... A evolução opera então a demolição progressiva do egoísmo." Em outras palavras: *O amor é a evolução do egoísmo.*

Nessa fase evolutiva ela é egocêntrica por natureza, pois, além de querer ser o centro do universo, não consegue ser solidária, e, portando, partilhar espontaneamente o seu prazer com as demais criaturas. Justifica-se, dessa forma, segundo Allan Kardec, a razão de os egoístas darem vazão aos vícios. Por causa da sua pouca evolução, eles não partilham o seu prazer com os demais. Observemos que os viciados sentem prazer pessoal.

Quando os viciados têm evolução espiritual rudimentar, os danos são menores, se comparados com aqueles que já conhecem o sentido sagrado da vida. Em tal conduta, além dos elementos tóxicos que eles usam e com os quais enfermam a alma e o corpo, existe a culpa como fator multiplicador de descargas energéticas do perispírito para o corpo biológico. A culpa, em muitos casos, principalmente para os mais conscientes de que estão fora da Lei, passa a ser mais mórbida do que os próprios elementos tóxicos ingeridos pelos variados meios.

Pergunta: E quando o ser encarnado, mesmo sabendo que alegria, bom humor, entusiasmo fazem bem à saúde, não consegue perder a timidez, demonstrando que vive num corpo anestesiado como se o seu sagrado casulo biológico fosse uma pedra sem polimento espiritual? Qual o remédio mais indicado para a sua lapidação?

Resposta: Tudo depende do grau de compreensão que o espírito já tenha adquirido sobre a infalível Lei de Ação e Reação, considerando que diante do cinzel ele pode se revoltar, principalmente se acredita ser superior às demais criaturas. A soberba, irmã gêmea da vaidade, causa sérias doenças à alma, entre elas a cegueira espiritual, que impede que o indivíduo reconheça que é um espírito nanico na escala da evolução, tendo em vista que espírito superior é entusiasta, alegre e bem-humorado, além de não reclamar das dores disciplinadoras.

Quem abraça a tristeza, o mau humor ou a falta de entusiasmo na condução da vida é doente e precisa de tratamentos especializados, considerando que, além das possíveis frustrações da atual vida, pode ter trazido os seus traumas e recalques de vidas anteriores. Tais criaturas deveriam fazer sete vezes por dia o mantra sagrado e universal AUM ("OM"), para trazer à tona, do seu universo íntimo, os Divinos Atributos de Deus.

O amor, no seu elenco imenso de expressões, sustenta o

senso de humor, facultando ao indivíduo possibilidades enriquedoras, dentre as quais a alegria da vida como quer que esta se apresente, a compreensão das falhas alheias e próprias, a coragem para repetir as experiências fracassadas, até alcançar o êxito e, sobretudo, o preenchimento dos espaços íntimos com realizações edificantes. (Do livro *Amor, Imbatível Amor*, de Joanna de Ângelis, psicografia de Divaldo Pereira Franco, 2ª edição em 1998, Livraria Espírita Alvorada Editora).

Pergunta: Quais os divinos dons que o ser humano deve despertar da sua latência para dar sentido sagrado à existência e passar a ter conduta que não vá contra as Leis do Criador?

Resposta: É da Lei de Deus que a alma, quando vai despertando em si o divino dom da humildade, vai também abrindo o seu coração, sem precisar de cirurgias causadas por dores ou sofrimentos.

Durante a transição entre a fase do erro por ignorância e da consolidação do acerto pelo conhecimento libertador, muitas pessoas podem, com mais facilidade, se deter nos erros, mesmo vislumbrando no horizonte um amanhã promissor com um magnífico sol a iluminar a nova trajetória. A causa mais comum desse comportamento é não se sentirem merecedoras de usufruir das benesses geradas meritoriamente por elas em função da renovada conduta. Na verdade, elas se permitem que a fortíssima energia do passado se mantenha atrelada a elas.

Todas as criaturas devem desfrutar das suas conquistas sem se apegar aos tesouros transitórios. Ser pleno de Deus não é abraçar a miséria como forma de autopunição. Não é flagelar-se diante dos olhos humanos para demonstrar a sua pseudofé no Criador. Nem se vangloriar com a pobreza, quando, na verdade, estará demonstrando a sua infantilidade espiritual. É preferível seguirmos a assertiva proposta por Paulo de Tarso: *Tudo nos é lícito, mas nem tudo nos convém.*

Visto que a Infinita Bondade de Deus sempre nos oportuniza novas tentativas de investimentos para adquirirmos o prumo e andarmos rumo ao eternamente novo, a baixa autoestima, além de atrofiar os sentimentos, inibe a pujança psicoemocional, causando distúrbios diversos por causa da desarmonia no funcionamento dos chacras e a falta de elementos químicos no organismo em dosagem adequada.

Cura e Autocura à Luz do Evangelho

Pergunta: Por que até os indivíduos que conhecem as Leis da Reencarnação e a de Causa e Efeito se perdem na caminhada de aprimoramento espiritual com ações perniciosas, mesmo sabendo que as reações serão dolorosas?

Resposta: Muitos de nós, espíritos primários que somos, precisamos de tratamento de choque, pois, quando a lapidação é suave, nem todos conseguem refletir sobre as causas geradoras das dores e passar a dar sentido sagrado à vida, com empenho na sua autotransformação, no seu autopolimento.

O conhecimento só liberta se consolidado na alma para que seja transformado em vivência. Por assim ser, muitos, embora conhecendo as Leis do Criador, têm muito superficiais os seus vínculos com os Céus, razão pela qual as suas construções ainda são realizadas sobre *areias movediças*, aquelas que não resistem aos vendavais da vida moderna.

Vejamos:

- ➢ Quantas pessoas gostariam de receber as benesses celestes, mas por enquanto ainda não se credenciaram a ponto de vencer com galhardia os obstáculos terrestres e corriqueiros, tão naturais na vida dos espíritos de evolução primária?!
- ➢ Quantas outras que foram enclausuradas nos tempos idos, impedidas de experimentar as emoções humanas, atualmente não conseguem dar sentido sagrado à vida por estarem inibidas por suas travas psicológicas?! Elas não viveram as emoções terrestres nem se qualificaram para, por mérito, viverem as celestes. Justifica-se, assim, serem portadoras de melancolia conventual.
- ➢ Uma vez que somos seres sencientes[71], precisamos da troca de energias, principalmente de polaridades contrárias e complementares, na condição de seres masculinos e femininos. Necessitamos amar e sermos amados, a fim de que a nossa vida expresse objetivos elevados no plano das existências, na condição sagrada de espíritos encarnados.

Podemos então admitir que quem conhece as Leis que regem a Criação e não se trabalha almejando alcançar novos patamares na escala da evolução é portador de consciência rudimentar. Essa pessoa evidentemente ainda não despertou em si o autoamor para ter condições de expandi-lo, amando as demais criaturas e, naturalmente, vincular-se conscientemente ao Criador.

---

[71] Capazes de sentir ou perceber através dos sentidos. Que possuem ou conseguem receber impressões ou sensações.

❀ ❀ ❀

Por termos, neste evento referente a *Cura e Autocura à Luz do Evangelho*, aspirado nos sintonizar com o Cristo para, vivenciando sagradas emoções, despertarmos o nosso Cristo Interno, a nossa Força Superior, observemos a passagem bíblica a seguir:

"O Senhor ressuscitou verdadeiramente e apareceu a Simão." Eles, por sua parte, contaram o que lhes havia acontecido no caminho e como o tinham reconhecido ao partir o pão. Enquanto ainda falavam dessas coisas, Jesus apresentou-se no meio deles e disse-lhes: "A paz esteja convosco!" Perturbados e espantados, pensaram estar vendo um espírito. Mas ele lhes disse: "Por que estais perturbados, e por que essas dúvidas nos vossos corações? Vede minhas mãos e meus pés, sou eu mesmo; apalpai e vede: um espírito não tem carne nem ossos[72], como vedes que tenho." E, dizendo isso, mostrou-lhes as mãos e os pés. (Lucas 24:34-40)

Após três anos de convivência vendo as maravilhas que Jesus realizou, quão inusitadas terão sido as emoções que os discípulos e o povo vivenciaram...

Desenhemos na nossa tela mental o ambiente onde os discípulos estavam reunidos, cujo assunto girava em torno do desencarne do Nazareno Mestre. Eles, tomados pela saudade, reproduzindo passo a passo a luminosa trajetória do Sublime Peregrino, suas angelicais pregações e "miraculosas" curas, além dos fenômenos naturais que provocara.

Então, estando todos em júbilo e tomados pelo divino êxtase, apresenta-Se Jesus-Espírito e lhes diz: *A paz esteja convosco!* Multipliquemos por milhões de vezes e deduzamos a sacratíssima emoção que experimentaram aqueles homens quando Ele disse: *Vede minhas mãos e meus pés, sou eu mesmo; apalpai e vede*[73]*!*

Verdade é que aqueles espíritos ficaram estigmatizados positivamente para a Eternidade. A partir daquele encontro, selaram compromissos com Deus para representarem a Divindade naquela vida e nas demais, tendo o Divino Nazareno como modelo e Guia.

---

[72] É evidente que Jesus-Espírito não materializou um corpo de carne e osso. Ele apenas densificou as energias para tornar-Se visível e audível aos olhos e ouvidos dos Seus discípulos ali reunidos.
[73] Consideremos também apenas uma "materialização fluídica".

✻✻✻

Mesmo agora, mais de dois mil anos depois, com todo o avanço tecnológico e a evolução do pensamento humano-religioso, só entenderá a mensagem a seguir quem estiver despido do preconceito.

No Evangelho constam algumas aparições do Mestre aos Seus simpatizantes, mas em nenhuma ficou registrada a Sua convivência, pós-morte, com Maria, Sua Excelsa Mãe. Por certo, outras visitas foram feitas pelo Amado Mestre a Nossa Senhora. Genaro (São), em nome das Sagradas Fileiras, psicografia de Therezinha Teixeira Pereira de Carvalho, escreveu[74]:

Aos que professam o milagre do Amor, refeito em glória de harmonia, ternura e fé.

E eis que a tosca vivenda, iluminada por etéricos magnetos, fez-se, uma vez mais, projeção no Cosmo-Luz, qual Divina fagulha alavancada para a Eternidade, à semelhança do nascituro e seu coto[75] de sustentação vital.

Naquele sublimado instante, como de muitas outras feitas, fez-se Ele presença viva, embora configurado em sutilíssima essência imaterial, imensurável e incorruptível. Era a própria representação da Divindade Crística[76] contida na Grandeza do Amado Filho, porém não único, posto que outros Lhe teceram o tapete[77].

Como em sacratíssimo aquiescer, até mesmo as pedras ásperas, que se ofereciam à guisa de trilha aos caminhantes que àquela singela habitação se dirigiam, tornaram-se repentinamente lisas, macias e desprovidas dos ressaltos que lhes caracterizavam a passagem acidentada.

O rude revestimento de sombrio tom, numa mistura ocre de grossa argila e saibro inferior, instantaneamente resplandeceu, qual se caiada de pouco estivesse, à espera de Seu Excelso Amo e Senhor.

Os arbustos de frutos secos e as flores esmaecidas pela aridez da terra ingrata subitamente irradiaram cor, vitalidade e gratidão pela inusitada umidade do solo.

[74] Extraído do livro *A Arte de Interpretar a Vida*, do mesmo autor, Editora do Conhecimento.
[75] Resto de vela, de tocha ou de archote. Porção que resta de um membro, ou de um órgão, depois de amputação ou de resseção; cotoco.
[76] Interação do Nazareno Mestre com o Cristo-Pai.
[77] Espíritos que, naquela época, reencarnaram para auxiliar na preparação da estrada por onde o Mestre iria passar.

O poço, de há muito ressequido pela ausência de chuvas e inclemência da tórrida estação, jorrou água por todos os poros, qual cristalina fonte fincada no ocaso.

As aves domésticas e os pássaros livres, que já ameaçavam bater em retirada em face das condições ambientais, nada pródigas em víveres, quase por encanto aquietaram seus instintos e se saciaram diante da abundância ali repercutida.

Assim, tudo se acomodava, se adequava, se apascentava perante a vibrante e magnânima Figura visitante, prestes a adentrar o radioso recinto.

Se o tempo estagnou, não sabemos nem nos é provável confirmar. Entretanto, há que nos propiciar a Luz o perfeito redarguir para, posteriormente, concluir, em saudável consenso: como almado Ser tudo se nos afigurou extraordinário, gigantesco e insólito, porque a limitação carnal assim proclamou, mas os olhos de ver permitiram um concreto registro para, muito mais tarde, promover, em Nós Outros, o transcendente reconhecer[78].

E Ele deslizou suavemente por entre a curiosa natureza que, humílima, O reverenciava, antevendo a beleza do reencontro — Mãe terrena/Filho igualmente terreno, refeito em suprema fluidez, posto que espírito ascensionado.

Havemos, pois, de Lhe reproduzir o colóquio, em sereníssimo diálogo, cujo altíssimo teor repousa placidamente no Sagrado Relicário (A Arca do Desconhecido). Ouçamos:

"Que a Paz Universal esteja convosco, agora, e permaneça nesta morada."

Ela, afogueada pela superior emoção, fazia projetado ao infinito o brilho vítreo do reluzente olhar. Então, em carinhoso gesto, respondeu-Lhe à saudação:

"A Paz, traze-a Vós, ó Mestre de meus caminhos, ainda escuros antes do Vosso prenúncio, mas fartamente iluminados pela Luz de Vossa Face."

A quietude, sem alardes, fez refletir no santificado recinto a radiosidade de Seu Sublime Convidado e tudo, sem exceção, vibrou em sonoridade qual invisível corda tangida pela Eternidade.

Embora o dinamismo ambiental não se pudesse contes-

---

[78] Genaro só conseguiu interpretar o fenômeno físico causado com a aparição do Mestre-Essência após retornar à erraticidade.

Cura e Autocura à Luz do Evangelho · 283

tar, mais que nunca se percebeu a beleza dos rústicos objetos ali dispostos, posto que jaziam na perfeição naturalíssima que o momento enfocava, fazendo destacar--se um belo cacho de uvas douradas, arranjadas com simetria entre as rosadas romãs, aguardando imóveis no tabuleiro que Ele as tocasse, transformando-as em elementos vivificados para todo o sempre.

Restabeleceu-se, então, o diálogo, quando já beirava o meio-dia, confirmado pela posição incidente do sol em vertical.

Novamente, ouçamos:

Ele, respeitoso e terno, proclamou:

— Mãe! Myriam! Mãe que terrena se fez, para miríades se conformar nos séculos e séculos de sustentação da Eterna Fé.

— Haveis, por certo, de igualmente tomar-me por Eterno Filho. Entretanto, vos assevero, em gratíssimo aquiescer:

1 – Não vos confinareis ao exílio da iniquidade na exiguidade do tempo que a Terra contempla e os terrenos ratificam em perpetuação de histórica consecução.

2 – Animai-vos, mulher símbolo da grandeza materna, pois que não existe quilate sobre a face deste planeta que vos possa mensurar a composição, a substância, o conteúdo, o brilho, enfim, o âmago-luz feito e refeito Amor, único Eterno Amor.

3 – Muitos serão por vossa magnitude envolvidos. Mas não vos há de faltar o fel e a amargura dos insensatos ou órfãos da fé, imersos no torvelinho de suas próprias incoerências, relutâncias, inseguranças e precipitações em abismo almado.

4 – Ser-vos-á concedido o cetro de Rainha perante os arroubos da humana confraria cristã terrena, pois que tal doutrina para breve é prenunciada e sua anunciação tomará assento, assegurada em incursões legais, sobre os ombros e cabeça de Pietro. Todavia, patenteado está que, em meio às vossas efêmeras interveniências, junto às decisões emanadas do poder humano-encarnado, muito se modificará, se acomodará ou terão os rumos invertidos em favor da humanidade, especialmente no tocante aos desvalidos, fracos ou oprimidos.

5 – Vossa dilatada consciência, em fluídica abrangência, haverá de promover o reverberar da palavra mansa, saudável, constituída e reconstituída à feição dos ditames

do Cristo-Pai, sem imposição, castigos, tormento almado, fobias, dogmas seculares ou perseguições.

6 – É plausível, nesta hora de tantos desígnios, repetir-vos: a despeito de Vossa Excelsa vontade, em superior conluio com o mais Alto, serão postergados Vossos anseios, posto que à mercê dos poderosos perecerão os fortes e convictos, permitindo o emergir de falsos conceitos e manipuladas falas, em detrimento do verídico que, independente dos desatinos, não se perderá.

7 – Mais ainda Vos desejo assegurar, nesta despedida que não será derradeira: Vossas eventuais ou seguidas aparições, em etérico formato, repercutirão entre povos e nações, positiva e negativamente, o que, por certo, suscitará dúvidas, ansiedades, fidelidade, mandados de comprovação, assentimento como se milagre fosse e, sobretudo, maledicência, castigos, enclausuramentos e matanças de inocentes convictos. Mas acima de tudo e todos haveis de pairar, desprovida de arrogância, soberba ou desamor.

Em Vosso seio materno de clemência e mansuetude haverá de jorrar o bálsamo que ameniza o sofrer, acalentando em doce prelúdio os filhos do Cristo, Senhor de Todos os Mundos.

Abençoai-me em Vosso Eterno Amor, manancial de Eterna Luz.[79]

Para assimilarmos a mudança quimiofísica do planeta (naquela área) quando da presença de Jesus em visita a Maria, a Excelsa Mãe, é preciso silêncio interior.

Senão, vejamos:

As pedras ásperas tornaram-se lisas.
O rude revestimento das paredes da casa de Maria tornou-se alvo.
Os arbustos e as flores subitamente irradiaram cor, vitalidade.
O poço ressequido jorrou água.
As aves se saciaram diante da abundância ali repercutida.

Para aceitarmos tais inusitadas verdades é necessário concebermos que o planeta Terra é o "corpo" do Cristo planetário e,

[79] Esta mensagem também consta no livro *O Evangelho e a Lei de Deus*, do mesmo autor, 3ª edição em 2012, Editora do Conhecimento.

consequentemente, as mudanças notificadas por Genaro foram provocadas pelo próprio Cristo em função de Seu Crístico Filho ter voltado mais uma vez à dimensão material, embora em condição fluídica, para visitar Aquela que seria consagrada a Rainha da humanidade terrena.

Ele, o Anjo orientador da humanidade, *era a própria representação da Divindade Crística contida na Grandeza do Amado Filho, porém não único, posto que outros Lhe teceram o tapete.* Por isso, disse Ele: *Aquele que me viu, viu também o Pai.* (14:9)

Jesus, na *Última Ceia,* esboçou a trajetória do Cristianismo pelo menos sob a vibração do signo de Peixes, no percurso de vinte séculos; aqui, na mensagem dada por Genaro narrando o reencontro com a Divina Mãe, Ele delineou a trajetória de Maria e ainda a cognominou de *A Rainha da Humanidade.*

Se a humanidade tivesse obtido conhecimento da verdadeira vida humana de Jesus, valorizando a tudo e a todos e, sobretudo, reconhecendo o verdadeiro valor da mulher perante os olhos do Criador, é evidente que a sociedade não estaria tão caótica, e boa parcela do universo feminino, sob a influência da *besta apocalíptica*[80] imposta pelo universo masculino durante séculos e milênios de submissão.

O Divino Mestre, conhecedor de todas as Leis da Vida, nesse especial reencontro com a Santíssima Mãe, deu-Lhe um impulso conscientizador, e Ela, espírito angelical, durante as três décadas, aproximadamente, em que permaneceu encarnada após o retorno do Seu Amado Filho ao mundo-luz, acionou a Sua Força Superior, vindo a servir de referencial divino àqueles que A procuravam para refazimento espiritual e esclarecimento sobre o Divino Arauto do Cristo-Pai, Seu amado filho[81].

Verifiquemos como se processa a cura definitiva da alma: o espírito que escreveu a mensagem sobre a visita de Jesus-espírito a Maria, atualmente integrante das Sagradas Fileiras, estava encarnado ali e viu o sacratíssimo episódio. Posteriormente esse espírito reencarnou com o nome de Genaro[82] e dedicou-se ao seu polimen-

---

[80] João, no Apocalipse, previu o estado em que se encontraria a mulher no final do segundo milênio cristão. Se há mais de 2 mil anos a mulher, para aquele povo, não tinha liberdade, valor, peso, nem repercussão político-religiosa, nos nossos dias, o símbolo da divindade na Terra — a mulher — ainda não compreendeu o seu sagrado papel perante os homens, espíritos mais instintivos.

[81] Extraído do livro *O Evangelho e a Lei de Deus*, do mesmo autor, 3ª edição em 2012, Editora do Conhecimento.

[82] Januário (em italiano *Gennaro*), patrono de Nápoles, foi bispo de Benevento no século III. De acordo com a tradição, Januário chamava-se *Prócolo* e pertencia

to espiritual para, melhorando-se, ter condições de ajudar aos seus semelhantes na escala da evolução.

❀ ❀ ❀

Por ser inquestionável o poder sagrado das superiores emoções para a cura da nossa alma e do nosso corpo, extraímos do livro *Boa Nova*, capítulo 30, de Humberto de Campos, psicografia de Chico Xavier, 18ª edição, feita pela FEB, o seguinte:

> Enlevada nas suas meditações, Maria viu aproximar-se o vulto de um pedinte que lhe disse:
> — Minha mãe — exclamou o recém-chegado, como tantos outros que recorriam ao seu carinho —, venho fazer-te companhia e receber a tua bênção.
> Maternalmente, ela o convidou a entrar, impressionada com aquela voz que lhe inspirava profunda simpatia. O peregrino lhe falou do céu, confortando-a delicadamente. Comentou as bem-aventuranças divinas que aguardam a todos os devotados e sinceros filhos de Deus, dando a entender que lhe compreendia as mais ternas saudades do coração.
> Maria sentiu-se empolgada por tocante surpresa. Que mendigo seria aquele que lhe acalmava as dores secretas da alma saudosa, com bálsamos tão dulçorosos? Nenhum lhe surgira até então para dar; era sempre para pedir alguma coisa. No entanto, aquele viandante desconhecido lhe derramava no íntimo as mais santas consolações. Onde ouvira noutros tempos aquela voz meiga e carinhosa?! Que emoções eram aquelas que lhe faziam pulsar o coração de tanta carícia? Seus olhos se umedeceram de ventura, sem que conseguisse explicar a razão de sua terna emotividade.
> Foi quando o hóspede anônimo lhe estendeu as mãos generosas e lhe falou com profundo acento de amor:
> — Minha mãe, vem aos meus braços!
> Nesse instante, fitou as mãos nobres que se lhe ofereciam, num gesto da mais bela ternura. Tomada de comoção pro-

---

à família patrícia dos "Ianuarii", consagrada ao deus Jano. Condenado à morte no ano 305, segundo conta-se, durante as perseguições de Diocleciano, é considerado santo e mártir tanto para as igrejas católicas como ortodoxas. É festejado no dia 19 de setembro, quando se repete o milagre da liquefação de seu sangue, armazenado num relicário.

funda, viu nelas duas chagas, como as que seu filho revelava na cruz e, instintivamente, dirigindo o olhar ansioso para os pés do peregrino amigo, divisou também aí as úlceras causadas pelos cravos do suplício. Não pôde mais. Compreendendo a visita amorosa que Deus lhe enviava ao coração, bradou com infinita alegria:

— Meu filho! Meu filho! As úlceras que te fizeram!

E precipitando-se para ele, como mãe carinhosa e desvelada, quis certificar-se, tocando a ferida que lhe fora produzida pelo último lançaço, perto do coração. Suas mãos ternas e solícitas o abraçaram na sombra visitada pelo luar, procurando sofregamente a úlcera que tantas lágrimas lhe provocara ao carinho maternal. A chaga lateral também lá estava, sob a carícia de suas mãos. Não conseguiu dominar o seu intenso júbilo. Num ímpeto de amor, fez um movimento para se ajoelhar. Queria abraçar-se aos pés do seu Jesus e osculá-los com ternura. Ele, porém, levantando-a, cercado de um halo de luz celestial, se lhe ajoelhou aos pés e, beijando-lhe as mãos, disse em carinhoso transporte:

— Sim, minha mãe, sou eu! Venho buscar-te, pois meu Pai quer que sejas no meu reino a Rainha dos Anjos.

Maria cambaleou, tomada de inexprimível ventura. Queria dizer da sua felicidade, manifestar seu agradecimento a Deus; mas o corpo como que se lhe paralisara, enquanto aos seus ouvidos chegavam os ecos suaves da saudação do Anjo, qual se a entoassem mil vozes cariciosas, por entre as harmonias do céu.

No outro dia, dois portadores humildes desciam a Éfeso, de onde regressaram com João, para assistir aos últimos instantes daquela que lhes era a devotada Mãe Santíssima. Maria já não falava. Numa inolvidável expressão de serenidade, por longas horas ainda esperou a ruptura dos derradeiros laços que a prendiam à vida material.

A alvorada desdobrava o seu formoso leque de luz quando aquela alma eleita se elevou da Terra, onde tantas vezes chorara de júbilo, de saudade e de esperança. Não mais via seu filho bem-amado, que certamente a esperaria, com as boas-vindas, no seu reino de amor; mas extensas multidões de entidades angélicas a cercavam cantando hinos de glorificação.

Com a nossa capacidade criativa, desenhemos o quadro de

paradisíaca beleza quanto ao que aconteceu no instante em que Maria recebeu tão nobre visita — a do seu filho amado— Jesus de Nazaré.

Imaginemos:

> ➤ A corte formada pelos Anjos que acompanharam Jesus naquela inusitada visita.
> ➤ A Luz de angelical beleza que Maria contemplou.
> ➤ O Júbilo de Maria com a divinal e angelical presença.
> ➤ A lindíssima orquestra formada pelos Anjos da música para receber a Rainha da Humanidade na dimensão da Esfera dos Amadores.
> ➤ A chegada da Santíssima Mãe ao outro lado da vida.
> ➤ A esfuziante alegria de todos ao vê-La caminhando pelo tapete azul na dimensão dos espíritos angelicais, pintalgado com pontos dourados e com franjas rosa, ladeado por um jardim de agapantos, indo em direção a uma ambiência de aromas edênicos.
> ➤ A salva de palmas dada pelos Anjos da beleza deixando Maria em estado extático contemplando o azul do Universo estelar.

É saudável nos projetarmos para os ambientes e as dimensões em que vivem os espíritos graduados à amplitude do amor universal.

O sentido sagrado da vida – Refletindo sobre os apontamentos de *Cura e Autocura à Luz do Evangelho*, é possível tirarmos ilações quanto à viagem que fizemos em direção ao nosso Eu Superior.

Nessa luminosa viagem:

> ➤ Projetamo-nos para as esferas das consciências angelicais, arcangélicas e as demais de níveis evolutivos superiores, o que fez brotar do nosso íntimo a sagrada vontade de aprimorarmos a nossa moral para eticamente vivermos em melhores condições.
> ➤ Fomos despertando o nosso Cristo Interno visando transformar as nossas potencialidades divinas em ações consequentes, para nos tornarmos mais expressivos na condução da vida.
> ➤ Concluímos que o amor é o remédio mais eficaz para a nossa alma e para o nosso corpo. Que seguindo a Lei do Amor teremos as forças-energias do Universo agindo cristicamente a nosso favor.

Assim, baseado nas Leis do Supremo Legislador — Deus —, *Cura e Autocura à Luz do Evangelho* tem o perfume do imaculado lírio expressando paz. A cor verde da esperança para nos mantermos em sintonia com o Cristo. A cor rosa do afeto para dilatarmos a nossa capacidade de amar, e a azul do *religare* para, na condição de *Filhos Pródigos*, trabalharmos conscientemente a nossa **Reversão**, o nosso retorno ao Criador.

É um livro que vai, suavemente, nos conduzindo a sentir Deus — o Criador da Vida... Vai despertando da nossa latência o nosso Cristo Interno para melhor identificarmos o Cristo-Pai.

Capítulo 25
Os Adventos Crísticos e a autocura

Pergunta: Que correlação existe entre os Adventos Crísticos e a autocura?

Resposta: *A implantação dos* **Adventos Crísticos** nesta fase de Transição Planetária obedece a um Planejamento Sideral voltado para a Terra. Portanto, não é um acontecimento aleatório no Universo, mas a consolidação do programa espiritual do nosso mundo que, pela Lei da Evolução, está sendo promovido à condição evolutiva de escola secundária, independentemente do número de espíritos que se graduaram, pois se trata de uma Constante Universal — exilar para outros mundos os alunos não qualificados para o novo curso.

Assim, desde a gênese da Terra os Engenheiros Siderais calcularam as suas mudanças naturais — geoquímica[83] e geofísica[84] —, além do que, mapearam e inseriram na dinâmica dos seus movimentos astronômicos os principais acontecimentos e eventos para entrarem em vigor em tempos previamente estabelecidos. Pelos cálculos, em função de a massa planetária sofrer aceleração nos seus movimentos em função da sua idade, eles sabiam que, nesta época, nosso atual orbe completaria mais uma volta de 25.920 anos terrenos em torno do zodíaco e, também, que terminaria o curso primário da sua humanidade no final do signo de Peixes.

Por sabermos que a doença do corpo é efeito do desequilíbrio da alma, de agora em diante — Era do Mentalismo —, todo empenho da espiritualidade superior que coordena a vida da sociedade terráquea estará voltado para a cura da alma, considerando que a cura do corpo é consequência.

---

[83] Parte da geofísica que estuda o modo como agem os elementos químicos na Terra, incluindo a crosta terrestre, a biosfera, a litosfera, a hidrosfera e a atmosfera.
[84] Ciência que estuda os fenômenos físicos que afetam a Terra.

Após a higienização apocalíptica:

➢ O espírito que, por mérito, continuar reencarnando na Terra, investirá os seus recursos maciçamente na terapêutica moral para elevar a sua frequência mental e, com mais abrangência, sentir o Cristo-Pai.

➢ Na Terra não ficará uma só criatura portadora de energias tóxicas em grande escala: aquelas que são geradas pelos vícios, pela vida mental desarmonizada em função das emoções primárias e, também, devido à predominância da ancestralidade animal. Tais espíritos, inexoravelmente, deixarão a Terra.

➢ No terceiro milênio, o espírito terreno, mais consciente e conhecedor do sentido sagrado de existir para evoluir e ascender, estará atento à Lei de Causa e Efeito. Será comedido nas suas ações e avaliará as consequências antes de entrar em ação. Sem os recalques trazidos de outras vidas, evitará investir em causas que produzam efeitos danosos para a alma.

➢ Em função da evolução espiritual, haverá a progressiva diafaneidade[85] da tessitura perispiritual, e o corpo biológico estará progressivamente se quintessenciando[86], o que significa dizer que vai deixando de contrair doenças.

➢ Com o corpo perispiritual mais rarefeito, não daremos vazão ao atavismo, com comportamento que se reporta aos milênios vencidos — épocas em que, em função da nossa ignorância espiritual, praticávamos ações animalescas e nos empolgávamos com as emoções rudes, pois desprovidas dos princípios ético-morais.

➢ O ser humano, que naturalmente passará a ter vida mental povoada pelas paisagens que ensejam sublimes emoções, não se deterá nas causas menores da vida, porque estará trabalhando com afinco e dedicação no seu polimento espiritual.

➢ Como sem ação negativa não há reação carregada de dores nem de sofrimentos — e bem sabemos que as doenças são dela efeitos —, os **Adventos Crísticos** conduzirão os seres humanos a investir nos conhecimentos libertadores e, de maneira suave e harmônica, se entregar às emoções superiores que deixam a alma em estado de êxtase divino.

Conclui-se, dessa forma, o porquê de a Espiritualidade Superior anunciar que é chegado o momento de renovar o Cristianismo. Com as luminosas consequências, considerando que o ser humano

---

[85] Transparência; qualidade do que permite a passagem da luz. Característica ou condição do que é diáfano, translúcido.
[86] A parte mais pura de um todo.

pautará a sua vida seguindo os princípios superiores contidos no Evangelho cristão, as doenças diminuirão gradualmente e serão extintas quando o espírito estiver plenificado, ou seja, quando tiver adquirido a *misericórdia do ver, ouvir e falar.*

Pergunta: Por que o Espiritismo não divulga as profecias nem o momento apocalíptico que a sociedade está vivendo?
Resposta: Desconhecemos a razão, mas consta no livro *Gênese* de Allan Kardec, capítulo XVIII, Editora do Conhecimento, o seguinte:

A geração nova

Para que na Terra sejam felizes os homens, preciso é que somente a povoem Espíritos bons, encarnados e desencarnados, que somente ao bem se dediquem. Havendo chegado o tempo, grande emigração se verifica dos que a habitam: a dos que praticam o mal pelo mal, ainda não tocados pelo sentimento do bem, os quais, já não sendo dignos do planeta transformado, serão excluídos, porque, senão, lhe ocasionariam de novo perturbação e confusão e constituiriam obstáculo ao progresso. Irão expiar o endurecimento de seus corações, uns em mundos inferiores, outros em raças terrestres ainda atrasadas, equivalentes a mundos daquela ordem, aos quais levarão os conhecimentos que hajam adquirido, tendo por missão fazê-las avançar. Substituí-los-ão Espíritos melhores, que farão que reinem em seu seio a justiça, a paz e a fraternidade.

... A Terra, no dizer dos Espíritos, não terá de transformar-se por meio de um cataclismo que aniquile de súbito uma geração. A atual desaparecerá gradualmente e a nova lhe sucederá do mesmo modo, sem que haja mudança alguma na ordem natural das coisas.

... Tudo, pois, se processará exteriormente, como sói acontecer, com a única, mas capital diferença, de que uma parte dos Espíritos que encarnavam na Terra aí não mais tornarão a encarnar.

... A época atual é de transição; confundem-se os elementos das duas gerações.

... Natureza das disposições morais, porém sobretudo das disposições intuitivas e inatas, torna-se fácil distinguir a qual das duas pertence cada indivíduo.

... Cabendo-lhe fundar a era do progresso moral, a nova geração se distingue por inteligência e razão geralmente precoces, juntas ao sentimento inato do bem e a crenças espiritualistas, o que constitui sinal indubitável de certo grau de adiantamento anterior. Não se comporá exclusivamente de Espíritos eminentemente superiores, mas dos que, já tendo progredido, se acham predispostos a assimilar todas as ideias progressistas e aptos a secundar o movimento de regeneração.

Certo é que a falta de divulgação por razões quaisquer não alterará o momento histórico da Terra, o momento de Transição Planetária, o momento de *separação do joio do trigo*.

Pergunta: Tendo em vista que é Constante Universal os espíritos evoluídos valorizarem as emoções humanas, aquelas que exaltam a vida, de que forma os Adventos Crísticos, por serem uma proposta do pilar religioso, causarão empolgação à sociedade, envolvendo os demais pilares?

Resposta: O movimento adventista é globalizador e procura conscientizar o homem-espécie independentemente do pilar da sua atuação temporária, tendo em vista que se mede o grau de evolução das criaturas pelas suas ações e reações, e não pelos seus rótulos externos.

As pessoas de intenções nobres:

➢ Naturalmente, nas suas ações estarão imbuídas de sentimentos elevados, o que lhes faculta serem amparadas pelas forças da Natureza. Nesse caso, a intenção se sobrepõe à evolução, considerando que a energia-força dos portadores de propósitos crísticos parte do coração, do sentimento elevado.

➢ São portadoras, como todo indivíduo, dos Atributos da Divindade Suprema — Deus —, e cabe a elas usar os seus divinos *talentos* de forma que, em cada ação, não haja escassez de amor e, assim, recebam o retorno em forma de reação benfazeja — aquela que empolga a alma para que ela viva sorrindo porque em paz interior e harmonizada com as Leis da Vida.

➢ Espiritualmente graduadas a ponto de conceberem que são eternas e imortais, sentem-se herdeiras do Universo Estelar, o que lhes é primoroso para manter a saúde psicoemocional e corpórea, tendo em vista que tais almas, por não se autoconsumirem remoendo as lembranças infelizes mantêm quietude no seu mundo íntimo.

Fica claro que a motivação revestida com o magnetismo do entusiasmo para abraçarmos o proposto pelo Cristianismo Renovado advirá pela lógica, e não pelo pilar que as pessoas abraçarem.

Pergunta: Pelo exposto, devemos entender que os Adventos Crísticos não se deterão nas doenças biológicas das criaturas?

Resposta: É proposta dos Adventos do Cristo-Pai conduzir a sociedade a praticar a medicina preventiva, erradicando da alma humana condutas que contrariam as Leis do Legislador Supremo — Deus.

Assim é que:

> ➢ A criatura com a mente povoada pelos clarões da imortalidade e da vida eterna não tem conduta antivital, não tem ações que contrariem os princípios ético-morais que constam no Evangelho do Nazareno Mestre — a síntese das Leis de Deus. Como consequência, não sofrerá efeitos em forma de doenças e tantos outros males comuns aos que ignoram a Lei de Ação e Reação, ou que agem querendo desafiar as Leis do Criador.
> ➢ O indivíduo, após conceber, verdadeiramente, que é um ser cósmico, mantém as mais maravilhosas paisagens na tela mental, não necessitando de, periodicamente, ser acometido por doenças físicas, emocionais nem espirituais para fazer um saneamento psíquico e substituir valores em função da evolução dos novos tempos sob as vibrações e o magnetismo de Aquário.
> ➢ As pessoas que concebem a eternidade são alegres, otimistas, portadoras de autoestima, e não se permitem a morte interior causada pela tristeza, pelo pessimismo, pelo desestímulo, o que é comum a quem, covardemente, não *coloca sua luz sobre o candelabro para iluminar outras consciências.* Preferem *colocá-la debaixo do alqueire.*

Com os **Adventos Crísticos** se detendo nas doenças da alma no sentido de conscientizá-la da premente necessidade de ela se autoevangelizar, as do corpo ficam em segundo plano, o que é sobejamente compreensível, pois já assimilamos a assertiva que diz: *Alma sã, corpo são.*

É nossa tarefa:

Cura e Autocura à Luz do Evangelho

- Aprendermos a conviver com as diferenças, mantendo-nos intimamente equilibrados para que permaneçamos pacíficos diante das nossas imperfeições e das alheias.
- Sermos entusiastas e simpáticos, portadores de semblante agradável para angariarmos simpatizantes à causa do Cristo-Pai, considerando que fica sem sentido alguém representar a Divindade com cenho carregado, demonstrando desarmonia íntima. Dessa forma, pelo processo da empatia, estaremos interagindo com os nossos semelhantes e recebendo deles uma cota extra e especial de magnetismo divino.
- Desapegarmo-nos de tudo que possa nos prender à dimensão da forma, tendo em vista que, além de obstruir a nossa audição mental impedindo-nos de ouvir as maviosas melodias dos planos paradisíacos, também ofusca a nossa visão transcendente, impossibilitando-nos de contemplarmos não só a beleza dos espaços siderais no plano da existencialidade como também aquelas nas dimensões da essencialidade habitadas pelos espíritos luminosos.

Por ser da Lei de Deus que as doenças do corpo são efeitos das doenças da alma, persigamos o nosso autoconhecimento para termos condições reais de autoenfrentarmo-nos com fisionomia agradável, convictos de que o Plano Celeste é conquistado por nós no Plano Terrestre.

Pergunta: Devido a serem as doenças efeitos de causas pretéritas, de que maneira os Adventos Crísticos, propondo à sociedade renovar o Cristianismo, vão atuar na alma, a fim de que ela não gere carma negativo e, consequentemente, as doenças?
Resposta: Existem milhões de espíritos desencarnados agarrados aos seus bens materiais. Eles não assimilaram o que consta em Mateus 6:21, que diz: *Porque, onde estiver o teu tesouro, aí também estará o teu coração.* Certo é que grande percentual das nossas doenças são geradas devido ao nosso apego aos valores transitórios do plano da relatividade. Atribuímos valores excepcionais ao que não tem valor para libertar o espírito das reencarnações compulsórias.

> Não ajunteis para vós tesouros na terra, onde a ferrugem e as traças corroem, onde os ladrões furtam e roubam. Ajuntai para vós tesouros no céu, onde não os consomem nem as traças nem a ferrugem, e os ladrões não

furtam nem roubam. Porque onde está o teu tesouro, lá também está teu coração. (Mateus 6:19-21)

Após a varredura apocalíptica:

➤ O sentimento moral que o espírito terreno desenvolveu no signo de Peixes será colocado, naturalmente e com maior amplitude, na pauta da vida, em Aquário. Ele, sem as formas de pensamento criadas pelos portadores de insalubridade psíquica, sentir-se-á em melhores condições para expressar suas habilidades emocionais e espirituais sem se comprometer com a Lei da Evolução gerando carma negativo.

➤ Em torno da Terra, sem o teor energético de nível inferior criado pelos encarnados e desencarnados de pouca evolução, uma vez que tais espíritos serão exilados para outros mundos, tudo ficará magnificamente melhor. Com a psicosfera sem os espíritos vencidos por vícios, mágoas, rancores, tristeza, nem os tombados pelo sentimento de culpa, os que continuarem neste abençoado orbe com muito mais facilidade atenderão ao Cristotropismo e se motivarão para conviver com as superconsciências angélicas e arcangélicas.

➤ A pessoa motivada para trazer à tona as suas divinas potencialidades desbloqueará o campo das emoções negativas armazenadas e passará a ouvir com o coração as melodias da Criação. Dessa forma, irá se distanciar da faixa vibratória em que funciona apenas a razão, que impede a propagação das ondas dos sentimentos elevados, das ondas do amor puro.

Pergunta: No livro **Adventos Crísticos**[87]*, muitos dos espíritos integrantes das Sagradas Fileiras têm funções específicas. Qual a tarefa de Ramatís no programa de renovação do Cristianismo?*
Resposta: Durante o percurso do signo Áries, o maior percentual da sociedade muito infantil quanto aos Haveres Celestes precisava de orientações para a rotina da vida, logicamente sem grandes elucubrações teológicas ou científicas que projetassem o ser humano para vislumbrar a Eternidade, considerando que a maioria dos espíritos terráqueos eram incipientes. No entanto, durante os últimos 2.160 anos percorrendo o signo de Peixes, a Terra recebeu grandes luminares como instrutores espirituais.

[87] No livro *O Fim dos Tempos e os Discos Voadores*, do mesmo autor, **EDITORA DO CONHECIMENTO**, constam magníficos ensinamentos referentes não só aos acontecimentos geofísicos da massa terráquea como também cita a participação dos discos voadores intraterrenos e interplanetários.

Cura e Autocura à Luz do Evangelho

Durante o nosso curso primário, as religiões adotaram dogmas, rituais infantis, imagens, objetos "sagrados", talismãs, bentinho[88]. Tudo é válido quando a intenção é nobre. Entretanto, para os alunos do curso secundário terreno, o foco será trazer ao consciente o Cristo Interno, a Força Superior, a Força da Alma, evidentemente sem os amuletos externos nem os condicionamentos psicológicos.

Doravante, esses mesmos espíritos que orientaram a humanidade no passado já não se dedicarão às causas menores do dia a dia como se as pessoas fossem apenas seres existenciais. Isso porque, como a Terra está sendo promovida à condição de escola secundária, logicamente a grade curricular objetivará, acima de tudo, a essencialidade.

Assim é que, quanto a Ramatís:

> O seu foco central é orientar o espírito humano a trazer da sua latência os Atributos Divinos, a fim de que se conscientize de ser portador da Onisciência, Onipresença e Onipotência de Deus.
> Por já ter visão mais dilatada num nível de identificar e se emocionar divinamente com a magnificente obra do Supremo Arquiteto do Universo, o sagrado empenho de Ramatís é voltado para abrir a cosmicidade da nossa consciência na condição de seres universais, eternos e imortais.
> Ramatís, por ter galgado a ascensão em nível superior na escala da evolução, encontra-se liberto das reencarnações compulsórias. Assim é que, por usufruir das dádivas celestes, ele investe maciçamente na nossa evolução moral, ensinando-nos e incentivando-nos no sentido de adquirirmos, meritoriamente, a *misericórdia do ver, ouvir e falar.*

Ramatís, espírito ascencionado, com suas experiências no espaço sideral, procura incessantemente iluminar a trajetória do espírito terráqueo.

Pergunta: Por que espíritos da hierarquia de Ramatís dão tanta importância à misericórdia?

Resposta: Aqui na Terra temos apenas noções teóricas sobre a dedicação de espíritos evoluídos, ascensionados, angélicos, arcangélicos e os demais das superdimensões às causas que vão muito além das nossas necessidades existenciais. Afirmam os integrantes

---

[88] Objeto de devoção: quadradinhos de pano bento, com orações escritas e uma relíquia; breve, escapulário, patuá.

das Sagradas Fileiras que a *misericórdia do ver, do ouvir e do falar* é caminho único rumo à ascensão. Logicamente, não existe um só espírito que tenha adentrado os pórticos celestiais antes de ter se graduado na *misericórdia dos três sentidos do consentimento divino.*

Assim é que, estando a humanidade terrena iniciando o seu curso secundário, espíritos das hierarquias superiores, como é o caso do mestre Ramatís, já não trarão à nossa dimensão ensinamentos de nível primário.

Pergunta: Hercílio Maes, médium de Ramatís durante décadas, desencarnou em 1993. Sabemos que os Mestres Ascensionados não param de trabalhar. Atualmente, por onde anda Ramatís?

Resposta: Ramatís faz parte da Sacra Ordem Espiritual como integrante das Sagradas Fileiras em nível hierárquico superior, e trabalha para implantar os **Adventos Crísticos** na Terra.

Perguntei a ele:

1. Por onde andas?
2. O que fazes na proposta dos **Adventos Crísticos**?
3. Faz parte do teu programa reencarnar na Terra?

Em 4 de agosto de 2015, através da psicografia de Ana Maria de Farias Almeida, ele respondeu-me:

Caro Irmão,

1. Movo-me ora, em grande caravana, da Ordem de Ursa Maior[89] a direção determinada, coordenando o transporte de provisões energéticas que serão armazenadas nos grandes silos de UR[90], que servirão de base receptora e distribuidora dos elementos químicos necessários à sustentação física do planeta Terra.

2. Este trabalho consta do Planejamento dos **Adventos Crísticos** como parte alternativa.

3. A resposta à tua última pergunta dependerá do resultado desta empreitada.

[89] Uma nova imagem divulgada pela agência espacial norte-americana (Nasa) mostra a galáxia NGC 2841, uma espiral localizada na direção da constelação da Ursa Maior. O conjunto de estrelas está a 46 milhões de anos-luz de distância da Terra. Fonte: Wikipédia.
[90] Busquemos nos ensinamentos da astronomia mais informações sobre UR.

Observemos a linguagem transcende à nossa percepção espiritual e ao nosso entendimento intelectivo, considerando que, de um modo geral, o espírito terráqueo é voltado para a objetividade. Assim é que tudo, ou quase tudo, que vai além do nosso agora parece um tanto quanto utópico.

Quando Ramatís escreveu: *Movo-me ora, em grande caravana, da Ordem de Ursa Maior a direção determinada, coordenando o transporte de provisões energéticas que serão armazenadas nos grandes silos de UR, que servirão de base receptora e distribuidora dos elementos químicos necessários à sustentação física do planeta Terra*, nos dá uma noção da grandeza desse espírito. E no entanto, nós, que não temos visão panorâmica para vislumbrarmos, pelo menos na imaginação, a tarefa que Ramatís e sua equipe estão realizando entre a Terra e Ursa Maior, ou seja, *transportando elementos químicos necessários à sustentação física do planeta Terra*, evitemos aprisioná-lo nas questões menores ensejadas pelos religiosos sem religiosidade.

Ramatís é luz, e encontra-se de mãos dadas com Jesus — o Grão-Mestre do Cristianismo Renovado[91] — e com os Grandes Luminares responsáveis pela implantação dos **Adventos Crísticos**. Ele nos causa enlevo, entusiasmo, motivação íntima para continuarmos empenhados nessa causa evangélica — a implantação e divulgação dos Adventos do Cristo-Pai.

Pergunta: Visto que Ramatís integra a Corte Superior dos espíritos responsáveis pela implantação dos Adventos Crísticos, por que ele mesmo nunca citou que o Cristianismo seria renovado, considerando as décadas que trabalhou mediunicamente com Hercílio Maes?

Resposta: No mundo espiritual superior há muita disciplina. Ramatís, embora seja um Mestre Ascensionado, além de obedecer às hierarquias superiores a ele, aguarda o tempo adequado para anunciar os eventos siderais voltados para a Terra. Também é preciso considerarmos que não temos muita capacidade para interpretar mensagens proféticas. Haja vista o que consta no livro *O Sublime Peregrino*, 1ª edição em 1964, de Ramatís, psicografia de Hercílio Maes, capítulo "Jesus e os Relatos dos Quatro Evangelhos", 17ª edição da Editora do Conhecimento. Escreveu ele:

---

[91] *Cristianismo Renovado* é também o título de um dos livros da série **Adventos Crísticos**, do mesmo autor, **EDITORA DO CONHECIMENTO**.

No entanto, aproxima-se a época em que os relatos evangélicos serão escoimados de suas incongruências e interpolações interesseiras, surgindo a limpidez da movimentação e do pensamento exato de Jesus. Os espíritos superiores, desde o início deste século[92], confiando na sensatez e lógica da doutrina espírita, acertam os valores mediúnicos que, pouco a pouco, revelarão a verdade cristalina da vida do Espírito mais sábio e justo que viveu na Terra, sem derrogar as leis e os costumes normais da vida humana. A colcha de retalhos, mitológica e ilusória, tecida por interesses religiosos para encobrir a verdade, será removida, surgindo o Jesus Angélico, mas despido de lendas, mitos e de crendices dogmáticas do passado.

Verdade é que Ramatís sinalizou que o Cristianismo seria renovado, mas ninguém poderia imaginar que ele estaria se referindo à implantação dos **Adventos Crísticos**, cujo foco central é exatamente trazer ao conhecimento da humanidade a verdadeira palavra proferida pelo Nazareno Mestre, há 2 mil anos, conforme consta em *A Arca do Desconhecido*[93], descrito no livro *Adventos Crísticos*[94].

Ramatís, em resposta à minha pergunta, mesmo tendo usado linguagem "técnica", visa despertar as nossas emoções superiores pela logicidade da Lei do Criador. Ele nos conduz a vislumbrarmos as magnificentes belezas panorâmicas do Universo Criado, e espera que, por esforço pessoal e motivados pela causa evangélica, projetemo-nos para as dimensões luminosas em que as emoções curam alma e corpo.

Certo é que os espíritos superiores integrantes das Sagradas Fileiras, tendo Silvestre como porta-voz, entre os anos de 1990 e 2000, ditaram por volta de setecentas mensagens psicografadas por Therezinha Teixeira Pereira de Carvalho. Dessas mensagens geramos, até o momento, nove livros, os quais tratam da implantação dos **Adventos Crísticos** na consciência do conjunto planetário.

❋ ❋ ❋

Pergunta: Ainda dentro da proposta adventista, gostaría-

---

[92] Século XX.
[93] Livro sagrado existente na Plano Espiritual e também guardado a sete chaves no Vaticano, conforme descrito no livro *Adventos Crísticos*, do mesmo autor, Editora do Conhecimento. Em 2015 o autor enviou quatro exemplares do referido livro, 3ª edição em 2013, para Sua Santidade, o papa Francisco, e obteve documento acusando o recebimento, emitido pela Secretaria de Estado do Vaticano.
[94] Livro do mesmo autor, **EDITORA DO CONHECIMENTO**.

mos de saber se Silvestre — porta-voz das Sagradas Fileiras — deixa transparecer mais a razão ou mais a emoção?

Resposta: Ele, graduado à religiosidade, se apresenta na roupagem do pilar religião, o que o credencia a, naturalmente, dar vazão ao sentimento com mais amplitude, quando comparado às elucubrações intelectivas.

Observemos nas duas mensagens a seguir, ditadas por ele, na sua condição de porta-voz das Sagradas Fileiras, que a emoção é progressiva, pois acompanha a evolução espiritual. Em outras palavras: quanto mais o espírito dilata a sua consciência, mais se emociona com as magníficas obras do Criador.

Assim foi que, quando começamos a receber de Silvestre as primeiras mensagens, ainda sem um parâmetro que pudesse nos nortear com segurança, intuitivamente senti vontade de perguntar-lhe se ele seria o meu guia espiritual, ao que ele, em 22/05/1990, em nome das Sagradas Fileiras, através da psicografia de Therezinha Teixeira Pereira de Carvalho, escreveu:

> Irmão querido,
>
> Doce enlevo emana desta ambiência de Luz. Sublima-nos o espírito o suave cântico de Fé. Agradecemos toda esta cuidadosa preparação que promove o refrigério de nossa alma em ascensão. É belo, é tênue e tranquilizante o que ora nos ofertam tu e teus discípulos.
>
> Honra-me sobremaneira teu singelo desejo que me colocas neste momento, em pueril e singelo questionamento. De ti espero sempre o melhor, e mais sincero argumento. Ouso dizer-te que quase desço à condição de "mortal" para desfrutar do "orgulho" de ser teu "orientador". Todavia, o que ainda não percebes é que tal graça me foi concedida, com tua superior permissão. O fato de estar eu, teu eterno vassalo[95], sobreposto a outro plano não significa uma efetiva "superioridade" sobre ti, encarnado e terreno. Ao contrário, guia-me a tua consciência altaneira, de há muito voltada para os desígnios do Pai. Enaltece-me o Ser, em franco júbilo, poder nortear teus passos com a permissão de outros magnânimos confrades, teus Mestres e Amigos[96].

[95] Na época do papa Silvestre I, eu era um pregador do Evangelho cristão por nome Elias, e fui perseguido pelo papa através dos seus assessores. Daí Silvestre usar "teu eterno vassalo". Graças a Deus já nos reconciliamos. (N. A.)
[96] Foram muitos os Mestres que me orientaram na sequência reencarnatória, e

Johannes[97] vibra na emoção da grandeza de tua alma, e derrama sobre tua cabeça e tua destra os fulgurantes raios feitos de Luz e Amor. Todos em "voto unânime" consagram a mim teu "Espírito Luz". Amparam-me neste propósito, porque concebem em todo o meu ser a "Glória" de ser teu "Condutor". Aquele que mais de perto te toca o coração[98] agradecido e devoto, aureolado em Luz, **passa-me, agora, o velho e sagrado bastão**. Tenho tanto a te falar sobre tão altíssima concentração, mas embarga-me a *"humana emoção"*.
Anseio por conduzir-te nas asas do saber! Contigo Estou! Somos pelo Amor do Cristo, Senhor Nosso e Nosso Irmão Maior. (Silvestre)

Silvestre notifica a emoção que sentiu ao receber do Velho Mestre, nosso *Sol Excelso*, o bastão para conduzir os **Adventos Crísticos** e a mim.

Em outras mensagens, ele mesmo considerou deficiente a encarnação de quando foi papa entre os anos 314-335.

Posteriormente Silvestre reencarnou como discípulo de Francisco de Assis, mas não obteve integral sucesso, e teve que retornar *antecipadamente à pátria espiritual muito jovem, conforme descrito no livro Adventos Crísticos*, capítulo 71, 4ª edição em 2017, Editora do Conhecimento.

Valendo-me do item da mensagem em que Silvestre escreveu: *Tenho tanto a te falar sobre tão altíssima concentração, mas embarga-me a "humana emoção"*, continuei querendo saber mais detalhes sobre aquele sagrado evento, em 26/06/1990, em psicografia de Therezinha Teixeira Pereira de Carvalho, ele escreveu:

Filho[99],

Suave é o sibilar dos silfos nas esferas magnéticas que nos rodeiam, abrindo-nos à completa sintonia, onde

---

que continuam me orientando. É salutar! É altamente gratificante sabermos que estamos sob os auspícios de espíritos ascensionados! De espíritos empenhados na implantação dos Adventos Crísticos. (N.A.)

[97] Refere-se a João, o Evangelista, posteriormente Francisco de Assis — o Radioso FRANCIS.

[98] Refere-se ao Sol Excelso, meu Velho Mestre e Dileto Amigo — Pai Joaquim de Aruanda —, aquele que através de milênios, eras e ciclos planetários tem me amparado, na Terra e em outros mundos. (N.A.)

[99] Observemos que, a partir daquele emocionante instante, Silvestre passou a me chamar de "filho".

Cura e Autocura à Luz do Evangelho

agora percebo o cântico de tão belas notas e superior vibração, que deste Reduto nos chega, envolvendo-nos. Caríssimo, quando me dizes que a emoção foi tua, mais uma vez dás prova de tua humildade e desprendimento. Na verdade, bem sabes que tu e nosso par receptor[100] receberam o reflexo, e tão somente o reflexo da imensurável emoção que nos envolveu a todos aqui reunidos, nesta Assembleia de magnífica Luz, tamanho o fulgor que de mim emanou ao receber o teu testemunho de fé e sublime amor[101]. Acredito que tenha sido indescritível aos olhos e ouvidos humanos (encarnados), daí a necessidade imperiosa que senti, e ainda sinto, de descer à condição de mortal, para dar vazão à superior alegria, quase êxtase de que fui tomado. As emanações da mais pura e real felicidade foram de tal maneira fulgurantes que todos quedaram genuflexos ante a presença Divina que se fez ao meu lado, em razão de ti, e por tua glória e minha total remissão. Dele (do Nazareno Mestre) ouvi a suprema **absolvição**, em nome do amor que após tantos anos terrenos finalmente expressavas[102] em palavra, pensamento e ação. Estava constituída a força trina[103] que nos traria àquele conclave a Divina Presença para, em presença viva, ministrar-me, em teu nome e por teu consentimento, a comunhão, a união, e o comando. Disse-me Ele: "A triologia tu fizeste por merecer. Faça-se a luz, em nome do Cordeiro de meu Pai"[104].

Perdoa-me, filho, mas hoje é um dia muito especial. Não foi possível satisfazer-te os demais questionamentos. Falo-te Dele[105] como a ninguém pude antes falar, pois só agora O vejo realmente e sinto Sua Força Universal!

---

[100] A triologia foi formada por Silvestre, porta-voz das Sagradas Fileiras, Therezinha, a psicógrafa, e por Adolfo, o divulgador da proposta adventista.

[101] A emoção que todos que estavam no ambiente sentiram não tenho palavras que possam expressar.

[102] Na época em que Silvestre era papa, entre os anos 314 e 335, o autor era um pregador leigo do Evangelho de Jesus, por nome Elias. O papa, através dos seus assessores, combatia a pregação de Elias, e os dois se comprometeram com as Leis de Deus, conforme descrito no livro *Adventos Crísticos*, do mesmo autor. Quase 1.700 anos depois, Elias, atualmente na personalidade de Adolfo, conseguiu perdoá-lo. Daí Silvestre ter escrito: "Dele (do Nazareno Mestre) ouvi a suprema **absolvição**, em nome do amor que após tantos anos terrenos finalmente **expressavas** em palavra, pensamento e ação." Silvestre refere-se ao meu perdão quando, na presença do Velho Mestre e do Nazareno Mestre, no plano espiritual, nos reconciliamos. (N. A.)

[103] Força trina ou trilogia formada com Silvestre, Therezinha e Adolfo, conforme descrito no livro *Adventos Crísticos*.

[104] Palavras de Jesus dirigidas a Silvestre.

[105] Jesus.

Somos pelo Amor do Cristo, Senhor Nosso e Irmão Maior! (Silvestre)

Não tenho alcance para grafar a *imensurável emoção* que Silvestre sentiu e com cuja essência lirial impregnou-me ao ouvir do Nazareno Mestre a *suprema absolvição* acompanhada da crística sentença: *A triologi, tu fizeste por merecer. Faça-se a luz, em nome do Cordeiro de meu Pai.*

Realmente, no momento em que Silvestre ditou a mensagem, todos que estavam no ambiente foram tomados por sagrada emoção, mesmo sem saberem o teor da orientação que estava sendo psicografada por Therezinha Teixeira Pereira de Carvalho.

Diante do inusitado momento em que usufruímos daquelas benesses espirituais, só me restou orar. Orar ao Cristo-Pai e agradecer pela oportunidade de viver tão saudáveis e luminosos instantes; momentos sacratíssimos que ficarão gravados na minha alma para a eternidade. E também agradecer ao Sublime Anjo Planetário — Jesus de Nazaré — pela sagrada oportunidade de me permitir participar da implantação dos **Adventos Crísticos**, tendo Silvestre para mais de perto me guiar.

Os Adventos Crísticos e a autocura – Após essas reflexões de amplitude cósmica, entabulemos um diálogo com o Nazareno Mestre e falemos para Ele das nossas novas aspirações enquanto encarnados.

Sem receios:

- Conversemos com Ele sobre a ampliação da nossa percepção sobre o sentido sagrado da vida durante a leitura-estudo de *Cura e Autocura à Luz do Evangelho*, e a nossa vontade de nos tornarmos mais expressivos na Obra do Cristo-Pai.
- Agradeçamos a Ele pela sagrada oportunidade de estarmos encarnados neste momento crístico e crítico para a sociedade terrena, e assim aprendermos lições de amor nessa hora apocalíptica. Agradeçamos pelo sagrado momento de estarmos no exercício do despertar da nossa Força Superior, da Fagulha de Deus que somos, nesta fase de transição planetária.
- Falemos para o nosso Mestre-Luz o quanto gostaríamos de adquirir mérito para, por ressonância, sermos tocados pela Sua

Luz, e assim trazermos do nosso âmago ao consciente os Divinos Atributos de Deus e nos tornarmos úteis à Sua Universal proposta — a implantação dos **ADVENTOS CRÍSTICOS** na consciência dos terráqueos.

Finalmente, digamos Ele que vamos nos empenhar no sacrossanto exercício de nos graduarmos à *misericórdia do ver, ouvir e falar* para termos condições de divulgar o Cristianismo Renovado.

❊ ❊ ❊

Estamos chegamos ao final dos últimos tópicos que nos propusemos comentar atendendo ao histórico momento da Terra. Para concluir as nossas reflexões, verifiquemos se conseguimos incluir a mensagem do Nazareno Mestre em *Cura e Autocura à Luz do Evangelho*. Se conseguimos aumentar a nossa sensibilidade para identificar os Atributos Divinos da Onisciência, Onipresença e Onipotência de Deus de que somos portadores.

E assim, vamos encerrar o nosso evangélico evento, pedindo a Jesus que nos dê, pelo menos nas próximas encarnações, a oportunidade de estarmos encarnados juntos para um reajuste merecido, pois tenho certeza de que ainda não possuo evolução para ser fiel à Sua doutrina. Mas, como estou no exercício de novas aquisições morais, não vou abraçar a autopunição, e sim estudar e refletir mais para aprender e poder ensinar as minhas novas conquistas nas próximas vidas.

Aos nossos benfeitores espirituais pedimos humildemente desculpas se não conseguimos expor os seus pensamentos com mais clareza, mais emoção e mais fidelidade.

A nossa proposta, com este evento ecumênico, foi divulgar os ensinamentos dos nossos companheiros encarnados e desencarnados, que constam na literatura espiritualista, para aqueles que ainda não tiveram acesso a tais ensinamentos, seja por falta de coragem para renunciar aos tesouros do mundo, ou porque ainda não foram tocados pela sublime mensagem do Cordeiro de Deus — Jesus de Nazaré.

Fica aqui uma pálida noção dos problemas da saúde humana e como curá-la, seguindo os princípios ético-morais ensinados e vividos pelo Nazareno Mestre — o Médium do Cristo-Amor. O Médium do Cristo-Vida.

Que Deus nos gratifique com as bênçãos do Anjo Ismael — o orientador espiritual do Brasil!

❈ ❈ ❈

Em *Cura e Autocura à Luz do Evangelho* centralizamos nossas aspirações no Cristo criador da Terra e amorosamente nomeamos o Nazareno Mestre como nosso Modelo e Guia dos nossos guias.

Para manter a nossa saúde psicoemocional e corpórea nos apoiando nas reflexões sugeridas pelo conteúdo deste livro:

> ➢ Fomos cristicamente induzidos para, individualmente e em grupo, alimentarmos os mesmos ideais superiores a fim de, vibrando numa mesma frequência, entrarmos na emoção espiritual que nos faculta sentir o Cristo — a Fonte do Amor —, atendendo à assertiva do Sublime Pedagogo: *Onde dois ou mais estiverem em meu nome, lá estarei em nome do meu Pai.*

> ➢ Fomos levados a valorizar, magnificamente, a *misericórdia do ver, ouvir e falar,* salientando que sem a misericórdia dos *três sentidos do consentimento divino* não se adquire a *túnica nupcial* para entrar em êxtase espiritual e ter condições de participar, conscientemente, das núpcias celestes nas esferas dos Anjos da Beleza.

> ➢ Também fomos convidados ao exercício da convivência fraterna com as diferenças humanas, nos espelhando no Arauto da Divindade a Serviço do Cristo na Terra — Jesus de Nazaré.

> ➢ Plasmamos paisagens com a policromia divina e, assim, pintamos e colorimos a nossa tela mental com os mais fascinantes quadros, usando os matizes que expressam sacralidade.

> ➢ A obra valorizou a música portadora de acordes que causam à mente humana refulgências de luzes com as cores que projetam a alma para as mansões celestiais.

> ➢ A obra esclareceu-nos sobre a vantagem de os seres humanos fraternalmente unirem suas energias para a formação de uma saudável e esfuziante egrégora devocional que expresse religiosidade.

> ➢ A obra descreveu paisagens policrômicas que nos transportaram às paragens celestiais produzindo efeitos psicológicos em cadência gradual e ascensional para manter a nossa saúde — alma e corpo.

Encerremos nossas reflexões sobre *Cura e Autocura à Luz do Evangelho* vislumbrando, na abóbada celeste, um leque com as cores da Vida e luzes que identifiquem a Onipresença do Autor da Vida — DEUS.

Com as nossas energias criadoras centuplicadas, agradeçamos ao Cristo-Pai pela oportunidade de divulgarmos a mensagem evangélica do NAZARENO MESTRE.

Epílogo

Por sermos eternos e imortais devido ao contínuo fluxo das sucessivas vidas que o Supremo Criador da Vida nos oportuniza, com a evolução nos infinitos graus de consciências chega-se a determinado estágio em que o espírito passa a sentir, naturalmente, vontade de agradecer.

Para encerramos nossas reflexões sobre *Cura e Autocura à Luz do Evangelho*, com as sagradas energias da gratidão por mais uma oportunidade reencarnatória, vamos tecer pequeno comentário sobre o propósito de cada capítulo, mas tenhamos em mente o que consta em *A Grande Síntese*, 11ª edição, de Pietro Ubaldi, capítulo I, "Ciência e Razão":

> Para compreender a essência das coisas deveis abrir as portas da alma e estabelecer, pelas vias do espírito, esta interior comunicação entre espírito e espírito. Deveis sentir a unidade da vida que irmana todos os seres, do mineral ao homem, com trocas e interdependências impostas por uma lei comum. Deveis sentir este liame de amor com todas as outras formas de vida, porque tudo, desde o fenômeno químico ao fenômeno social, não é mais do que vida, regida por um princípio espiritual. Para compreender é necessário possuir ânimo puro e um laço de simpatia que vos una com tudo quanto é o criado.

Refletindo sobre os apontamentos de *Cura e Autocura à Luz do Evangelho*, é possível tirarmos ilações quanto à viagem que fizemos em direção ao nosso Eu Superior.

Nessa luminosa viagem:

- Projetamo-nos para as esferas das consciências angelicais, arcangélicas e as demais, o que fez brotar do nosso íntimo a sagrada vontade do nosso aprimoramento moral-ético.
- Fomos despertando o nosso Cristo Interno e transformando, a princípio mentalmente, as nossas potencialidades divinas para, na prática, aplicá-las em ações consequentes, visando nos tornarmos mais expressivos na condução da vida.
- Concluímos que o amor é o remédio mais eficaz para a nossa alma e para o nosso corpo. Que seguindo a Lei do Amor teremos as forças do Universo agindo naturalmente a nosso favor.

Assim, baseado nas Leis do Supremo Legislador, *Cura e Autocura à Luz do Evangelho* tem o perfume dos jardins edênicos, a cor rosa do Cristo-Amor e a Essência da Vida — Deus.

Na condição de alunos que somos, e também pesquisadores das verdades eternas, refletindo sobre *Cura e Autocura à Luz do Evangelho,* façamos uma autoavaliação e verifiquemos em quais pontos da nossa vida precisamos melhorar.

De maneira clara e objetiva:

- Evidenciamos no corpo do livro que muitas das nossas doenças são geradas por falta de nutrição afetiva.
- Ficou claro que as nossas dores e os nossos sofrimentos, em muitos casos, são por causa da nossa baixa autoestima.
- Observamos que a falta de emoção humana é altamente prejudicial à vida na sua sagrada condição de alimento essencial para a saúde integral — da alma e do corpo.
- Também ficou transparente que ninguém deve se recolher às suas cavernas psíquicas e na solidão se desvitalizar, pois viver alegremente, entusiasmar-se com as paisagens policrômicas da Criação e sorrir para a vida é saúde integral, é saúde psicossomática.
- Concluímos nas nossas observações que é nosso dever cristão despertarmos a nossa Força Superior, o nosso Cristo Interno a fim de não permitirmos sermos invadidos pela insegurança íntima.
- Vez que a Terra se encontra em fase de Transição Planetária, ficou translúcido nas nossas elucubrações mentais que pensar luminosamente é manter a saúde psicoemocional e corpórea.
- Descobrimos que determo-nos em questões passadas e ultrapassadas é não conceber o eterno vir a ser, que atende ao eterno transformismo do universo físico e metafísico. O passado deve servir tão somente de base para novos impulsos rumo à Eternidade.
- Ficou evidente também que permitir-se o Empuxo Divino é

sabedoria caracterizada pelos espíritos mais conscientes e de visão mais ampla sobre o sagrado sentido da vida criada por Deus — o Autor da Vida.

➢ Valorizamos divinamente a autoestima, para não ficarmos, por falta de alimento emocional, vulneráveis aos espíritos depressivos nem aos obsessores.

➢ Caracterizamos o cristão *forte e capaz*, aquele a quem Deus confia a direção dos homens, sem deixar de amparar os *fracos e incapazes*.

➢ Sem ferir a suscetibilidade do ser humano com as suas crenças nos deuses externos a si, sugerimos que trabalhássemos no sentido divino de despertar o nosso Deus Interno, pois somos portadores dos Divinos Atributos do Deus Eterno.

➢ Criamos expectativas luminosas para que não abraçássemos o pessimismo na condição de criaturas derrotadas, pois temos o dever cristão de sermos vencedores de nós mesmos.

➢ Valorizamos a autoiluminação através do autoconhecimento por não termos dúvida de que *somos luzes*.

➢ Evidenciamos que apenas a prática da caridade não é suficiente para quem pretende ascender, porque sem o conhecimento transformado em vivência, e também sem autoamor, não há salvação. Na verdade, *fora do amor não há salvação*. Então, a tônica é conhecer para se libertar e amar-se para ter condição de amar a outrem.

➢ Exaltamos magnificamente os valores morais, ou seja, a nossa ligação consciente ao Criador manifestada pela Fé, no sentido divino de fidelidade às Leis do Supremo Legislador. Também ficou evidenciado pela lógica da Lei de Deus que a moral habilita o ser humano para o aflorar do seu Cristo Interno, o que lhe propicia melhores condições éticas e emocionais para a sua vida relacional.

➢ Focamos sobre o empenho que cada criatura deve ter para desenvolver a sua força interior, tornando-se capaz de edificar um *homem novo* em si, a fim de ter condições para manter o equilíbrio mental e sua saúde psicossomática e emocional.

➢ O conteúdo do livro, por ter fincado seus alicerces na Legislação Divina, destacou exuberantemente a Lei de Causa e Efeito, salientando sobre a necessidade de colocarmos na pauta da vida os ensinamentos evangélicos que já assimilamos. Dessa forma evitaremos ser tombados pelo sentimento de culpa por não termos vivenciado as lições de amor trazidas ao plano material pelos Pedagogos Siderais.

➢ Os apontamentos nos conduziram a, periodicamente, fazermos

Cura e Autocura à Luz do Evangelho

uma autoanálise sobre as nossas nobres e enriquecedoras aquisições morais, observando o grau de intimidade que passamos a ter com o Deus de Bondade e Justiça.

➤ Os ensinamentos de *Cura e Autocura à Luz do Evangelho* colocaram a mensagem cristã do Nazareno Mestre como paradigma para quem pretende seguir o fluxo da correnteza da vida sem ferir o que consta na Lei da Evolução.

➤ Este livro valorizou a vida interior do cristão renovado para que ele, na condição de expositor dos **Adventos Crísticos**, consiga acionar nos seus ouvintes a Fagulha de Deus existente em todas as criaturas.

➤ Esta obra reconheceu o poder sagrado que tem a palavra de quem fala a sua verdade, o magnetismo divino que ela transporta e é capaz de contagiar, pela emoção superior, as assembleias humanas dos ouvintes.

➤ Do mesmo modo valorizou a prática da silenciosa caridade como excelente atenuante das reações às nossas ações malfadadas.

➤ E sem desmerecer as conquistas externas da existencialidade, embora relativas, esta obra enfatizou as conquistas internas e eternas da essencialidade.

➤ Ficou claro e transparente que quem almeja alcançar a Bonança, ou seja, sentir o Cristo-Pai na Sua sacra condição de Alimento Sagrado da Vida Planetária, nunca deve se dar por vencido, mas sim ter coragem para sempre recomeçar enquanto encarnado, pois, para os terráqueos, o Céu se conquista na Terra.

➤ Aprendemos que a dor e o sofrimento causam impulsos reeducativos de que precisamos para o nosso aprimoramento moral, visando a refletir para o mundo a grandeza do Criador, tendo os Seus Emissários Celestes como modelos e guias.

➤ Por sabermos que toda causa gera efeito, aprendemos que ninguém deve alimentar a hipótese de habitar as esferas paradisíacas enquanto não receber elegantemente os efeitos de suas causas geradoras de dores e sofrimentos. Daí a necessidade de, mesmo nos momentos difíceis, cantarmos hinos de gratidão a Deus, que expressem beleza, júbilo e êxtase espiritual por compreendermos a perfeição das Leis Universais.

➤ Evidenciamos que o ser essencial, embora temporariamente encarnado, não deve se deter tão somente nos acontecimentos corriqueiros da vida existencial, os quais fazem parte inconteste da trajetória evolutiva dos espíritos matriculados nas escolas primárias.

➤ O livro deixou transparente quanto ao valor sagrado do perdão, mas esclareceu-nos que quem ainda precisa perdoar é porque se encontra num estágio evolutivo de pouca abrangência áurica, compatível com a sua pouca evolução. Dia virá em que não precisaremos mais perdoar, pois não seremos atingidos, na nossa essência espiritual, pelo mundo externo. Nesse estágio evolutivo diremos apenas: *Pai! Perdoai-lhes, pois eles não sabem o que fazem!*

Minha oração ao Cristo, Senhor Nosso e Irmão Maior!

Grande Luz do Universo!
Foco gerador de todas as coisas!
Vida que desprende vidas em sucessões infinitas nos caminhos da eternidade!
Escuta, por piedade, a voz que fala pela Tua Graça,
Que canta pela Tua bondade
E vibra pelo Teu querer.

Quero aprender a falar espontaneamente do Amor que És,
Mas ajuda-me a acordar do sono milenar que a minha natureza inferior me impõe.
Ativa em meu âmago a beleza da alegria, a grandeza da bondade, o esplendor da livre renúncia e o encanto da humildade.

Senhor! Ajuda-me a ouvir-Te no ensurdecedor silêncio da Tua Criação.
A reconhecer-Te em tudo e em todos pela Onipresença que És.
A alimentar-me da certeza de que o Nazareno Mestre é o Elo Divino que me liga a Ti.
A entrar em ressonância com a sublime essência doutrinária dos que integram as Sagradas Fileiras, meus Superiores Confrades.
A sentir-me banhado pela Luz Divina do Sagrado Coração de Maria.
Permita-me, ainda, continuar sob as asas angelicais do meu Velho Mestre e Dileto Amigo Pai Joaquim de Aruanda,
Que, dos esplendores dos Céus, alimenta-me a esperan-

ça, incentivando-me a Te buscar sempre.
Agradeço a Ti, Cristo-Pai,
Não por ter Silvestre como meu guia, mas pela alegria de ser por ele guiado.

Agradeço o calor de Tua Presença, cujos raios benfeitores beijam o solo deste planeta.
A profusão de luzes que despertam consciências.
A harmonia do Teu cântico, que me conduz ao melodioso silêncio.
A paz do Teu Amor, que me leva à convicção de divulgar O Teu Evangelho de esperança e paz.

Por fim, Cristo-Amor, ajuda esse servo de Tua Criação A despertar nas criaturas o amor e a emotividade crística.
A conduzir o Teu Advento, alimentando os homens da Terra com a equidade do Teu Amor.

Saúde e Paz para a humanidade.

Bibliografia

Trigo de Deus, Amélia Rodrigues, 4ª edição, psicografia de Divaldo Pereira Franco, Livraria Espírita Alvorada Editora.

Ave Luz, Shaolin, psicografia de João Nunes Maia, 21ª edição em 2016, Editora Espírita Fonte Viva.

A Grande Síntese, Pietro Ubaldi, 11ª edição, Fundapu.

Amor, Imbatível Amor, 2ª edição em 1998, Joanna de Ângelis, psicografia de Divaldo Pereira Franco, Livraria Espírita Alvorada Editora.

As Noúres, de Pietro Ubaldi, 5ª edição em 2001, Fundapu.

Mediunidade de Cura, Ramatís, psicografia de Hercílio Maes, **EDITORA DO CONHECIMENTO**.

Missionários da Luz, André Luiz, 9ª edição, psicografia de Chico Xavier, FEB.

O Fim dos Tempos e os Discos Voadores, Adolfo Marques dos Santos, 3ª edição em 2012, **EDITORA DO CONHECIMENTO**.

A Predestinação Espiritual do Brasil, Adolfo Marques dos Santos, 1ª edição, **EDITORA DO CONHECIMENTO**.

Tratado Sobre os Sete Raios, Alice A. Bailey, Lisboa 1974.

A Vida no Planeta Marte e os Discos Voadores, 15ª edição, Ramatís, psicografia de Hercílio Maes, **EDITORA DO CONHECIMENTO**.

Francisco de Assis, Miramez, 12ª edição, psicografia de João Nunes Maia, Editora Espírita Cristã Fonte Viva.

Mensagens do Astral, Ramatís, 17ª edição, psicografia de Hercílio Maes, **EDITORA DO CONHECIMENTO**.

Elucidações do Além, Ramatís, 9ª edição, 2003, psicografia de Hercílio Maes, **EDITORA DO CONHECIMENTO**.

Adventos Crísticos, 4ª edição, 2017, Adolfo Marques dos Santos, **EDITORA DO CONHECIMENTO**.

Princípios de Uma Nova Ética, Pietro Ubaldi, 2ª edição, 1983, Fundapu.

O Pobre de Deus, Nikos Kazantzákis, Editora Nova Fronteira.

Mediunidade de Cura, Ramatís, 12ª edição, psicografia de Hercílio Maes, **EDITORA DO CONHECIMENTO**.

Os Santos que Abalaram o Mundo, René Fullor Miller, 1968, volume número 72, Coleção Sagarana, Livraria José Olímpio Editora.

O Homem e seus Corpos, Annie Besant, Fundação Cultural Avatar.

Mecanismos da Mediunidade, André Luiz, 28ª edição, psicografia de Chico Xavier, publicado pela FEB.

O Evangelho e a Lei de Deus, 3ª edição, 2012, Adolfo Marques dos Santos, **EDITORA DO CONHECIMENTO**.

A Vida no Planeta Marte e os Discos Voadores, Ramatís, 15ª edição, psicografia de Hercílio Maes, **EDITORA DO CONHECIMENTO**.

Há 2.000 Anos, Emmanuel, 41ª edição, 2016, Chico Xavier, publicado pela FEB.

Princípio de Uma Nova Ética, Pietro Ubaldi, 2ª edição, 1983, Fundapu.

A Nova Civilização do Terceiro Milênio, Pietro Ubaldi, 3ª edição, 1984, Fundapu.

CURA E AUTOCURA À LUZ DO EVANGELHO
foi confeccionado em impressão digital, em maio de 2021
Conhecimento Editorial Ltda
(19) 3451-5440 — conhecimento@edconhecimento.com.br
Impresso em Luxcream 70g. – StoraEnso